Un amant

Emily Brontë

Infinity Spectrum Books

Publié pa:

INFINITY SPECTRUM BOOKS

Email: infinityspectrumbooks@gmail.com

Première publication par Infinity Spectrum Books en 2024

Titre : **Un amant**

Broché ISBN: 9789361900440

Relié ISBN: 9789361906848

CHAPITRE PREMIER

1801

Je reviens d'une visite à mon propriétaire, le seul voisin dont j'aurai à m'occuper ici. Voilà assurément un beau pays! Je ne crois pas que dans toute l'Angleterre j'eusse pu trouver un endroit aussi complètement à l'écart de la société! Un parfait paradis de misanthrope; et M. Heathcliff et moi formons justement la paire qui convient pour nous partager cette désolation. Un gaillard étonnant! Il ne se doutait pas combien mon cœur brûlait de sympathie pour lui tout à l'heure, tandis que je voyais ses yeux noirs se remuer si soupçonneux sous leurs sourcils, et ses doigts, avec un geste de résolution jalouse, s'enfoncer plus profondément encore dans son gilet, à l'annonce de mon nom.

—M. Heathcliff? dis-je.

Un signe de tête fut sa seule réponse.

—M. Lockwood, votre nouveau fermier, monsieur. J'ai pris l'honneur de vous faire visite le plus tôt possible, après mon arrivée, pour vous exprimer l'espoir que je ne vous ai pas gêné par ma persévérance à solliciter le droit d'occuper Thrushcross Grange; j'ai entendu dire, hier, que vous aviez eu quelque idée...

—Thrushcross Grange m'appartient, monsieur, dit-il en m'interrompant; je ne permettrais à personne de me gêner si je pouvais l'empêcher. Entrez!

Cet «entrez» fut prononcé les dents fermées, et exprima plutôt le sentiment d' «allez au diable»; même la porte sur laquelle il s'appuyait ne manifesta, à ces mots, aucun mouvement sympathique. Et j'imagine que ces circonstances furent ce qui me détermina à accepter l'invitation: je me sentais intéressé pour un homme qui me paraissait plus exagérément réservé encore que moi-même.

Lorsqu'il vit le poitrail de mon cheval pousser légèrement la barrière, il sortit sa main pour enlever la chaîne; après quoi il me précéda le long de la chaussée montante d'un air grognon, marchant devant moi; et lorsque nous entrâmes dans la cour: «Joseph, cria-t-il, prenez le cheval de M. Lockwood, et montez du vin!»

Nous avions évidemment là tout le personnel des domestiques: c'est la réflexion que me suggéra cet ordre de mon hôte. Rien d'étonnant à ce que l'herbe pousse entre les pavés et à ce qu'il n'y ait pour couper les haies que les bêtes du troupeau.

Joseph était un homme d'un certain âge: non, un vieil homme; très vieux peut-être, bien que très vert.

—Que le Seigneur nous aide, grognait-il tout bas, avec un ton de rogue déplaisir, tandis qu'il me débarrassait de mon cheval; et il me regardait en même temps dans la figure d'un air si aigre que je conjecturais charitablement qu'il avait besoin de l'aide de Dieu pour digérer son diner et que sa pieuse exclamation n'avait aucun rapport avec ma visite inattendue.

Wuthering Heights est le nom de la demeure de M. Heathcliff: *Wuthering* étant un adjectif provincial très significatif pour décrire le tumulte atmosphérique auquel est exposé cet endroit dans les temps d'orage. Un vent pur et réconfortant, ils doivent l'avoir là-haut en toute saison; on peut juger de la puissance du vent du nord soufflant par dessus la haie, par la pente excessive des quelques sapins rabougris contigus à la maison et par une rangée d'épines décharnées qui tendent leurs membres toutes dans un même sens, comme si elles mendiaient l'aumône du soleil. Heureusement l'architecte a pris la précaution de bâtir solidement la maison, les étroites fenêtres sont profondément enfoncées dans le mur, et il y a de grandes pierres en saillie pour protéger les coins.

Avant de passer le seuil de la porte, je m'arrêtai pour admirer une quantité de sculptures grotesques répandues sur le fronton, et particulièrement à l'entour de la porte principale; au-dessus de cette porte, parmi un enfer de griffons émiettés et d'impudents petits monstres, je découvris la date 1500 et le nom «*Hareton Earnshaw*». J'aurais volontiers fait quelques commentaires, et demandé au morose propriétaire une courte histoire du lieu; mais son attitude à la porte m'a paru réclamer mon entrée hâtive ou mon départ définitif; et je ne voulais pas aggraver son impatience avant d'avoir examiné l'intérieur de sa retraite. Une marche nous introduisit dans le salon de la famille, sans la moindre trace d'antichambre ou de passage intermédiaire; c'est ce salon qu'ils appellent ici plus spécialement la maison. Il comprend généralement la cuisine et le parloir; mais je crois qu'à Wuthering Heights la cuisine a été forcée de se retirer dans un autre quartier; du moins ai-je distingué très loin à l'intérieur de la maison une jacasserie de langues et un brouhaha d'ustensiles culinaires; tandis que je n'ai observé aucun signe dénotant que l'on rôtisse, que l'on cuise ou que l'on fasse bouillir dans la large cheminée, non plus que je n'ai vu sur ses murs aucun reflet de casseroles de cuivre ou de passoires d'étain. En vérité, une de ses extrémités reflétait brillamment à la fois la lumière et la chaleur d'une rangée d'immenses plats d'étain, entresemés de cruches et de pots d'argent faisant comme des tours alignées sur un vaste pressoir de chêne, tout à fait dans le haut. Au-dessus de la cheminée étaient accrochés divers vieux fusils préhistoriques et une paire de pistolets de cheval; de plus, en manière d'ornement, trois petites corbeilles étaient alignées le long du rebord, peintes en couleurs très voyantes. Le plancher était d'une pierre tendre et blanche: les sièges avaient des dos très élevés, ils étaient d'une forme primitive, et peints en vert: j'en vis un ou deux noirs et massifs qui reluisaient dans l'ombre. Dans une sorte de voûte sous le dressoir reposait une énorme chienne d'arrêt rouge foncé, entourée par un essaim de petits chiens piaillants, et je vis d'autres chiens logeant dans d'autres recoins.

L'appartement et ce qui le remplissait n'aurait eu rien d'extraordinaire s'ils avaient appartenu à un paisible fermier du nord, avec une mine têtue et des membres robustes avantageusement dessinés par une culotte courte et des guêtres. Un tel individu, assis dans son fauteuil, sa cruche d'ale écumant sur la table ronde devant lui, vous pouvez le voir partout dans un circuit de cinq ou six milles autour de ces collines, pour peu que vous entriez chez lui tout de suite après dîner. Mais M. Heathcliff forme un singulier contraste avec sa demeure et sa façon de vivre. Il a l'aspect d'un gipsy à la peau noire; tandis que son costume et ses manières sont d'un gentleman, c'est-à-dire autant d'un gentleman que celles de plus d'un squire de province; un peu négligé peut-être, mais ne paraissant pas désavantageusement dans sa négligence, parce qu'il a une figure droite et agréable, et aussi un peu morose. Il est possible que quelqu'un le soupçonne d'un orgueil exagéré; mais j'ai en moi une corde sympathique qui me dit que ce n'est rien de pareil: je sais par instinct que sa réserve vient d'une aversion pour les expansions démonstratives des sentiments, pour les manifestations de bienveillance mutuelle. Cet homme doit aimer et haïr également sous le couvert, et il doit estimer comme une espèce d'impertinence qu'on lui rende son amour ou sa haine. Mais non, je vais trop vite; je le revêts trop libéralement de mes propres qualités. Il se peut que M. Heathcliff ait, pour se tenir à l'écart lorsqu'il rencontre une soi-disant connaissance, des raisons toutes différentes de celles qui me déterminent moi-même. Je veux espérer que ma constitution est unique dans son genre; ma chère mère avait coutume de me dire que je n'arriverais jamais à avoir un intérieur confortable, et l'été dernier encore, je fis voir que j'étais en effet parfaitement indigne d'en avoir un.

Pendant que je jouissais d'un mois de beau temps au bord de la mer, le hasard me jeta dans la compagnie d'une créature pleine de séductions: une vraie déesse à mes yeux, aussi longtemps qu'elle ne fit aucune attention à moi. Je ne lui dis jamais mon amour de vive voix; mais, si les regards ont un langage, le plus pur idiot aurait pu deviner que j'étais amoureux par dessus la tête; enfin elle me comprit; elle me répondit par un regard—le plus doux de tous les regards imaginables. Et moi, que fis-je? Je l'avoue avec honte; je me renfonçai froidement en moi-même comme un colimaçon; à chaque regard, je me retirais davantage, jusqu'à ce qu'enfin la pauvre innocente en vint à douter de ses sens, et tonte remplie de confusion de son erreur supposée, persuada à sa mère de partir. Par ce curieux retour de mes dispositions, j'ai gagné la réputation d'un être délibérément pervers; réputation combien injuste, moi seul puis l'apprécier.

Je pris un siège à l'extrémité de la pierre de foyer opposée à celle vers laquelle mon propriétaire s'était avancé; et je remplis un intervalle de silence en essayant de caresser la mère chienne, qui avait quitté sa nursery et qui, comme une louve, se glissait derrière mes jambes, sa lèvre relevée et ses dents blanches guettant l'occasion de happer. Ma caresse provoqua un long et guttural grognement.

—Vous feriez mieux de laisser le chien tranquille, grogna à l'unisson M. Heathcliff, prévenant d'un coup de pied des démonstrations plus méchantes. Elle n'est pas accoutumée à être gâtée, ni traitée en favorite. Puis, marchant à grands pas vers une porte de côté, il cria de nouveau: Joseph!

Joseph marmotta indistinctement quelque chose des profondeurs de la cave, mais ne fit nullement mine de monter: de sorte que son maître descendit vers lui, me laissant en tête-à-tête avec la chienne mal élevée et une paire d'affreux chiens de berger velus, qui partageaient avec elle une surveillance jalouse de tous mes mouvements. N'avant aucune envie d'entrer en contact avec leurs crocs, je restai tranquillement assis; mais imaginant qu'ils ne comprendraient pas des insultes tacites, je me laissai aller, pour mon malheur, à cligner de l'œil et à faire des grimaces au trio; et il y eut je ne sais quel aspect de ma physionomie qui irrita la chienne si vivement qu'elle entra tout d'un coup dans un accès de fureur et sauta sur mes genoux. Je la jetai par terre et me hâtai d'interposer la table entre nous. Cet événement mit en émoi l'essaim tout entier; une demi-douzaine de diables à quatre pattes, d'âges et de dimensions divers, sortirent de repaires cachés pour envahir le centre où nous étions. Je sentis que mes talons et les pans de mon manteau avaient particulièrement à souffrir de l'assaut; et, parant aussi efficacement que je le pouvais avec le tisonnier les plus grands de mes adversaires, je me vis contraint à demander à haute voix l'assistance de quelqu'un de la maison pour rétablir la paix.

M. Heathcliff et son homme montaient l'escalier de la cave avec un flegme tout à fait vexant; je ne pense pas que leurs mouvements aient été d'une seconde plus rapides qu'à l'ordinaire, bien que le foyer fut littéralement une tempête de bruits et de bagarres. Par bonheur un habitant de la cuisine mit plus d'empressement: une corpulente dame avec un bonnet retroussé, les bras nus et les joues enflammées, se précipita au milieu de nous en brandissant une poêle à frire; elle fit un tel usage de cette arme et de sa langue que l'orage cessa comme par magie, et qu'elle seule resta, haletante comme la mer après un grand vent, lorsque son maître entra en scène.

—De quoi diable s'agit-il? me demanda-t-il en me regardant d'une façon que je supportai difficilement après ce traitement peu hospitalier.

—De quoi diable il s'agit, en vérité! grognai-je. Le troupeau de porcs possédés du démon n'aurait pas eu en lui de pires esprits que ces animaux qui vous appartiennent, monsieur. Vous pourriez aussi bien laisser un étranger avec une nichée de tigres!

—Ils ne s'attaqueront pas aux personnes qui ne touchent à rien, répliqua-t-il, mettant la bouteille devant moi, et rajustant la table déplacée. Les chiens ont raison d'être vigilants. Vous prenez un verre de vin?

—Non, merci.

—Pas mordu, n'est-ce pas?

—Si je l'avais été, j'aurais laissé mon cachet sur le mordeur.

La figure de M. Heathcliff se détendit comme pour un ricanement.

—Allons, allons, me dit-il, vous êtes agité, M. Lockwood. Allons, prenez un peu de vin. Les hôtes sont si rares dans cette maison, que moi et mes chiens, je l'avoue volontiers, nous savons à peine comment les recevoir. À votre santé, monsieur!

Je m'inclinai et retournai la politesse; je commençais à comprendre qu'il serait fou de rester à faire la moue pour les méfaits d'une bande d'affreux chiens; sans compter que je sentais la nécessité de ne pas fournir au gaillard un plus long amusement à mes dépens, depuis que son humeur prenait cette tournure. Lui,—poussé probablement par la considération prudente de la folie qu'il y avait à offenser un bon fermier—se relâcha un peu dans sa façon laconique de supprimer les pronoms et les verbes auxiliaires, et amena ce qu'il supposait être pour moi un sujet intéressant: un discours sur les avantages et les désavantages de ma retraite présente. Je le trouvai très intelligent sur les sujets que nous abordâmes; et, avant de repartir, je me sentis assez encouragé pour promettre spontanément une autre visite pour demain. Il me parut évident que Heathcliff ne désirait guère voir se répéter mon intrusion chez lui. J'irai cependant. C'est une chose étonnante comme je me sens sociable, comparé à lui.

CHAPITRE II

L'après-midi d'hier s'était annoncée brumeuse et froide. J'avais à moitié envie de la passer au coin de mon feu, au lieu d'errer parmi les bruyères et la boue pour aller à Wuthering Heights. Pourtant, en remontant dans ma chambre après mon dîner (N. B. je dîne entre midi et une heure; la femme de ménage, une respectable matrone, prise avec la maison comme une de ses dépendances, n'a pas voulu comprendre la demande que je lui ai faite d'être servi à cinq heures) donc quand j'avais remonté mon escalier avec cette paresseuse intention et que j'entrais dans ma chambre, je vis une servante qui s'y tenait agenouillée, entourée de brosses et de seaux à charbon, et qui provoquait une fumée infernale en jetant des potées de cendres pour éteindre la flamme. Ce spectacle me chassa aussitôt; je pris mon chapeau, et, après une marche de quatre milles, j'arrivai à la porte du jardin de Heathcliff juste à temps pour échapper aux premiers flocons d'une averse de neige.

Sur ce sommet de la colline tout exposé aux vents, la terre était durcie par une gelée noire, et il soufflait un air qui faisait frissonner tous mes membres. Ne pouvant enlever la chaîne, je sautai par dessus, et, courant tout le long de la chaussée dallée que bordent des buissons de groseilliers épars çà et là, je me mis à frapper pour qu'on m'ouvrit. Je frappai si longtemps sans résultat que mes jointures en furent meurtries et que les chiens hurlèrent.

—Maudits habitants! m'écriai-je en moi-même, vous méritez par votre grossière inhospitalité d'être à jamais isolés de toute l'espèce humaine. Moi du moins, je ne tiendrais pas ma porte barrée pendant le jour! n'importe, je veux entrer! Ainsi résolu, je saisis le loquet et le secouai violemment. Joseph, le domestique à la figure vinaigrée, projeta sa tête par une fenêtre ronde de la grange.

—Qu'est-ce que vous voulez? cria-t-il, le maître est là-bas dans la basse-cour. Faites le tour par le bout du jardin si vous êtes venu pour lui parler.

—Est-ce qu'il n'y a personne dans la maison pour ouvrir la porte? criai-je à mon tour en manière de réponse.

—Il n'y a personne que madame, et elle ne vous ouvrira pas, quand même vous continueriez votre tapage jusqu'à la nuit.

—Pourquoi? Est-ce que vous ne pouvez pas lui dire qui je suis, hein, Joseph?

—Non, pas moi! je ne m'en mêle pas! murmura la tête en s'effaçant.

La neige commençait à tomber très épaisse. J'avais saisi la poignée de la porte pour faire une nouvelle tentative, lorsqu'un jeune homme sans manteau, portant une fourche sur son épaule, apparut dans la cour derrière moi. Il me héla de le suivre; et après avoir traversé une lingerie et un espace pavé contenant un hangar à charbon, une pompe et un perchoir à pigeons, nous arrivâmes enfin dans l'énorme appartement chaud et gai où j'avais été reçu la première fois. Il brillait délicieusement, des rayons d'un immense feu composé de charbon, de tourbe et de bois: et auprès de la table préparée pour un abondant repas du soir, j'eus le plaisir d'apercevoir la «madame», un personnage dont jamais auparavant je n'avais encore soupçonné l'existence. Je saluai et j'attendis, pensant qu'elle m'offrirait de prendre un siège. Elle, cependant, me regardait, adossée à sa chaise, et restait muette et sans mouvement.

—Un dur temps, remarquai-je. J'ai peur, madame Heathcliff, que la porte ne subisse la conséquence de la façon indolente dont vos domestiques font leur service: j'ai eu bien du travail pour les amener à m'entendre.

Elle continuait à ne pas ouvrir la bouche. Je la fixais, elle me fixait aussi; en tous cas, elle tenait ses yeux attachés sur moi d'une façon froide et sans regard, infiniment embarrassante et désagréable.

—Asseyez-vous, me dit d'un ton bourru le jeune homme, il ne va pas tarder à rentrer.

J'obéis; je fis: hem! j'appelai la vilaine Junon qui daigna, à cette seconde entrevue, agiter l'extrémité de sa queue, pour me faire signe qu'elle avouait me reconnaître.

—Une belle bête, repris-je. Avez-vous l'intention de vous séparer des petits, madame?

—Ils ne sont pas à moi, dit l'aimable hôtesse, d'un ton moins engageant encore que celui qu'aurait mis Heathcliff à une telle réponse.

—Ah, vos favoris sont parmi ceux-là! continuai-je, me tournant vers un coussin sombre où je voyais quelque chose comme des chats.

—Un singulier choix pour des favoris, observa-t-elle avec dédain.

Je n'avais pas de chance: c'était un tas de lapins morts. Je recommençai à faire: hem! et je me rapprochai du foyer, répétant ma réflexion sur la rudesse de la soirée.

—Vous n'auriez pas dû sortir, me dit la dame en même temps qu'elle se levait et prenait sur la cheminée deux des paniers peints.

Dans la position qu'elle occupait jusque-là, elle avait été à l'écart de la lumière; maintenant, j'avais une idée distincte de l'ensemble de sa figure et de sa contenance. Elle était mince et paraissait à peine avoir cessé d'être une jeune fille: une forme admirable et le visage le plus exquis que j'aie jamais eu le plaisir de contempler; des traits petits, très blonde avec des boucles jaunes ou plutôt dorées flottant librement sur son col délicat, et des yeux qui, s'ils avaient eu une expression plus avenante, auraient été irrésistibles; mais par bonheur pour mon cœur aisément inflammable, le seul sentiment qu'ils exprimaient était quelque chose d'intermédiaire entre le mépris et une sorte de désespoir qu'il semblait singulièrement peu naturel de découvrir là. Les paniers étaient presque impossibles à atteindre pour elle, et je fis un mouvement pour l'aider; mais elle se tourna vers moi comme ferait un avare vers quelqu'un qui voudrait l'aider à compter son or.

—Je n'ai pas besoin de votre aide, me dit-elle d'un ton cassant, je les prendrai moi-même.

—Je vous demande pardon, me hâtai-je de répondre.

—Avez-vous été invité à prendre du thé? me demanda-t-elle, tandis qu'elle attachait un tablier sur sa jupe noire, d'une propreté irréprochable, et qu'elle se tenait debout, avec une cuiller pleine de feuilles de thé appuyée sur le pot.

—Je serais heureux d'en avoir une tasse, répondis-je.

—Avez-vous été invité? me répéta-t-elle.

—Non, dis-je, souriant à demi. Mais vous êtes précisément la personne qu'il convient pour m'inviter.

Elle retira sa main avec le thé, la cuiller et tout, et reprit sa place sur sa chaise avec un air d'humeur; son front se rida, et sa petite lèvre inférieure toute rouge s'avança comme celle d'un enfant prêt à pleurer.

Dans l'intervalle, le jeune homme avait revêtu sa personne d'une veste décidément très râpée; et se dressant devant l'éclat du feu, il me regardait toujours du coin de l'œil, absolument comme s'il y avait eu entre nous quelque mortelle injure restée sans vengeance. Je commençais à me demander s'il était ou non un domestique; sa manière de se vêtir et sa manière de parler étaient également rudes, entièrement dénuées de l'air de supériorité que l'on pouvait observer chez M. et Madame Heathcliff. Les boucles épaisses et brunes de ses cheveux étaient raides et incultes, ses moustaches faisaient un crochet sauvage sur ses joues, et ses mains étaient calleuses et noires comme celles d'un valet de ferme ordinaire; et pourtant son attitude était libre, presque hautaine, et il ne montrait rien de l'assiduité d'un domestique auprès de la dame de la maison. Dans l'absence de tout indice clair sur sa condition, je pensais que le meilleur était de m'abstenir de prendre garde à sa curieuse conduite; et cinq minutes après, l'entrée de Heathcliff me releva en quelque mesure de l'embarras de ma position.

—Vous le voyez, monsieur, je suis venu, suivant ma promesse, m'écriai-je, prenant un ton joyeux; et je crains bien d'être fortement éprouvé dans une demi-heure, à supposer que vous veuillez me donner abri jusque-là.

—Une demi-heure! dit-il, secouant les flocons blancs qui couvraient ses vêtements; il est bien étonnant que vous choisissiez le plus épais d'une tempête de neige pour faire vos promenades! Savez-vous que vous courez le risque de vous perdre dans les marais? Les gens à qui ces landes sont familières s'égarent souvent eux-mêmes par des soirées comme celles-ci, et je peux vous certifier qu'il n'y a pas pour le moment la moindre chance que le temps change.

—Peut-être puis-je trouver un guide parmi vos garçons: il resterait à la Grange jusqu'à demain matin, Pouvez-vous m'en procurer un?

—Non, je ne peux pas.

—Oh! vraiment! eh bien alors il faudra que je m'en remette à ma propre sagacité.

—Hem!

—Est-ce que vous allez faire le thé? demanda l'homme à la veste râpée, transportant de moi sur la jeune dame son regard féroce.

—Est-ce qu'il faut lui en donner? demanda-t-elle, s'adressant à Heathcliff.

—Préparez-le, voulez-vous? fut la réponse, prononcée avec tant de sauvagerie que je tressaillis. Le ton qu'il mit à ces mots révélait décidément une nature méchante. Je ne me sentais plus du tout porté à appeler Heathcliff un admirable gaillard. Quand les préparatifs du thé furent achevés, il m'invita avec un: «et maintenant, monsieur, approchez votre chaise». Tous, y compris le rustique jeune homme, nous nous installâmes autour de la table: un austère silence régnait tandis que nous mangions.

Je songeais que si j'avais causé le nuage c'était aussi mon devoir de faire un effort pour le chasser. Ces gens-là ne pouvaient pas rester toute la journée si sombres et si taciturnes; et il était impossible, quelque mauvaise que fut leur humeur naturelle, que leur renfrognement de ce soir-là fut leur contenance de tous les jours.

—Il est étrange, commençai-je, dans l'intervalle entre le moment où j'avais avalé une tasse de thé et celui où j'en reçus une seconde, il est étrange comment la coutume peut façonner nos goûts et nos idées. Bien des gens ne pourraient pas imaginer le bonheur possible dans une vie aussi complètement isolée du monde que la vôtre, M. Heathcliff; et cependant j'ose dire que, entouré par votre famille, et avec votre aimable dame comme le génie présidant à votre maison et à votre cœur...

—Mon aimable dame! m'interrompit-il avec un ricanement. Et où est-elle, je vous prie, mon aimable dame?

—Madame Heathcliff, votre femme, je veux dire.

—Ah bien! oh! vous vouliez insinuer que son esprit a pris la fonction d'un ange providentiel et garde la fortune de Wuthering-Heights maintenant que son corps n'y est plus? Est-ce cela?

Apercevant ma faute, je tentai de la corriger. J'aurais dû voir qu'il y avait une trop grande disproportion dans l'âge des deux parties pour qu'il fut vraisemblable de les croire mari et femme. L'un avait près de quarante ans: une période de vigueur intellectuelle où il est rare que les hommes se complaisent dans l'illusion de faire des mariages d'amour avec des jeunes filles: c'est un rêve qui leur est réservé pour les consoler plus tard dans le déclin de leurs années. L'autre n'avait pas l'air d'avoir encore dix-sept ans.

Alors une idée passa dans mon esprit comme un éclair: ce gaillard derrière mon épaule, en train de boire son thé dans une assiette et de manger son pain avec des mains sales, ce devait être son mari, Heathcliff junior, naturellement. «Voilà la conséquence de s'enterrer vivant: elle se sera jetée sur ce rustre faute de savoir qu'il y eut au monde de meilleurs partis. Une vraie pitié: je dois trouver un moyen de l'amener à regretter son choix!» Cette dernière réflexion pourra sembler vaniteuse. Elle ne l'était pas: mon voisin me frappait par quelque chose de presque repoussant; et je savais par expérience que j'étais pour ma part très tolérablement attrayant.

—Madame Heathcliff est ma belle-fille, dit Heathcliff confirmant ma conjecture. En parlant, il dirigeait sur elle un regard très particulier: un regard de haine, à moins qu'il n'ait une disposition anormale des muscles faciaux qui les empêche d'interpréter le langage de son âme comme ceux des autres hommes.

—Ah, certainement, je vois maintenant; c'est vous qui êtes l'heureux possesseur de cette fée bienfaisante, remarquai-je, me tournant vers mon voisin.

Ce fut pis qu'avant, le jeune homme devint rouge sang, et serra son poing, avec toutes les apparences de projeter un assaut. Mais il sembla bientôt revenir à lui et étouffa l'orage dans un brutal juron murmuré à mon adresse, mais que cependant je pris soin de ne pas remarquer.

—Pas de chance dans vos conjectures, monsieur, observa mon hôte; ni l'un ni l'autre de nous deux n'avons le privilège de posséder votre bonne fée; son possesseur est mort. Je vous ai dit qu'elle était ma belle-fille; il faut donc qu'elle ait épousé mon fils.

—Et ce jeune homme est...

—Pas mon fils, à coup sûr!

Heathcliff sourit de nouveau comme si c'était tout de même une trop forte plaisanterie de lui attribuer la paternité de cet ours.

—Mon nom est Hareton Earnshaw, grommela l'autre, et je vous conseillerais de le respecter.

—Je ne vous ai témoigné aucun manque de respect, répondis-je, riant intérieurement de la dignité avec laquelle il s'annonçait lui-même.

Il fixa ses yeux sur moi plus longtemps que je ne me souciais de le dévisager en échange, par peur d'être tenté ou de souffleter ses oreilles ou de rendre trop manifeste mon hilarité. Je commençai à me trouver incontestablement déplacé dans cet agréable cercle de famille. La déplaisante atmosphère spirituelle grandit et fit plus que neutraliser le confort physique qui rayonnait autour de moi; et je résolus de bien réfléchir avant de m'engager une troisième fois sous ce toit.

L'occupation de manger étant terminée, et personne ne prononçant un mot d'une conversation un peu sociable, je m'approchai d'une fenêtre pour examiner le temps. Je vis un spectacle lugubre. Une nuit noire descendait prématurément, le ciel et les collines se mêlaient dans un amer tourbillon de vent et de neige suffocante.

—Je ne crois pas qu'il me soit possible de rentrer chez moi maintenant sans un guide, ne pus-je me retenir de m'écrier. Les chemins doivent déjà être ensevelis sous la neige; et quand même ils seraient découverts, j'aurais peine à les distinguer à un pas devant moi.

—Hareton, faites rentrer cette douzaine de moutons sous le porche de la grange: ils seront couverts par la neige si on les laisse dans leur parc pendant la nuit; et mettez une planche sur le devant, dit Heathcliff.

—Comment dois-je faire? repris-je avec une irritation croissante.

Pas de réponse à ma question; regardant autour de moi, je vis seulement Joseph qui apportait un seau de porridge pour les chiens, et Madame Heathcliff qui, appuyée au-dessus du feu, se divertissait à brûler une boîte d'allumettes qu'elle venait de faire tomber de dessus la cheminée en y remettant la boîte à thé. Joseph, ayant déposé son fardeau, se livrait à un examen critique de la chambre, et marmonnait dans des tous craquants: «Je me demande comment vous pouvez faire pour rester ici à paresser pendant qu'ils sont tous à travailler dehors, mais vous êtes une rien du tout; inutile de parler; jamais vous ne vous corrigerez de vos mauvaises habitudes et vous irez tout droit au diable comme votre mère avant vous.»

Je m'imaginai pour un instant que cette pièce d'éloquence s'adressait à moi, et ma rage étant arrivée à son comble, je marchai vers le vieux gredin avec l'intention de le lancer dehors, mais Madame Heathcliff m'arrêta par sa réponse.

—Scandaleux vieil hypocrite, répliqua-t-elle, n'avez-vous pas peur de voir vous-même votre corps emporté par le diable toutes les fois que vous mentionnez son nom? Je vous avertis de cesser de me provoquer ou bien je demanderai votre enlèvement à Satan comme une faveur particulière.

Joseph effrayé se hâta de sortir.

Maintenant nous étions seuls; j'essayai d'intéresser la belle jeune femme à ma détresse.

—Madame Heathcliff, lui dis-je avec chaleur, je pense que vous m'excuserez de vous déranger, car avec votre figure, je suis sûr que vous ne pouvez pas ne pas avoir bon cœur. Indiquez-moi quelques signes qui puissent me faire reconnaître mon chemin pour rentrer chez moi: je n'ai pas plus d'idée pour savoir comment je pourrai y rentrer que vous n'en auriez sur la façon d'aller à Londres.

—Prenez le chemin par où vous êtes venu, répondit-elle, se cachant dans un fauteuil, avec une chandelle à côté, et un livre ouvert devant elle. C'est un conseil sommaire, mais le meilleur que je puisse vous donner.

—Alors, il s'ensuit que je suis forcé de rester ici?

—C'est une affaire que vous pourrez arranger avec votre hôte, je n'ai rien à y voir.

—J'espère que cela vous apprendra à ne plus faire d'aussi imprudentes promenades sur ces collines! cria, de l'entrée de la cuisine, la dure voix de Heathcliff. Pour ce qui est de rester ici, je ne tiens pas d'installation pour les visiteurs; il faudra, si vous voulez rester, que vous partagiez le lit de Hareton ou celui de Joseph.

—Je peux dormir sur une chaise dans cette chambre, répondis-je.

—Non, non, un étranger est un étranger, qu'il soit riche ou pauvre; il ne me convient pas de laisser quelqu'un déranger cet endroit quand je n'y suis pas, dit le misérable.

Sous cette insulte, ma patience fut à bout. J'eus une expression de dégoût, et je courus derrière lui dans la cour, ou plutôt derrière Earnshaw, tant ma confusion était grande. Il faisait si noir que je ne pouvais distinguer les moyens de sortir; et comme j'errais tout alentour, je pus entendre un autre spécimen de leur aimable conduite les uns pour les autres. Dans le premier instant, le jeune homme paraissait disposé à me venir en aide.

—Je veux aller avec lui jusqu'au parc, disait-il.

—Vous allez aller avec lui jusqu'au diable! s'écria son maître, à moins que ce ne soit pas son maître. Et qui est-ce qui restera pour surveiller les chevaux, hein?

—La vie d'un homme est une chose plus importante que l'abandon momentané des chevaux; il faut que quelqu'un aille avec lui, murmura Madame Heathcliff avec plus de bonté que je n'en aurais attendu d'elle.

—Pas sur votre ordre! répliqua Hareton. Si vous le prenez sous votre protection, vous feriez mieux de rester tranquille.

—Alors, j'espère que son spectre vous hantera; et j'espère que M. Heathcliff ne trouvera jamais d'autre fermier jusqu'à ce que la Grange soit en ruines, répondit-elle vivement.

—Écoutez, écoutez, elle est en train de les maudire! murmura Joseph, dans la direction duquel je me trouvais courir.

Il était assis à portée de l'ouïe, occupé à traire les vaches sous la lumière d'une lanterne. Je m'emparai de cette dernière sans aucune cérémonie, et, criant que je la renverrais dans la matinée, je courus à la poterne la plus voisine.

—Monsieur, monsieur, il vole la lanterne! clama le vieux, en même temps qu'il me poursuivait. Hé, Gnasher; hé chiens, hé, Wolf, tenez-le, tenez-le!

Au moment où j'ouvrais la petite porte, deux monstres velus s'élancèrent sur ma gorge, me faisant tomber et éteignant la lumière, pendant qu'un hurrah ou se mêlaient la voix de Heathcliff et celle de Hareton vint mettre le comble à ma rage et à mon humiliation. Par bonheur, les bêtes semblaient attacher plus d'importance à étirer leurs pattes, à aboyer et à agiter leurs queues qu'à me dévorer vivant; mais elles ne me permirent pas de me relever et je dus rester étendu jusqu'à ce qu'il plut à leurs méchants maîtres de me délivrer. Alors, tête nue et tremblant de colère, j'ordonnai à ces mécréants de me laisser sortir; je leur dis qu'il y avait danger pour eux à me retenir une minute de plus, et j'y ajoutai diverses menaces de représailles, dont la profonde violence aurait été du goût du Roi Lear.

La véhémence de mon agitation amena un copieux saignement de nez; et Heathcliff continua à rire, et moi à gronder. Je ne sais pas comment la scène se serait terminée s'il ne s'était pas trouvé là une personne à la fois plus raisonnable que moi-même et plus bienveillante que mon partenaire. Cette personne était Zillah, la robuste femme de ménage, qui à la fin était sortie de la maison pour s'enquérir de la nature du tapage. Elle s'imagina que quelqu'un de la maison avait usé de violence avec mot; et n'osant pas s'en prendre à son maître, elle tourna son artillerie vocale contre le plus jeune des deux gredins.

—Eh bien, M. Earnshaw, s'écria-t-elle, voilà encore du bel ouvrage que vous avez fait! Est-ce que nous allons maintenant assassiner les gens sur la pierre même de notre porte? Je vois que cette maison ne me conviendra jamais; regardez le pauvre garçon; il étouffe quasiment. Fi! fi! cela ne peut pas continuer ainsi. Rentrez et j'arrangerai cela; là, tenez-vous tranquille.

Avec ces mots, elle versa tout à coup un pot d'eau glacée sur mon cou et m'entraîna dans la cuisine. M. Heathcliff nous y suivit; sa gaieté accidentelle n'avait pas tardé à disparaître, pour céder la place à son air morose accoutumé.

Je me sentais extrêmement malade, étourdi et faible; et ainsi je me trouvai absolument contraint à accepter un logement sous son toit. Il dit à Zillah de me donner un verre de brandy, puis passa dans la chambre, pendant qu'elle murmurait ses condoléances sur ma triste aventure; et, lorsque j'eus obéi à ses ordres, ce qui eut pour effet de me faire un peu revivre, elle me conduisit me coucher.

CHAPITRE III

Pendant qu'elle m'accompagnait dans l'escalier, elle me recommanda de cacher la chandelle et de ne pas faire de bruit, parce que son maître avait des idées étranges sur la chambre où elle voulait me mettre et ne consentait pas volontiers à y laisser loger quelqu'un. Je lui en demandai la raison. Elle répondit qu'elle ne savait pas: elle n'était dans la maison que depuis un an ou deux; et les gens y avaient tant d'allures bizarres qu'elle ne pouvait pas commencer maintenant à être curieuse.

Trop anéanti pour être moi-même bien curieux, je fermai solidement la porte, et jetai un regard autour de la chambre en quête du lit; tout le mobilier consistait dans une chaise, un porte-manteau et une grande armoire de chêne avec, tout près du haut, des carrés découpés ressemblant à des fenêtres de calèche. Lorsque je me fus approché de cette construction et que je l'eus regardée en-dedans, je découvris que c'était une singulière espèce de lit à la vieille mode, très ingénieusement imaginée pour rendre inutile à chaque membre de la famille d'avoir une chambre à lui. En fait, cela formait un petit cabinet isolé; et le rebord d'une fenêtre comprise dans l'installation servait de table. J'ouvris les panneaux, j'entrai avec ma lumière, je les refermai de nouveau; et je me sentis rassuré contre la vigilance de Heathcliff ou de tout autre.

Excité comme je l'étais, je fus longtemps incapable de m'endormir: et le sommeil, lorsqu'il vint, m'apporta les plus horribles cauchemars. Il me sembla que j'avais les pieds et les mains enchaînés, et que je me mettais à crier tout haut dans une frénésie de terreur.

À ma grande confusion, je découvris que mon cri n'était pas une imagination: j'entendis des pas pressés s'approcher de la porte de ma chambre; quelqu'un l'ouvrit d'une main vigoureuse et je vis une lumière briller, par les carrés disposés au sommet de mon lit. J'étais assis, encore tremblant, et essuyant la sueur de mon front: le nouveau venu semblait hésiter et se murmurait quelque chose à lui-même. Enfin il dit à demi-voix, d'un ton qui prouvait qu'il ne s'attendait pas à une réponse: «Y a-t-il quelqu'un ici?» Je jugeai qu'il valait mieux avouer ma présence, car j'avais reconnu la voix de Heathcliff et je craignais qu'il ne poursuivit ses recherches si je ne répandais rien. Dans cette intention, je me tournai et j'ouvris les panneaux. Je n'oublierai pas de sitôt l'effet produit par mon geste.

Heathcliff était debout à l'entrée, vêtu seulement d'une chemise et d'un pantalon, avec une chandelle s'égouttant sur ses doigts, et le visage aussi blanc que le mur derrière lui. Le premier craquement du panneau le fit tressaillir comme un choc électrique, la lumière s'échappa de sa main et tomba à quelques pas de lui, et son émoi était si extrême qu'il put à peine la ramasser.

—C'est seulement votre hôte, monsieur! criai-je, désireux de lui épargner l'humiliation de montrer plus longtemps sa lâcheté. J'ai eu le malheur de crier dans mon sommeil, sous l'effet d'un cauchemar terrible. Je suis fâché de vous avoir dérangé.

—Oh! que Dieu vous confonde, monsieur Lockwood, je voudrais vous voir au diable! commença mon hôte, mettant la chandelle sur une chaise, dans l'impossibilité où il était de la tenir lui-même. Et qui est-ce qui vous a introduit dans cette chambre? continua-t-il, enfonçant ses ongles dans les paumes de ses mains, et grinçant des dents pour arrêter les convulsions des mâchoires. Qui est-ce? J'ai bonne envie de mettre celui-là à la porte à l'instant même.

—C'est votre servante Zillah, répondis-je, m'empressant de descendre du lit et de reprendre mes vêtements. Je ne me plaindrai pas beaucoup si vous la chassez, M. Heathcliff; car elle le mérite abondamment. Je suppose qu'elle avait besoin d'avoir une preuve de plus que cet endroit a été hanté, et qu'elle se l'est offerte à mes dépens. Eh bien oui, il l'est; il est tout rempli de spectres et de gobelins. Vous avez bien raison de le tenir fermé.

—Que pouvez-vous bien entendre en me parlant de cette façon? tonna Heathcliff avec une véhémence sauvage. Comment, comment osez-vous, sous mon toit? Dieu! il est fou pour parler ainsi! (Et il frappa son front avec rage).

Je ne savais pas si je devais me montrer froissé de ces paroles ou poursuivre mon explication; mais il me sembla si profondément affecté que je pris pitié et détaillai à mon hôte l'histoire de mes rêves.

Pendant que je parlais, Heathcliff peu à peu se reculait dans l'ombre du lit, il finit par s'asseoir derrière, presque entièrement caché à ma vue. Pourtant, sa respiration irrégulière et entrecoupée me fit deviner qu'il luttait pour vaincre un excès d'émotion violente. Ne voulant pas lui laisser voir que je l'entendais, je continuai ma toilette le plus bruyamment que je le pouvais, je consultais ma montre, et monologuais sur la longueur de la nuit: «Pas encore trois heures! j'aurais juré qu'il en était six.» Le temps stagne ici: bien sûr que nous nous sommes couchés à huit heures.

—Toujours à neuf heures en hiver, et le lever à quatre, dit mon hôte, arrêtant un grognement; je supposai en même temps, par l'ombre du mouvement de son bras, qu'il essuyait une larme dans ses yeux. M. Lockwood, ajouta-t-il, allez dans ma chambre: vos cris ont envoyé au diable mon sommeil pour cette nuit.

—Le mien aussi, répondis-je. Je vais me promener dans la cour jusqu'à ce qu'il fasse jour, puis je partirai; et vous n'avez pas besoin de craindre que je recommence mon invasion. Je suis maintenant tout à fait guéri du désir de chercher le plaisir dans la société, que ce soit à la campagne ou à la ville. Un homme sensé doit apprendre à trouver en lui-même une compagnie suffisante.

—Charmante compagnie! murmura Heathcliff. Prenez la chandelle et allez où il vous plaira, je vous rejoins à l'instant. Toutefois, n'allez pas dans la cour, les chiens sont déchaînés; et pour ce qui est de la maison—Junon y monte la garde, et—non, vous pouvez seulement vous promener le long des escaliers et des passages. Mais sortez! je viens dans deux minutes.

J'obéis, c'est-à-dire que je quittai la chambre, mais alors, ne sachant pas où conduisait l'étroit couloir, je me tins tranquille, et j'assistai involontairement à un trait de superstition de mon propriétaire, qui démentait d'une façon bien étrange son bon sens apparent. Je le vis marcher vers le lit, ouvrir violemment le treillage et en même temps qu'il le tirait, éclater dans un furieux accès de larmes. «Entre, entre, disait-il en sanglotant. Cathy, viens! oh viens une fois encore. Oh chérie de mon cœur, entends-moi cette fois enfin, Catherine!» Le spectre se montra capricieux comme tous les spectres; il ne donna aucun signe de vie; mais par la fenêtre la neige et le vent entraient en tourbillons sauvages; je les ressentais, même à l'endroit où j'étais, et ils éteignirent la lumière.

Il y avait une telle angoisse dans le jaillissement de douleur qui accompagnait cette extravagance que ma compassion me fit passer sur sa folie, et que je m'éloignai, à demi fâché d'avoir entendu tout cela, vexé surtout d'avoir avoué mes ridicules cauchemars, puisqu'il en était résulté cette agonie; mais le pourquoi de ce qui était arrivé, je ne pouvais le comprendre. Je descendis avec précaution dans les régions basses de la maison et j'aboutis à l'arrière-cuisine, où quelques charbons encore un peu brillants, et que j'eus soin de ramasser en un tas compact, me permirent de rallumer ma chandelle. Rien ne remuait, excepté un chat gris qui sortit des cendres en rampant et me salua avec un miaulement plaintif.

Deux bancs circulaires enfermaient presque entièrement le foyer; sur l'un d'eux je m'étendis, et Grimalkin grimpa sur l'autre. Nous sommeillâmes de compagnie jusqu'à ce que notre retraite fût envahie et que Joseph se montra. Il jeta un regard sinistre sur la petite flamme que j'avais excitée à reluire entre les deux chenets; il précipita le chat du poste élevé où il se tenait, et se mettant lui-même à sa place, il commença l'opération de bourrer de tabac une énorme pipe. Ma présence dans son sanctuaire lui parut évidemment un trait d'impudence trop honteux pour être remarqué; il appliqua silencieusement sa pipe à ses lèvres, croisa les bras et souffla la fumée. Je le laissai jouir sans trouble de sa volupté; quand il eut poussé sa dernière colonne de fumée, et émis un profond soupir, il se leva, s'en alla aussi solennellement qu'il était venu. Un pas plus élastique entra ensuite; cette fois, j'ouvris ma bouche pour un «bonjour» mais je la refermai sans achever ma formule; car c'était Hareton Earnshaw, qui s'acquittait *sotto voce* de ses oraisons, dans une série de jurons dirigés contre tous les objets qu'il touchait, pendant qu'il fouillait dans un coin à la recherche d'une bêche ou d'une pelle, sans doute pour se creuser un chemin dans la neige. Il jeta un regard sur le banc, dilata ses narines, et pensa qu'il était aussi inutile d'échanger des civilités avec moi qu'avec mon compagnon le chat. Je devinai par la vue de ses préparatifs que la sortie était enfin permise, et, quittant ma dure couche, je fis un mouvement pour le suivre. Il s'en aperçut et désigna une porte intérieure avec le bout de sa bêche, me donnant à entendre par un son inarticulé que c'était le lieu où je devais aller si je changeais de place. Cette porte donnait dans la *maison* où je trouvai les femmes déjà en mouvement. Zillah produisait d'énormes flammes dans la cheminée avec un colossal soufflet; pendant que Madame Heathcliff, agenouillée sur le foyer, lisait un livre à la lumière du feu. Elle tenait sa main entre la chaleur de la fournaise et ses yeux, et semblait toute absorbée dans son occupation, ne s'arrêtant que pour gronder la servante de la couvrir d'étincelles, ou pour repousser de temps à autre un chien qui approchait son nez trop près de sa figure. Je fus surpris de voir que Heathcliff était là aussi. Il se tenait près du feu, me tournant le dos; et je compris qu'il venait de faire une scène orageuse à la pauvre Zillah, celle-ci interrompant à tout moment son travail pour relever le coin de son tablier, et pour pousser des grognements irrités.

—Et vous; vous indigne..., éclatait Heathcliff au moment où j'entrais, se tournant vers sa belle-fille, vous voilà encore avec votre paresse! Tous les autres gagnent leur pain, et vous, vous vivez de ma charité. Mettez de côté ces balivernes, et trouvez quelque chose à faire. Je vous ferai expier la calamité de vous avoir toujours sous mes yeux, entendez-vous, maudite coquine!

—Je mettrai de côté mes balivernes, parce que vous pouvez me forcer à le faire si je refuse, répondit la jeune dame fermant son livre et le jetant sur une chaise. Mais quant à faire quelque chose, je ne ferai rien que ce qui me plaira, dussiez-vous en perdre la langue à force de jurer.

Heathcliff leva son bras, et la jeune femme, qui paraissait en connaître le poids, s'empressa de se mettre à l'abri. N'ayant aucun désir d'assister pour me distraire à une bataille de chat et de chien, je m'avançai d'un pas vif, comme si j'étais heureux de prendre ma part de la chaleur du foyer, et tout à fait ignorant de la dispute interrompue. Chacun d'ailleurs eut assez de tenue pour suspendre les hostilités. M. Heathcliff enfonça ses poings dans ses poches pour les garantir de la tentation; Madame Heathcliff plissa ses lèvres et marcha vers un siège assez éloigné, où elle tint sa parole en jouant, pendant tout le reste de mon séjour, le rôle d'une statue. Ce séjour d'ailleurs ne fut pas long. Je me refusai à partager leur déjeuner, et au premier rayon du jour, je m'empressai de m'échapper vers le plein air, qui était maintenant clair, tranquille et froid.

Mon propriétaire me cria de m'arrêter avant que je fusse arrivé au fond du jardin et m'offrit de m'accompagner jusqu'au bout du marais. Et c'est un bonheur qu'il l'ait fait, car tout le dos de la colline n'était qu'un houleux océan blanc: les hauteurs et les affaissements causés par la neige n'indiquant en aucune façon des hauteurs et des affaissements correspondants dans le sol. Il y avait ainsi plusieurs puits que la neige avait entièrement nivelés; et des rangées entières de remblais avaient été effacées de la carte que ma promenade de la veille avait laissée imprimée dans mon esprit. J'avais remarqué d'un côté de la route, à des intervalles de six ou sept yards, une ligne de pierres dressées, qui se prolongeait tout le long de la steppe; elles avaient été dressées et barbouillées de chaux afin de servir de guides dans les ténèbres, ou encore dans les cas comme celui-ci, de façon que l'on pût distinguer le sentier ferme des marais profonds qui s'étendaient sur les deux côtés; mais à l'exception de points sales qui émergeaient un peu çà et là, toute trace de leur existence avait disparu; et mon compagnon fut souvent forcé de m'avertir de tourner sur la droite ou sur la gauche, alors que je m'imaginais suivre correctement les détours du chemin.

Nous échangeâmes fort peu de mots. Il s'arrêta à l'entrée de Thrushcross Park, me disant qu'il n'y avait plus d'erreur à faire depuis là. Nos adieux se bornèrent à un rapide salut; et je continuai mon chemin, me fiant à mes propres ressources, car la loge du portier est à présent inoccupée. La distance de cette porte à la Grange est de deux milles, mais je crois bien que je me suis arrangé pour la faire de quatre, tantôt me perdant parmi les arbres, tantôt m'enfonçant jusqu'au cou dans la neige: divertissement que ne peuvent apprécier que ceux qui en ont fait l'expérience. En tout cas et quoi qu'il en soit de mes errements, l'horloge sonnait midi lorsque je rentrai chez moi; et cela donnait exactement une moyenne d'une heure par mille pour le chemin ordinaire de Wuthering Heights.

La dépendance humaine de ma maison et ses satellites s'élancèrent pour me souhaiter la bienvenue, s'écriant en tumulte qu'elles avaient désespéré de moi; toutes conjecturaient que j'avais péri la nuit dernière; et elles étaient en train de se demander par quel moyen on s'y prendrait pour aller à la découverte de mes restes. Je leur ordonnai de rester tranquilles, à présent qu'elles me voyaient de retour, et, gelé jusqu'au cœur, je m'élançai dans l'escalier. Arrivé au premier, je revêtis des vêtements secs; et, après avoir marché dans ma chambre trente ou quarante minutes pour restaurer la chaleur animale, je me suis installé dans mon cabinet, faible comme un petit chat: presque trop faible pour jouir de la gaie flambée et du café fumant que m'a préparé ma servante.

PREMIÈRE PARTIE

CHAPITRE PREMIER

Quelles vaines girouettes nous sommes! Moi qui avais résolu de me tenir indépendant de toute relation sociale, et remerciais mon étoile de m'avoir enfin amené dans un endroit où ces relations étaient à peu près impraticables, moi, misérable créature sans force, après avoir lutté jusqu'au soir contre l'abattement et la solitude, je fus enfin obligé de céder, et, sous prétexte de m'informer des choses nécessaires à mon installation, j'invitai Madame Dean, quand elle m'apporta le souper, à s'asseoir pendant que je mangerais, avec l'espoir sincère d'avoir une conversation en règle, et d'être ou agréablement réveillé ou tout à fait endormi par ses discours.

—Il y a très longtemps que vous vivez ici? commençai-je; ne m'avez-vous pas dit seize ans?

—Dix-huit, monsieur; je suis venue quand ma maîtresse s'est mariée, pour prendre soin d'elle: et quand elle est morte, le maître m'a retenue pour faire le ménage.

—En vérité?

Une pause suivit. Elle n'était pas bavarde, j'en avais bien peur, si ce n'est sur ses propres affaires, et celles-là ne m'intéressaient guère. Pourtant, après avoir réfléchi quelques minutes, ses poings sur ses genoux et avec un nuage de méditation sur sa dure physionomie, elle s'écria:

—Ah! les temps ont bien changé depuis!

—Ah! fis-je, vous avez dû voir beaucoup de changements, je suppose?

—Oui, et des malheurs aussi, répondit-elle.

—Oh, pensai-je, je vais tourner la conversation sur la famille de mon propriétaire! un excellent sujet à mettre en train. «Et cette jolie veuve, je serais heureux de savoir son histoire: d'apprendre si elle est une indigène du pays ou, ce qui est plus probable, une étrangère que les habitants des Heights ne veulent pas reconnaître pour parente.» Je demandai donc à Madame Dean pourquoi Heathcliff avait quitté

Thrushcross Grange, et préférait vivre dans une situation et une résidence si manifestement inférieures. «N'est-il pas assez riche pour tenir la maison en bon ordre?» demandai-je.

—Riche, monsieur! Il a, personne ne sait combien d'argent, et tous les ans davantage. Oui, oui, il est assez riche pour vivre dans une maison plus belle que celle-ci; mais il est très serré, très avare; et s'il était venu s'établir à Thrushcross Grange, l'idée qu'il aurait pu gagner quelques centaines de plus en louant cette maison à un bon locataire l'aurait rendu trop malheureux. Il est bien étrange que des gens soient si avides quand ils sont seuls dans le monde!

—Mais il avait un fils, je crois?

—Oui, il en avait un, il est mort.

—Et cette jeune dame, Madame Heathcliff, est sa veuve?

—Oui.

—D'où vient-elle?

—Eh, monsieur, c'est la fille de mon ancien maître: Catherine Linton était son nom de jeune fille. Je l'ai nourrie, pauvre créature; je voudrais que M. Heathcliff vienne s'établir ici et alors nous pourrions être ensemble de nouveau.

—Alors, continuai-je, le nom de mon prédécesseur à Thrushcross Grange était Linton?

—Oui.

—Et qui est cet Earnshaw, Hareton Earnshaw, qui vit avec M. Heathcliff? Sont-ils parents?

—Non; c'est le neveu de feue Madame Linton.

—Le cousin de la jeune dame, alors?

—Oui; et son mari était aussi son cousin: l'un du côté de la mère, l'autre du côté du père. Heathcliff s'est marié avec la sœur de M. Linton.

—J'ai vu le nom d'Earnshaw gravé sur le fronton de la maison, à Wuthering Heights. Est-ce une vieille famille?

—Très vieille, monsieur, et Hareton est le dernier d'entre eux, de même que notre miss Cathy est la dernière de nous, je veux dire des Linton. Avez-vous été à Wuthering Heights? Je vous demande pardon de vous interroger, mais j'aimerais tant à savoir comment elle est!

—Madame Heathcliff? Elle avait très bonne mine, et était très jolie; mais elle ne m'a pas semblé très heureuse.

—Oh, la chère, ce n'est pas étonnant! Et comment avez-vous jugé le maître?

—Un homme plutôt rude, madame Dean; n'est-ce pas son caractère?

—Rude comme le tranchant d'une scie, et dur comme de la pierre de porphyre! Moins vous aurez affaire avec lui, mieux cela vaudra.

—Il faut qu'il ait eu des hauts et des bas dans la vie pour être devenu un tel rustre. Savez-vous quelque chose de son histoire?

—Je sais tout sur lui, Monsieur, excepté où il est né, et qui étaient ses parents, et comment il a gagné son argent pour commencer. Et Hareton a été indignement privé de l'héritage qui lui revenait! Le malheureux garçon est le seul dans toute la paroisse qui ne devine pas combien il a été spolié.

—Eh bien, madame Dean, ce serait une action charitable de votre part de me dire quelque chose sur mes voisins. Je sens que je ne pourrai pas dormir si je me couche; ayez donc l'obligeance de vous asseoir, et de me parler pendant une heure.

—Oh! certainement monsieur. Je vais seulement chercher quelque chose pour coudre, et alors je resterai assise ici aussi longtemps qu'il vous plaira. Mais vous avez pris froid; je vous ai vu frissonner; et il faut que vous buviez un peu de tisane pour chasser cela.

La digne femme s'empressa, pendant que je me pelotonnais plus près du feu. J'avais la tête brûlante et le reste du corps gelé; en outre je sentais mes nerfs et mon cerveau excités presque jusqu'au ton de la folie. Tout cela fit que je me trouvai non pas tant mal à l'aise que plutôt inquiet, comme je le suis encore, au sujet des effets possibles des incidents d'hier et aujourd'hui. Cependant, ma ménagère revint, avec un bol fumant et un panier à ouvrage; et ayant placé le premier de ces objets sur la cheminée, elle s'installa dans son siège, évidemment charmée de me trouver si sociable.

—Avant de venir vivre ici, commença-t-elle, sans attendre une nouvelle invitation à raconter son histoire, j'étais presque toujours à Wuthering Heights. Ma mère avait nourri M. Hindley Earnshaw, le père d'Hareton, et j'avais pris l'habitude de jouer avec les enfants; je faisais aussi les commissions; j'aidais aux foins et j'étais accrochée à la ferme, toujours prête pour toute besogne qu'on voulait me donner. Un beau matin d'été—c'était, je me rappelle, au commencement de la moisson—M. Earnshaw, le vieux maître, descendit en tenue de voyage; et après avoir dit à Joseph ce qu'il y avait à faire ce jour-là, il se tourna vers Hindley, Cathy et moi—car j'étais assise avec eux, mangeant mon porridge—et il dit, parlant à son fils: «Mon bon petit homme, je vais à Liverpool aujourd'hui, qu'est-ce qu'il faut que je vous apporte? Vous pouvez choisir ce qui vous plaira, seulement que ce soit quelque chose de petit, car j'aurai à aller et revenir à pied: soixante milles dans chaque sens, c'est long à épeler.» Hindley demanda un violon. Alors il se tourna vers miss Cathy; elle avait à peine six ans, mais elle pouvait monter sur tous les chevaux de l'écurie, et elle choisit un fouet. Le maître ne m'oublia pas non plus; car il avait un bon cœur, bien qu'il fût quelquefois un peu sévère. Il me promit de m'apporter plein mes poches de pommes et de poires, après quoi il embrassa ses enfants, dit adieu, et partit.

Cela nous sembla long à nous tous, les trois jours de son absence; et souvent la petite Cathy demanda quand il serait revenu. Madame Earnshaw l'attendait pour souper le troisième soir, et elle ajournait le repas d'heure en heure. Pourtant, il ne faisait aucun signe d'arriver, si bien qu'à la fin les enfants se fatiguèrent de descendre à la porte pour regarder. Il se fit noir, la vieille maîtresse aurait voulu qu'ils allassent se coucher, mais ils demandèrent en pleurant la permission d'attendre; et juste vers onze heures, le loquet de la porte fut tranquillement soulevé, et le maître entra. Il se jeta dans un siège, riant et grognant, et leur ordonna à tous de se tenir à distance, car il était à peu près tué, et ne recommencerait pas une telle marche pour les trois royaumes.

—Et, par là-dessus, être chargé à mort! dit-il, ouvrant son grand manteau qu'il tenait enroulé dans ses bras. Vois ici, femme! Je n'ai jamais été autant battu par quelque chose dans ma vie: mais il faut tout de même que vous le preniez comme un don de Dieu, bien qu'il soit presque aussi noir que s'il venait du diable.

Nous l'entourâmes, et par dessus la tête de miss Cathy, j'aperçus un enfant aux cheveux très noirs, sale et vêtu de haillons: assez gros pour être capable aussi bien de marcher que de parler. De visage, il avait l'air plus vieux que Catherine; et pourtant quand on le mit sur ses pieds, il ne sut que regarder autour de lui, et répéta sans cesse un baragouin que personne ne pouvait comprendre. Je fus effrayée et Madame Earnshaw parut prête à jeter l'enfant à la porte. Elle s'emporta, demandant comment son mari avait pu avoir l'idée d'amener dans la maison ce marmot gipsy, alors qu'ils avaient déjà leurs deux enfants à nourrir et à protéger. Qu'est-ce qu'il en tendait faire avec ça, et était-il devenu fou? Le maître essaya d'expliquer la chose, mais il était réellement à moitié mort de fatigue, et tout ce que je pus distinguer, parmi les gronderies de sa femme, fut le récit de la façon dont il avait trouvé cet enfant, mourant de faim, et sans asile, et quasi-muet, dans les rues de Liverpool. Il l'avait ramassé et s'était enquis de son possesseur. Pas une âme ne savait à qui il appartenait; et comme son argent et son temps étaient également limités, il pensa que le meilleur était de l'emmener tout de suite avec lui, plutôt que de s'exposer à cause de lui à d'inutiles dépenses en ville, car il avait pris la résolution de ne pas l'abandonner dans l'état où il l'avait trouvé. Enfin la conclusion fut que ma maîtresse se calma, et que M. Earnshaw me dit de laver le nouveau venu, de lui donner des effets propres, et de le mettre à dormir avec les enfants.

Hindley et Cathy se contentèrent de regarder et d'écouter jusqu'à ce que la paix fut revenue; mais alors tous deux commencèrent à fouiller dans les poches de leur père, en quête des cadeaux qu'il leur avait promis. Hindley était déjà un garçon de quatorze ans, mais quand il sortit ce qui avait été un violon et qui s'était écrasé en morceaux dans le manteau, il se mit à pleurer tout haut; et Cathy, quand elle apprit que le maître avait perdu son fouet en s'occupant de l'étranger, témoigna de sa mauvaise humeur en grinçant des dents et en crachant sur la sotte petite chose; elle gagna pour sa peine un soufflet afin d'apprendre de meilleures manières.

Ils refusèrent d'avoir l'enfant avec eux dans leur lit ou même dans leur chambre; et comme je n'en avais pas davantage envie, je le mis sur le perron de l'escalier, espérant qu'il serait parti dans la matinée. Par hasard, ou bien attiré peut-être en entendant sa voix, le petit monstre rampa vers la porte de M. Earnshaw, et c'est là que celui-ci le trouva en quittant sa chambre. On fit une enquête pour savoir comment il y était venu, je fus obligée d'avouer; et, en récompense de ma lâcheté et de ma cruauté, on me renvoya de la maison.

Ce fût la première introduction de Heathcliff dans la famille. En revenant quelques jours après (car je ne considérais pas mon bannissement comme perpétuel) je vis qu'ils l'avaient baptisé Heathcliff: c'était le nom d'un fils mort tout enfant, et ce nom lui a toujours servi, depuis, à la fois de prénom et de nom de famille. Miss Cathy et lui étaient maintenant très intimes, mais Hindley le haïssait. Et pour dire la vérité, je faisais comme lui; et nous le tourmentions honteusement, car je n'étais pas assez raisonnable pour sentir mon injustice, et la maîtresse ne prononçait jamais un mot en sa faveur quand elle le voyait injurié.

Il semblait un enfant maussade, mais patient, endurci peut-être par l'habitude aux mauvais traitements. Il subissait les coups de Hindley sans fermer les yeux ni verser une larme; et quand je le pinçais, il se contentait d'avoir un soupir et d'ouvrir ses yeux plus grands, comme s'il s'était blessé par accident et que personne ne fût à blâmer. Cette résignation rendit furieux le vieil Earnshaw, quand il découvrit comment son fils persécutait «de pauvre enfant orphelin», comme il l'appelait. Il s'attacha étrangement à Heathcliff, croyant tout ce qu'il disait (il faut ajouter qu'il disait très peu de choses et généralement la vérité) et le gâtant bien plus que Cathy, qui était trop malfaisante et trop entêtée pour être une favorite. C'est ainsi que, dès les premiers temps, Heathcliff entretint dans la maison de mauvais sentiments; à la mort de Madame Earnshaw, qui arriva moins de deux ans après, le jeune maître avait déjà appris à regarder son père comme un oppresseur plutôt qu'un ami, et Heathcliff comme un usurpateur de l'affection de son père et de ses privilèges propres; et tous les jours il devenait plus amer en réfléchissant à ces injustices. Je sympathisai quelque temps avec lui; mais quand les enfants tombèrent malades de la rougeole et que j'eus à les garder, et à me charger tout d'un coup des occupations d'une femme, mes idées changèrent. Heathcliff fut malade dangereusement; et dans les pires moments de sa maladie, il voulait toujours m'avoir à son chevet: je suppose qu'il sentait que je lui faisais beaucoup de bien et qu'il n'avait pas assez d'esprit pour deviner que je le faisais par ordre. Pourtant, je dois le dire, c'était l'enfant le plus tranquille que jamais nourrice eût veillé. La différence entre lui et les autres me força à être moins partiale. Cathy et son frère me harassaient terriblement; lui restait sans se plaindre, comme un mouton: bien que ce fut plutôt par dureté que par douceur naturelle.

Il guérit et le médecin affirma que c'était en grande mesure grâce à moi, et me loua de mes bons soins. Je fus très fière de ces éloges, je me radoucis envers celui qui m'avait donné l'occasion de les mériter; et ainsi Hindley perdit son dernier allié. Pourtant il m'était impossible d'arriver à aimer Heathcliff, et je me demandais souvent ce que mon maître trouvait à admirer si fort dans ce garçon maussade qui jamais, autant que je me rappelle, n'eut un signe de gratitude pour le payer de son indulgence. Il n'était pas insolent pour son bienfaiteur, mais simplement insensible: pourtant il savait parfaitement l'empire qu'il avait sur son cœur, et se rendait compte qu'il n'avait qu'à parler pour que toute la maison fut obligée de céder à son désir. Je me rappelle, par exemple, comment M. Earnshaw acheta un jour une paire de pouliches à la foire de la paroisse, et en donna une à chacun des deux garçons. Heathcliff prit la plus belle; mais bientôt sa bête devint boiteuse; et quand il s'en aperçut, il dit à Hindley: «Il faut que vous changiez de cheval avec moi, le mien ne me plaît pas, et si vous ne consentez pas, je dirai à votre père que vous m'avez battu trois fois cette semaine, et je lui montrerai mon bras qui est noir jusqu'à l'épaule.» Hindley tira la langue et lui donna des coups de poing sur les oreilles. «Vous ferez mieux de faire tout de suite ce que je vous demande, continua Heathcliff, s'échappant jusqu'à la porte (car ils étaient dans l'étable) vous serez forcé de toute façon de le faire, et si je parle de ces coups ils vous seront rendus avec intérêts.— Va-t-en, chien! cria Hindley, le menaçant avec un poids de fer dont on se servait pour peser les pommes de terre et le foin.—Jetez, répliqua l'autre sans bouger, et alors je dirai comment vous vous êtes vanté que vous me mettriez à la porte dès qu'il serait mort, et nous verrons bien s'il ne vous met pas à la porte tout de suite, vous.» Hindley lui jeta le poids, qui l'atteignit dans la poitrine. Il tomba, mais se releva immédiatement, sans haleine et blanc comme un mort; et si je ne l'avais pas empêché, il serait allé tout de suite trouver le maître, de qui il aurait obtenu pleine vengeance en laissant l'état où il était plaider pour lui, et en dénonçant celui qui en était l'auteur. «Alors, prends ma pouliche, Gipsy! dit le jeune Earnshaw, et puisse-t-elle te casser le cou: prends-la et sois damné, toi mendiant et intrus; et dérobe à mon père tout ce qu'il a; seulement, après, montre-lui ce que tu es, enfant de Satan. Et prends ceci, j'espère que cela fera sortir ton cerveau de ta tête!»

Heathcliff était parti détacher la bête, et la mettre dans sa stalle à lui; il passait derrière elle lorsque Hindley conclut son discours en le jetant à ses pieds, et, sans rester pour voir si son espoir était rempli, s'enfuit aussi vite qu'il put. Je fus stupéfaite de constater avec quelle froideur l'enfant se ramassa et poursuivit son intention; faisant l'échange des selles et de tout, et puis s'asseyant sur une botte de foin pour laisser se dissiper, avant d'entrer dans la maison, le mal de cœur que lui avait occasionné le coup violent qu'il avait reçu. Je n'eus pas de peine à lui persuader de me laisser mettre ses blessures sur le compte du cheval: il se souciait peu de ce que l'on dirait, dès qu'il avait ce qu'il désirait. Et en vérité, il lui arrivait si rarement de se plaindre de scènes comme celles-là que je crus réellement qu'il n'était pas vindicatif: en quoi je me trompais entièrement, Monsieur, comme vous le verrez bientôt.

CHAPITRE II

Avec le temps, M. Earnshaw commença à baisser. Il avait toujours été actif et bien portant, mais sa force le quitta tout d'un coup; et du jour où il fut confiné au coin de son feu, il devint affreusement irritable. Un rien le vexait, et il lui suffisait de soupçonner un manque de respect à son autorité pour le faire entrer dans un accès de fureur. C'était le cas surtout si quelqu'un essayait de s'imposer à son favori ou de le dominer: il ne pouvait souffrir qu'un seul mot désagréable lui fût adressé; il semblait s'être mis dans l'esprit que, parce que lui-même aimait Heathcliff, tout le monde le détestait et songeait à le maltraiter. Et ce fut un désavantage pour le garçon, car aucun de nous ne voulait irriter le maître, de sorte que nous complaisions à sa partialité et cette complaisance fut un riche aliment pour l'orgueil et pour l'humeur noire de l'enfant. Pourtant nous ne pouvions faire autrement; deux ou trois fois, Hindley ayant manifesté son mépris pour Heathcliff en présence de son père, le vieillard furieux saisit son bâton pour le frapper, et frémit de rage en voyant son impuissance.

À la fin, notre curé (car nous avions un curé qui gagnait sa vie en donnant des leçons aux petits Linton et Earnshaw et en cultivant lui-même son morceau de terre) ce curé suggéra que le jeune homme devrait être mis au collège; et M. Earnshaw y consentit, bien qu'à regret, car il dit que Hindley était un être nul et ne prospérerait jamais.

J'espérais cordialement que désormais nous aurions la paix. Je me chagrinais de penser que le maître avait à souffrir de sa bonne action. J'imaginais que son mécontentement provenait de ses ennuis de famille; telle était également son opinion à lui, mais en vérité, monsieur, c'était sa nature qui baissait. Pourtant nous aurions pu continuer à vivre d'une façon assez supportable si ce n'était deux personnes, miss Cathy et Joseph le domestique: ce dernier aussi, vous l'avez vu là-haut, évidemment. C'était et c'est sans doute encore le plus odieux et le plus arrogant pharisien qui ait jamais saccagé une bible pour y prendre toutes les promesses pour lui-même et pour en lancer les malédictions à ses voisins. Par son adresse à faire des sermons et de pieux discours, il parvint à produire une grande impression sur M. Earnshaw; et plus le maître allait s'affaiblissant, plus était grande l'influence de Joseph. Il ne cessait pas de l'importuner pour qu'il prit soin de son âme et pour qu'il tint sévèrement ses enfants. Il l'encouragea à considérer Hindley comme un réprouvé et, tous les soirs, il grommelait régulièrement une longue série de fables contre Heathcliff et Catherine: il avait toujours soin de flatter la faiblesse d'Earnshaw en mettant la plus grosse part du blâme sur la jeune fille.

Il est bien sûr que Catherine avait des façons telles que je n'en avais jamais vues chez une enfant; et elle nous mettait tous hors de patience cinquante fois par jour et davantage; depuis l'heure où elle descendait jusqu'à l'heure où elle allait se coucher, nous n'étions pas sûrs une minute qu'elle ne fût pas à faire quelque mal. Son esprit était toujours excité, sa langue toujours en train. Elle chantait, riait, persécutait quiconque ne faisait pas comme elle. C'était une plante sauvage et maligne; mais elle avait l'œil le plus agréable, le sourire le plus doux et le pied le plus léger de la paroisse; et après tout, je crois qu'elle n'avait pas mauvaise intention, car lorsqu'une fois elle vous avait fait pleurer pour de bon, il était rare qu'elle ne vint pas vous tenir compagnie et vous obliger à vous calmer pour la consoler. Elle aimait beaucoup trop Heathcliff. La plus grande punition que nous pouvions inventer pour elle était de la tenir séparée de lui. En jouant, elle se plaisait à faire la petite maîtresse, usant librement de ses mains et commandant à ses compagnons; c'est ce qu'elle fit avec moi, mais je ne pouvais pas souffrir qu'on me donnât des ordres et je le lui fis savoir.

Or, M. Earnshaw n'admettait pas les plaisanteries de la part de ses enfants: il avait toujours été grave et sévère avec eux; et Catherine de son côté ne concevait pas que son père fut plus mal disposé et moins patient dans son état de souffrance qu'il n'était auparavant. Les reproches acariâtres qu'elle en reçut éveillèrent en elle un méchant désir de le provoquer. Elle n'était jamais si heureuse que lorsque nous étions tous à la gronder à la fois, et qu'elle nous défiait avec son fier regard impertinent, et ses paroles toutes prêtes; tournant en ridicule les malédictions religieuses de Joseph, me harcelant, et faisant la chose même que son père haïssait le plus: lui montrant que sa prétendue insolence à elle avait plus de pouvoir sur Heathcliff que sa bonté, à lui, que le garçon était prêt à faire en toute chose ce qu'elle lui ordonnait, tandis qu'il n'obéissait à ses ordres à lui que s'ils s'accordaient avec son propre désir. Après s'être conduite aussi mal que possible toute la journée, quelquefois elle allait vers lui le soir et essayait de le dorloter pour faire la paix. «Non Cathy, disait le vieillard, je ne peux pas t'aimer; tu es pire que ton frère. Va, dis tes prières, enfant, et demande pardon à Dieu. Je doute que ta mère et moi puissions expier la façon dont nous t'avons élevée.» D'abord ces paroles la faisaient pleurer, mais ensuite, à être toujours repoussée, elle s'endurcit, et elle se contentait de rire quand je lui conseillais de dire qu'elle regrettait ses fautes et en demandait pardon.

Mais l'heure vint enfin qui termina sur cette terre les souffrances de M. Earnshaw. Il mourut tranquillement dans sa chaise, un soir d'octobre, assis au coin du feu. Un vent violent soufflait autour de la maison et s'engouffrait dans la cheminée, avec un bruit sauvage; pourtant, il ne faisait pas froid et nous étions tous ensemble: moi, à quelque distance du foyer, occupée à tricoter, Joseph lisant sa bible près de la table, car dans ce temps-là les domestiques avaient l'habitude de s'asseoir dans la maison, l'ouvrage fini. Miss Cathy avait été malade, et c'est ce qui fait qu'elle se tenait tranquille; elle s'appuyait contre le genou de son père, et Heathcliff était couché par terre avec sa tête dans le tablier de la jeune fille. Je me rappelle que le maître, avant de tomber dans un assoupissement, caressa ses beaux cheveux et lui dit: «Pourquoi ne peux-tu pas toujours être une bonne fille?» Et elle tourna sa figure vers lui, et répondit: «Pourquoi ne pouvez-vous pas toujours être un bon homme, père?» Mais aussitôt qu'elle le vit vexé de nouveau, elle baisa sa main et dit qu'elle allait chanter pour l'endormir. Elle se mit à chanter très bas, jusqu'à ce que les doigts du vieux maître s'échappèrent des siens, et que sa tête s'affaissa sur sa poitrine. Alors je lui dis de se taire et de ne pas bouger par crainte de l'éveiller. Nous nous tûmes comme des souris pendant une pleine demi heure, et nous aurions continué plus longtemps, si Joseph, ayant fini son chapitre, ne s'était levé, et n'avait dit qu'il devait éveiller le maître pour réciter les prières et aller au lit. Il s'avança, l'appela par son nom et le toucha à l'épaule; mais le vieillard restait immobile, de sorte qu'il prit la chandelle et le regarda. Je vis bien qu'il y avait quelque chose qui allait mal quand il remit sa lumière sur la table et que, saisissant les enfants chacun par un bras, il leur murmura de monter, et de ne pas faire de bruit, ajoutant qu'ils auraient à dire leurs prières tout seuls ce soir-là, parce que lui-même avait autre chose à faire.

—Je veux auparavant dire bonne nuit à mon père, dit Catherine, lui passant les bras autour du cou avant que nous ayons pu l'en empêcher. La pauvre créature découvrit tout de suite le malheur; elle gémit: «Oh, il est mort, Heathcliff, il est mort!» Et tous deux se mirent à pleurer, le cœur brisé.

Je joignis mes sanglots aux leurs, amers et sonores, mais Joseph nous demanda à quoi nous pensions de hurler de cette façon sur un saint dans le ciel. Il me dit de mettre mon manteau et de courir à Gimmerton pour chercher le médecin et le curé. Je ne pouvais pas deviner à quoi servirait l'un ou l'autre dans ce moment; pourtant, je partis, par le vent et la pluie, et je ramenai avec moi l'un des deux, le médecin; l'autre dit qu'il viendrait dans la matinée. Laissant Joseph expliquer l'affaire, je courus à la chambre des enfants; leur porte était entrebâillée, je vis qu'ils ne s'étaient pas couchés, bien qu'il fut passé minuit; mais ils étaient plus calmes et n'avaient pas besoin de moi pour les consoler. Les petites âmes se réconfortaient l'une l'autre avec des pensées meilleures que toutes celles que j'aurais pu leur suggérer; aucun curé dans le monde n'a jamais fait une aussi belle peinture du ciel que celle qu'ils en faisaient dans leur innocente conversation; et pendant que je les écoutais en sanglotant, je ne pouvais m'empêcher de souhaiter que nous fussions tous ensemble en sécurité là-haut.

CHAPITRE III

M. Hindley revint pour l'enterrement; et,—chose qui nous étonna et fit jaser les voisins à droite et à gauche—il amena une femme avec lui. Ce qu'elle était, et où elle était née, il ne nous en a jamais informés; probablement qu'elle n'avait ni argent ni nom pour la recommander, sans quoi il n'aurait pas tenu son union cachée de son père.

Ce n'était pas une femme qui aurait jamais troublé la maison pour sa propre part. Tous les objets qu'elle vit, du moment où elle passa le seuil, semblèrent l'enchanter, et aussi toutes les circonstances qui eurent lieu autour d'elle, excepté les préparatifs de l'enterrement et la présence des veilleurs funèbres. Je la crus à moitié niaise, par la conduite qu'elle eut dans cette occasion. Elle courut dans sa chambre et me fit y venir avec elle, alors que j'aurais dû habiller les enfants; et là elle se tenait assise, frissonnante et tordant ses mains, et demandant à plusieurs reprises: «Est-ce qu'ils sont partis, à présent?» Alors elle commença à décrire avec une émotion hystérique l'effet que lui produisait la vue du noir; et elle tressaillit, et elle trembla, et enfin elle eut une crise de larmes. Quand je lui demandai ce qu'il y avait, elle me répondit qu'elle ne savait pas, mais qu'elle sentait une telle peur de mourir! Elle me sembla aussi peu exposée à mourir dans ce moment que moi-même. Elle était plutôt mince, mais jeune, le teint frais, et ses yeux étincelaient comme des diamants. Je remarquai bien, il est vrai, que la montée des escaliers la faisait respirer très vite, que le moindre bruit soudain lui donnait le frisson, et qu'elle avait de temps à autre une toux pénible; mais je ne savais rien de ce que présageaient ces symptômes et rien ne me portait à sympathiser avec elle. Dans ce pays, voyez-vous, M. Lockwood, nous n'avons pas l'habitude de nous attacher aux étrangers, à moins qu'ils ne s'attachent à nous les premiers. Le jeune Earnshaw avait considérablement changé pendant les trois années de son absence; il était devenu plus maigre, avait perdu sa couleur, parlait et s'habillait d'une toute autre façon. Le jour même de son retour, il dit à Joseph et à moi que nous aurions désormais à demeurer dans l'arrière-cuisine et à lui laisser la maison. Il voulait même tapisser et faire couvrir de papier une petite chambre étroite qui serait devenue un parloir; mais sa femme exprima tant de plaisir à la vue du plancher blanc et de l'énorme cheminée toute brillante, et des plats d'étain, et de la case aux faïences, et du chenil, et du large espace qu'il y avait pour se mouvoir dans cette chambre où ils se tenaient d'habitude, que son mari crut son projet inutile à la commodité de sa femme, et y renonça.

Elle témoigna du plaisir aussi à trouver une sœur parmi ses nouvelles connaissances; et elle bavarda avec Catherine, et l'embrassa, et courut partout avec elle, et lui donna des quantités de cadeaux, au commencement. Pourtant son affection se fatigua très vite, et quand elle devint aigre, Hindley devint tyrannique. Quelques mots d'elle, témoignant de son antipathie pour Heathcliff, suffirent pour réveiller en lui sa haine d'autrefois envers le garçon. Il le chassa de sa compagnie et le rejeta dans celle des domestiques, le priva des leçons du curé, exigea que désormais il travaillât dehors, le forçant à besogner aussi durement qu'aucun autre garçon dans la ferme.

Dans les premiers temps, Heathcliff supporta assez sa dégradation, parce que Cathy lui enseignait ce qu'elle apprenait, et travaillait ou jouait avec lui dans les champs. Tous deux promettaient de devenir rudes comme des sauvages; le jeune maître ne s'occupait absolument pas de leur conduite, ni de ce qu'ils, faisaient, de sorte qu'ils n'avaient pas affaire à lui. Il ne les aurait pas même forcés à aller à l'église le dimanche; mais Joseph et le curé le réprimandaient de son insouciance toutes les fois que les enfants manquaient le service, et lui, en conséquence, ne manquait pas d'ordonner que l'on battît Heathcliff et que l'on privât Catherine de dîner ou de souper. Mais c'était un de leurs amusements principaux de se sauver dans les marais le matin et d'y rester toute la journée, et la punition qui suivait était une risée pour eux. Le curé pouvait imposer à Catherine autant de chapitres qu'il voulait à apprendre par cœur, et Joseph pouvait battre Heathcliff jusqu'à avoir mal au bras; les deux enfants oubliaient tout dans la minute où ils se retrouvaient ensemble, ou du moins dans la minute où ils avaient exécuté quelque mauvais plan de vengeance; plus d'une fois j'ai pleuré en moi-même à les voir pousser tous les jours plus insouciants de tout, tandis que moi je n'osais pas dire une syllabe, par crainte de perdre le peu de pouvoir que je gardais encore sur ces créatures délaissées. Un dimanche soir, il arriva qu'on les chassa de la grande chambre, parce qu'ils avaient fait du bruit ou pour quelque petite offense de cette sorte; et quand j'allai les appeler pour le souper, je ne pus les découvrir nulle part. Nous fouillâmes la maison, en haut et en bas, la cour et les étables, ils étaient introuvables. À la fin, Hindley, furieux, nous dit de verrouiller les portes et jura que personne ne les laisserait rentrer cette nuit-là. Tout le monde alla se coucher; et moi, trop inquiète pour me mettre au lit, j'ouvris ma fenêtre et je passai ma tête pour écouter, malgré la pluie, bien résolue à les laisser tout de même entrer, s'ils revenaient. Après un moment, je distinguai des pas qui montaient dans le chemin, et la lumière d'une lanterne brilla à travers la porte. Je jetai un châle sur ma tête et courus pour les empêcher d'éveiller M. Earnshaw en frappant. Il n'y avait là que Heathcliff, et je me sentis trembler en le voyant seul.

—Où est miss Catherine? m'écriai-je précipitamment; pas d'accident, j'espère?

—À Thrushcross-Grange, répondit-il, et j'y serais aussi, mais ils n'ont pas eu l'air disposés à me demander de rester.

—Eh bien, vous allez en attraper, lui dis-je, vous ne serez jamais content tant qu'on ne vous enverra pas à votre affaire; qu'est-ce diable qui a pu vous faire rôder jusqu'à Thrushcross-Grange?

—Laissez-moi me débarrasser de mes vêtements mouillés et je vous raconterai tout sur cette aventure, Nelly, répondit-il.

Je lui dis de prendre garde à ne pas éveiller le maître, et pendant qu'il se déshabillait et que j'attendais pour éteindre la chandelle, il poursuivit:

—Cathy et moi, nous nous sommes échappés de la lingerie pour faire une course en liberté, et comme nous apercevions de loin les lumières de la Grange, nous eûmes l'idée d'aller voir si les Linton passaient leur soirée du dimanche à se tenir debout dans les coins pendant que leur père et leur mère restaient assis à boire et à manger, et à chanter et à rire, et à brûler leurs yeux devant le feu. Croyez-vous qu'ils le fassent? ou bien qu'ils lisent des sermons, et qu'ils soient catéchisés par leur domestique, et qu'on leur fasse apprendre une colonne de noms de l'Écriture s'ils ne répondent pas proprement?

—Il est probable que non, répondis-je. Ce sont sans doute de bons enfants, et ils ne méritent pas le traitement que vous recevez pour votre mauvaise conduite.

—Ne faites pas de morale, Nelly, me dit-il, quelle folie! Nous courûmes du sommet des Heights jusqu'au parc sans nous arrêter; et Catherine fut complètement battue dans la course parce qu'elle était nu-pieds. Vous aurez demain à chercher ses souliers dans la boue. Nous rentrâmes par le trou d'une haie; nous nous trouvâmes un chemin à tâtons dans le sentier, et nous nous plantâmes sur une pelouse de fleurs au-dessus de la fenêtre du salon. La lumière descendait de là sur nous, on n'avait pas mis les volets, et les rideaux n'étaient baissés qu'à moitié. Tous deux, en nous tenant debout sur le rebord du mur et en nous appuyant à la saillie, nous pouvions regarder à l'intérieur; et nous avons vu—ah! comme c'était beau!—un endroit splendide tapissé de rouge, et des chaises et des tables couvertes en rouge, et un beau plafond blanc bordé d'or, au centre duquel pendait, attaché avec des chaînes d'argent, un grand candélabre tout étincelant de petites bougies qui brillaient doucement. Les vieux M. et Madame Linton n'y étaient pas; Edgar et sa sœur avaient la chambre entièrement pour eux. Ne devaient-ils pas être heureux? À leur place, nous nous serions crus dans le ciel! Et maintenant, devinez un peu ce que vos bons enfants étaient en train de faire? Isabella—je pense qu'elle a onze ans, un an de moins que Cathy—était étendue à l'extrémité de la chambre, hurlant comme si des sorcières lui enfonçaient des aiguilles brûlantes dans la peau. Edgard était debout dans le foyer, pleurant en silence, et au milieu de la table était assis un petit chien, agitant sa patte et piaillant; nous comprîmes, à leurs accusations mutuelles, qu'ils venaient presque de couper cette patte en deux à force de la tirer chacun de son côté. Les idiots! C'était là leur plaisir! De se quereller à qui tiendrait dans sa main cette petite bête, et chacun de se mettre à pleurer parce que, tous les deux, après se l'être disputée, refusaient de la prendre. Nous riions bien de ces créatures! Nous les méprisions! Quand me prendrez-vous à désirer ce que Catherine désire? Quand nous verrez-vous nous divertissant à hurler, et à sangloter, et à nous rouler par terre tout le long d'une chambre? Pour un millier de vies, je ne voudrais pas échanger ma condition ici pour celle d'Edgard Linton à Thrushcross-Grange, pas même si j'avais le privilège d'attacher Joseph au plus haut pignon, et de peindre le fronton de la maison avec le sang de Hindley!

—Silence, interrompis-je. Mais vous ne m'avez pas encore dit, Heathcliff, pourquoi vous avez laissé Catherine là-bas.

—Je vous ai dit que nous étions en train de rire, répondit-il. Les Linton nous ont entendus, et d'un commun accord, tous deux se sont précipités vers la porte. Il y a eu un silence, et puis un cri: «Oh, maman, maman, oh papa! oh maman, venez ici; oh papa, oh!» Je vous assure qu'ils n'ont fait que miauler de cette façon là. Alors nous avons fait un bruit terrible pour les effrayer encore davantage, et puis nous avons sauté en bas du rebord parce que nous entendions quelqu'un tirer la barre de la porte et que nous sentions que le meilleur était de nous sauver. Je tenais Cathy par la main et je la pressais de courir quand tout d'un coup elle est tombée. Elle a murmuré: «Cours, Heathcliff, cours, ils ont lâché le bouledogue, le voilà qui me tient.» Le chien l'avait saisie au cou-de-pied, Nelly; j'entendais son affreux ronflement. Et elle, elle ne criait pas, oh non, elle aurait dédaigné de crier quand même elle aurait été embrochée sur les cornes d'un taureau furieux. Mais moi je criais; je vociférais assez de jurons pour anéantir tous les démons de la chrétienté; et j'ai pris une pierre que je lui ai jetée dans la gueule, en faisant tout mon possible pour la lui enfoncer dans la gorge. À la fin, un sot de domestique est venu avec une lanterne, en criant: «Tiens bon, Skulker, tiens bon!» Mais il a été forcé de changer de ton quand il a vu le jeu de Skulker. Le chien était étouffé; son énorme langue rouge pendait longue d'un demi-pied en dehors de sa gueule et ses lèvres écumaient d'une bave de sang. L'homme a relevé Cathy. Elle était malade: non de peur, j'en suis certain, mais de souffrance. Il l'a emportée dans la maison et je les ai suivis, grognant des exécrations et des menaces de vengeance. «Eh! bien! Robert, quelle prise? criait Linton à l'entrée.—Skulker a attrapé une petite fille, monsieur; et voici un garçon, dit-il en m'empoignant, qui a l'air d'un méchant vagabond! Sans doute que les voleurs voulaient les faire passer par la fenêtre, afin qu'ils ouvrent la porte au reste de la clique, quand tout le monde serait endormi, pour qu'ils puissent nous assassiner à leur aise. Taisez-vous, vous, petit voleur mal embouché, vous irez aux galères pour ce coup-là; M. Linton, ne lâchez pas votre fusil.—Non, non, Robert, dit le vieux fou, les canailles ont su que j'ai touché mes rentes hier; ils ont pensé qu'ils auraient proprement leur affaire. Entrez, je vais leur arranger une réception. Tiens, John, attache la chaîne. Jenny, donnez un peu d'eau à Skulker. Venir provoquer un magistrat dans sa forteresse, et un dimanche encore! Ou s'arrêtera leur insolence? Oh ma chère Marie, regardez un peu! N'ayez pas peur, ce n'est qu'un petit garçon: il est vrai que le diable ricane ouvertement sur sa figure; ne serait-ce pas rendre service à la contrée que de le pendre tout de suite avant qu'il ne puisse montrer sa nature dans ses actes comme il le fait dans sa mine?» Il m'attira sous le chandelier et Madame Linton mit ses lunettes sur son nez et leva ses bras au ciel pour témoigner de son horreur. Les lâches enfants s'encouragèrent aussi à ramper plus près, et j'entendis Isabella bégayer: «Quelle chose affreuse! Mettez-le dans la cave, papa, il ressemble tout à fait au fils du diseur de bonne aventure qui m'a volé mon faisan apprivoisé. N'est-ce pas, Edgar?»

Pendant qu'ils étaient en train de m'examiner, Cathy est revenue à elle; elle a entendu ce dernier discours et elle s'est mise à rire. Edgar Linton, après l'avoir longtemps considérée, trouva enfin assez de présence d'esprit pour la reconnaître. Ils nous ont vus à l'église, vous savez bien qu'il soit rare que nous les rencontrions ailleurs. Il a dit tout bas à sa mère:

—Mais c'est miss Earnshaw! et voyez comme Skulker l'a mordue!

—Miss Earnshaw? Quelle folie! s'est écriée la dame. Miss Earnshaw rôdant à travers le pays avec un gipsy! Et pourtant, mon cher, l'enfant est en deuil, sûrement c'est elle; et elle peut rester boiteuse pour toujours.

—Quelle coupable insouciance de la part de son frère! s'écria M. Linton, détournant ses regards de moi sur Catherine. J'ai d'ailleurs entendu de Shielders (c'était le nom du curé, monsieur) qu'il la laisse croître tout à fait comme une petite païenne. Mais qui est celui-ci? Où a-t-elle ramassé ce compagnon? Oh! oh! je suis sûr que c'est cette étrange acquisition qu'a faite notre feu voisin dans son voyage à Liverpool, un petit Lascar, ou bien quelque enfant de parias américains ou espagnols.

—Un méchant garçon, en tout cas, remarqua la vieille dame, et pas du tout fait pour une maison convenable! «Avez-vous entendu son langage, Linton? Je suis effrayée de penser que mes enfants aient pu l'entendre.»

—Je recommençai à jurer—ne vous fâchez pas, Nelly,—et alors on a ordonné à Robert de me faire sortir. J'ai refusé de m'en aller sans Cathy, mais il m'a entraîné dans le jardin, m'a mis de force cette lanterne dans la main, m'a assuré que M. Earnshaw serait informé de ma conduite, et après m'avoir ordonné de marcher tout droit ici, a refermé la porte. Les rideaux formaient encore une fente à un de leurs coins, et je repris ma station pour espionner; parce que si Catherine avait désiré retourner à la maison, j'avais l'intention de secouer leur grand carreau de verre en un million de fragments pour peu qu'ils eussent refusé de la laisser partir. Mais elle était assise tranquillement sur le sofa. Madame Linton la débarrassa du manteau gris de la laitière que nous avions emprunté pour notre excursion. Elle secouait la tête et lui faisait des remontrances, je suppose: Cathy était une jeune lady, et ils faisaient une distinction entre la façon de la traiter et celle de me traiter moi-même. Alors la servante lui a apporté un bassin d'eau chaude et lui a lavé les pieds; M. Linton lui a préparé un grand verre de négus et Isabella lui a mis dans le pan de sa robe tous les gâteaux qu'elle avait sur une assiette, pendant qu'Edgar restait à distance, bouche béante. Après cela, ils ont séché et peigné ses beaux cheveux, ils lui ont donné une paire d'énormes pantoufles, et l'ont traînée auprès du feu; et quand je suis parti, elle était aussi gaie qu'elle pouvait l'être, partageant sa nourriture entre le petit chien et Skulker, dont elle pinçait le nez en même temps qu'elle mangeait; elle allumait une étincelle de vie dans les vides yeux bleus des Linton, un vague reflet de sa chère figure enchanteresse. Je vis qu'ils étaient stupides d'admiration; elle est si infiniment supérieure à eux, à tout le monde sur la terre, n'est-ce pas vrai, Nelly?

—Il va sortir de cette affaire plus de choses que vous n'en prévoyez, répondis-je, le couvrant et éteignant la lumière. «Vous êtes incurable, Heathcliff, et M. Hindley va être forcé de recourir à des mesures extrêmes; vous verrez si je me trompe.» Mes paroles se trouvèrent plus vraies que je n'aurais désiré. Cette malheureuse aventure rendit Earnshaw furieux. En outre, M. Linton, pour améliorer les choses, nous fit lui-même une visite le lendemain, et il débita au jeune maître un tel sermon sur la voie funeste dans laquelle il menait sa famille, que M. Hindley en fut très excité, et crut devoir considérer sérieusement la situation. Heathcliff ne fut pas battu; mais on lui déclara qu'au premier mot qu'il dirait à miss Catherine, on le mettrait dehors; et Madame Earnshaw entreprit de forcer sa belle-sœur à la réserve qui convenait, sitôt qu'elle serait rentrée, se promettant d'y employer l'art et non la force, car par la force elle ne serait jamais arrivée à rien.

CHAPITRE IV

Cathy resta cinq semaines à Thrushcross Grange, jusqu'à Noël. Cet intervalle suffit pour la guérir entièrement de sa blessure à la cheville, et par la même occasion, ses manières s'améliorèrent beaucoup. Notre maîtresse lui faisait de fréquentes visites, et commençait son plan de réforme en essayant d'exciter l'amour-propre et la dignité de la jeune fille à force de belles robes et de flatteries. À cela elle réussit aisément, de sorte que, au lieu d'une petite sauvage farouche et échevelée, sautant par la maison, et se démenant pour nous mettre tous hors d'haleine, nous vîmes descendre d'un joli poney noir une personne très digne, avec des boucles de cheveux bruns apparaissant sous une toque ornée d'une plume, et vêtue d'un long manteau de laine, qu'elle était forcée de retenir avec les deux mains pour pouvoir marcher. Hindley l'aida à descendre de son cheval, s'écriant d'un air ravi: «Eh quoi, Cathy, vous voilà tout à fait une beauté! J'aurais eu peine à vous reconnaître: vous avez maintenant l'air d'une dame. Isabella Linton n'est rien en comparaison d'elle, n'est-ce pas vrai, Frances?—Isabella n'a pas ses avantages naturels, répliqua sa femme; mais il faut qu'elle soit sage, et ne recommence pas ici à être une petite sauvage. Ellen, aidez miss Catherine à se déshabiller. Restez tranquille, ma chère, vous allez déranger vos boucles, laissez-moi dénouer votre chapeau.»

J'enlevai le manteau, et au-dessous, je vis briller une longue robe de soie, des bas blancs et des bottines vernies; ses yeux étincelaient gaîment quand elle vit les chiens accourir en bondissant pour lui souhaiter la bienvenue; mais c'est à peine si elle osa les toucher par crainte qu'ils ne salissent ses beaux vêtements. Elle me baisa gentiment: j'étais toute couverte de farine à faire les gâteaux de Noël et il n'aurait pas fait bon de m'embrasser; après quoi, elle regarda tout autour d'elle pour chercher Heathcliff. Monsieur et Madame Earnshaw étaient très inquiets de la façon dont ils se rencontreraient, pensant qu'on pourrait alors se rendre compte en quelque mesure de la difficulté qu'il y aurait à séparer les deux amis.

Heathcliff fut d'abord malaisé à découvrir. Si lui et les autres ne prenaient aucun soin de lui avant le départ de Catherine, ç'avait été dix fois pire depuis. Personne que moi-même, n'avait l'attention de lui dire qu'il était sale, et de le forcer à se laver, au moins une fois par semaine; et il est rare que les enfants de son âge trouvent d'eux-mêmes du plaisir dans le savon et l'eau; aussi, pour ne pas parler de ses vêtements qui avaient traîné trois mois dans la boue et la poussière, et de son épaisse chevelure jamais peignée, sa figure et ses mains étaient affreusement sales. Il avait bien raison de se cacher derrière le siège, en apercevant cette brillante et gracieuse demoiselle qui entrait dans la maison, au lieu de l'inculte contre-partie de lui-même qu'il attendait. «Est-ce que Heathcliff n'est pas ici? demanda-t-elle, retirant ses gants, et laissant voir des doigts d'une blancheur admirable.»

—Heathcliff, vous pouvez avancer, cria M. Hindley, joyeux de sa déconfiture, et heureux de voir dans quel état le répugnant garnement serait forcé de se présenter. Vous pouvez venir et souhaiter la bienvenue à miss Catherine, comme les autres domestiques.

Cathy, apercevant son ami dans sa retraite, s'élança pour l'embrasser; en une seconde, elle déposa sept ou huit baisers sur sa joue; puis elle s'arrêta, se recula, et éclata de rire en s'écriant: «Eh, quelle noire et méchante figure vous avez, et combien drôle et laid! Mais c'est parce que je suis habituée à Edgar et à Isabella Linton. Eh bien, Heathcliff, m'avez-vous oubliée?»

Elle avait quelque raison pour faire cette question, car la honte et l'orgueil avaient jeté une ombre sur la contenance du garçon et le tenaient immobile.

—Serrez-lui la main, Heathcliff, dit M. Earnshaw d'un ton de condescendance. Une fois par hasard, c'est permis.

—Je ne veux pas, répondit le garçon, retrouvant enfin sa langue; je ne veux pas rester ici pour qu'on rie de moi. Je ne le supporterai pas!

Et il voulut s'échapper, mais Cathy le saisit de nouveau.

—Je n'ai pas eu l'intention de rire de vous, lui dit-elle; je n'ai pas pu m'en empêcher; Heathcliff, serrez-moi la main, au moins. De quoi êtes-vous grognon? C'était seulement que vous aviez l'air singulier. Si vous voulez laver votre figure et brosser vos cheveux, ce sera parfait: mais vous êtes si sale!—Elle regardait avec intérêt les doigts tout poussiéreux qu'elle tenait dans les siens, et aussi sa robe, que le contact d'Heathcliff n'avait pas dû embellir.

—Vous n'aviez pas besoin de me toucher! répondit-il, suivant ses regards et retirant sa main. Je serai aussi sale qu'il me plaira; et j'aime à être sale, et je serai sale.

Là-dessus, il s'élança la tête la première hors de la chambre, au grand amusement du maître et de la maîtresse, et aussi au grand émoi de Catherine, qui ne pouvait comprendre comment ses remarques avaient fait pour produire une telle explosion de mauvaise humeur.

Après avoir rempli auprès de la nouvelle venue le rôle de femme de chambre, et avoir mis mes gâteaux dans le four, et avoir égayé la maison et la cuisine avec de grands feux comme il convenait pour la veillée de Noël, je me préparais à m'asseoir en chantant des noëls, toute seule; sans faire attention à l'affirmation de Joseph qui considérait les rythmes joyeux que j'avais pris comme constituant de vraies chansons. Lui s'était retiré pour prier à part dans sa chambre; et Monsieur et Madame Earnshaw occupaient l'attention de la demoiselle en lui montrant toutes sortes de petites babioles qu'ils avaient achetées pour qu'elle en fît présent aux Linton, en reconnaissance de leurs bontés. On avait invité Isabella et Edgar à passer la journée du lendemain à Wuthering Heights, et l'invitation avait été acceptée, à une seule condition: Madame Linton avait demandé que ses chéris eussent à être tenus soigneusement séparés de ce «misérable garçon mal embouché».

C'est dans ces circonstances que je restai seule au coin du feu. Je savourais la riche odeur des épices qui cuisaient; j'admirais les instruments de cuisine tout reluisants, l'horloge somptueuse enfermée dans un couvercle de bois de houx, les cruches d'argent rangées sur un plateau et prêtes pour être remplies d'ale chaud avant le dîner; et par-dessus tout, la pureté sans tâche de ce qui était particulièrement confié à mes soins, du plancher récuré et bien balayé. J'admirais intérieurement chacun de ces objets autant qu'il convenait; puis je me rappelais comment le vieil Earnshaw avait l'habitude de venir quand tout était en place, et de m'appeler une petite fille bien adroite et de glisser un schilling dans ma main comme cadeau de Noël; et de là je vins à penser à son attachement pour Heathcliff, à la peur qu'il avait que l'enfant n'eut à souffrir après sa mort de la négligence des siens; et cela me conduisit naturellement à considérer la situation présente du pauvre garçon; et au lieu de chanter je sentis une envie de pleurer. Pourtant, je me dis bientôt qu'il serait plus sage d'essayer de réparer quelques-uns des torts commis envers Heathcliff que de verser des larmes sur eux: je me levai et allai dans la cour pour le chercher; je le trouvai caressant le poil lustré du nouveau poney dans l'étable, et nourrissant les autres bêtes à son habitude.

—Hâtez-vous, Heathcliff, lui dis-je, on est si bien dans la cuisine, et Joseph est remonté; hâtez-vous, et laissez-moi vous habiller gentillement avant que miss Cathy ne sorte de sa chambre, et alors vous pourrez vous asseoir ensemble, avec tout le foyer pour vous deux, et avoir une longue causette jusqu'au moment de vous coucher.

Il continuait son travail sans tourner une seule fois la tête vers moi.

—Venez, viendrez-vous? continuai-je; il y a un petit gâteau pour chacun de vous, qui sera prêt dans un instant; et vous avez besoin d'une demi-heure pour vous habiller.

J'attendis cinq minutes, mais n'obtenant aucune réponse, je le quittai. Catherine soupa avec son frère et sa belle-sœur. Joseph et moi, nous nous joignîmes pour un repas tout à fait insociable, assaisonné de reproches, d'un côté, et d'insolence de l'autre. Le gâteau et le fromage d'Heathcliff restèrent sur la table toute la nuit pour les fées. Il s'arrangea pour continuer son travail jusqu'à neuf heures, après quoi il s'en alla, muet et sombre, dans sa chambre. Cathy resta debout très tard, ayant un monde de choses à ordonner pour la réception de ses nouveaux amis; une fois elle vint dans la cuisine pour parler à son ami d'autrefois; mais il n'y était pas, de sorte qu'elle se contenta de demander ce qu'il avait, et sortit. Le lendemain matin, le garçon se leva de bonne heure, mais comme c'était un jour de fête, il s'enfuit avec sa mauvaise humeur vers les bruyères et ne reparut que lorsque la famille fut partie pour l'église. Le jeûne et la réflexion semblaient l'avoir amené à un meilleur esprit. Il resta quelques instants accroché autour de moi, puis, s'étant armé de tout son courage, il s'écria tout à coup:

—Nelly, faites-moi propre, j'ai l'intention d'être bon.

—Il est bien temps, Heathcliff, lui dis-je, vous avez fâché Catherine: elle regrette d'être revenue. C'est comme si vous étiez jaloux d'elle parce qu'on pense plus à elle qu'à vous.

L'idée d'être jaloux d'elle était incompréhensible pour lui; mais l'idée de la voir fâchée, il la comprenait assez clairement.

—Est-ce qu'elle vous l'a dit, qu'elle était fâchée? demanda-t-il d'un air très sérieux.

—Elle a pleuré quand je lui ai dit que vous étiez reparti ce matin.

—Eh bien moi j'ai pleuré hier soir, répliqua-t-il, et j'avais plus de raisons pour pleurer qu'elle.

—Oui, vous aviez cette raison que vous alliez au lit avec un cœur orgueilleux et un estomac vide. Les gens fiers entretiennent en eux de mauvais chagrins. Mais si vous avez honte de votre méchante humeur, il faut que vous demandiez pardon, voyez-vous, quand elle va rentrer. Vous aurez à aller la trouver et à offrir de l'embrasser, et à lui dire—vous savez mieux que moi ce qu'il y a à lui dire,—seulement faites-le de bon cœur, et non pas comme si vous croyiez que sa grande toilette a fait d'elle une étrangère. Et maintenant, malgré que j'aie à préparer le dîner, je vais dérober un moment pour vous arranger, si bien qu'Edgar Linton aura tout à fait l'air d'une poupée à côté de vous. C'est d'ailleurs l'air qu'il a. Vous êtes plus jeune, et pourtant, je le jurerais, vous êtes plus haut et deux fois aussi large des épaules; vous pourriez l'abattre par terre en un clin d'œil. Ne sentez-vous pas que vous le pourriez?

La figure d'Heathcliff s'éclaira un moment, puis elle s'obscurcit de nouveau, et il eut un soupir.

—Mais, Nelly, si je l'abattais par terre vingt fois, cela ne le rendrait pas moins joli, ni moi davantage. Ce que je voudrais, ce serait d'avoir des cheveux blonds et la peau fine, et d'être aussi bien vêtu et aussi bien élevé que lui, et d'avoir une chance d'être aussi riche qu'il doit l'être.

—Et de crier pour appeler maman à chaque instant, ajoutai-je, et de trembler si un petit paysan levait son poing sur vous, et de rester assis à la maison toute la journée pour une méchante averse? Oh Heathcliff, vous montrez là un bien pauvre esprit. Venez à la glace, et je vais vous montrer ce que vous devriez désirer. Voyez-vous ces deux lignes entre vos yeux et ces épais sourcils qui, au lieu d'être relevés et arqués, sont baissés par le milieu; et cette paire de méchants yeux noirs de vrai diable, si profondément enfoncés, qui jamais n'ouvrent franchement leurs fenêtres, et qui regardent en-dessous comme des espions de l'enfer? Consentez et apprenez à caresser comme il faut ces boucles maussades, à ouvrir franchement vos paupières, et à changer ces diables en deux anges, confiants et innocents, ne soupçonnant rien, et voyant partout des amis là où il n'est pas certain qu'ils ont affaire à des ennemis. Ne gardez pas cette expression d'un vieux chien vicieux qui a l'air de savoir que les coups de pied qu'il reçoit sont ce qui lui est dû, et qui cependant déteste le monde entier aussi bien que celui qui donne les coups de pied, pour la peine qu'on lui fait souffrir.

—Autrement dit, je dois désirer d'avoir les grands yeux bleus et le front découvert d'Edgar Linton, répliqua-t-il. Eh bien c'est ce que je fais, mais ce n'est pas ce qui me permettra de les avoir.

—Un bon cœur vous aidera à avoir une bonne figure, mon garçon, continuai-je, quand même vous seriez un vrai nègre, et un mauvais cœur changera la meilleure figure en quelque chose de pire que ce qu'il y a de plus laid. Et maintenant que nous avons fini de nous laver, de nous peigner et de bouder, dites-moi si vous ne pensez pas que vous êtes plutôt un joli garçon? Je vous le dis, moi, que vous en êtes un. Qui sait si votre père n'était pas un empereur de Chine, et votre mère une reine indienne, l'un et l'autre capables d'acheter, avec leur revenu d'une semaine, Wuthering Heights et Thrushcross-Grange d'un seul coup? Et vous avez été volé par de méchants matelots et amené en Angleterre. Si j'étais à votre place, je me ferais une haute idée de ma naissance, et l'idée de ce que j'aurais été d'abord me donnerait du courage et de la dignité pour supporter l'oppression d'un petit fermier.

Je bavardais de cette façon, et Heathcliff perdait par degrés son air soucieux, et commençait à avoir une figure tout à fait aimable, lorsque notre conversation fut interrompue par un bruit sourd qui remontait dans la route et entrait dans la cour. Il courut à la fenêtre et moi à la porte, juste à temps pour voir les deux Linton descendre de la voiture de famille, enveloppés de manteaux et de fourrures, et pour voir les Earnshaw sauter en bas de leurs chevaux, car il leur arrivait souvent l'hiver d'aller à cheval à l'église. Catherine prit par la main chacun des enfants et les conduisit dans la maison, et les installa devant le feu, qui ne tarda pas à mettre des couleurs vives sur leurs pâles visages.

Je pressai mon compagnon de se hâter à présent d'aller montrer son aimable humeur, et il y consentit volontiers; mais la malchance voulut que, au moment où il ouvrait d'un côté la porte de la cuisine, Hindley l'ouvrait de l'autre côté. Ils se rencontrèrent, et le maître, irrité de le voir propre et gai, ou peut-être désireux de garder la promesse faite à Madame Linton, le fit reculer d'une poussée soudaine et ordonna d'un ton fâché à Joseph de garder le gaillard hors de la chambre, de l'envoyer au grenier jusqu'à la fin du dîner:

—Il ne manquera pas de fourrer ses doigts dans les tartes et de voler les fruits, si on le laisse seul à la cuisine une minute.

—Non, monsieur, ne pus-je m'empêcher de répondre, il ne touchera à rien pour ce qui est de lui, et je suppose qu'il faut qu'il ait sa part des friandises aussi bien que nous.

—C'est de ma main qu'il aura sa part, si je l'attrape à descendre avant la nuit, cria Hindley. Dehors, vagabond; eh quoi, vous faites l'essai du peigne, hein? Attendez que je vous débarrasse de ces élégantes boucles, voyez un peu si je ne pourrais pas les tirer pour les allonger.

—Elles sont déjà assez longues, observa le jeune Linton qui s'était approché de la porte et regardait à la dérobée. Je m'étonne qu'elles ne lui donnent pas mal à la tête. C'est comme s'il avait une crinière de pouliche au-dessus des yeux.

Il avait hasardé cette remarque sans aucune intention injurieuse; mais la violente nature d'Heathcliff n'était pas préparée à endurer l'ombre d'une impertinence de la part de quelqu'un qu'il semblait depuis lors haïr comme un rival. Il saisit une soupière pleine de sauce de pommes chaude, la première chose qui lui tomba sous la main, et la lança en plein sur la figure et le cou du petit Linton; celui-ci commença aussitôt une lamentation qui fit accourir Isabella et Catherine. Hindley Earnshaw empoigna le coupable et le conduisit à sa chambre; et là sans doute il lui administra un dur remède pour le guérir de son accès de passion, car, en revenant, il était rouge et essoufflé. Je pris un torchon et je frottai avec un peu de dépit le nez et la bouche d'Edgar, affirmant que cela lui apprendrait à se mêler des affaires d'autrui. Sa sœur commença à pleurer et à demander à rentrer à la maison, et Cathy se tenait là, confuse, rougissant pour tout le monde.

—Vous n'auriez pas dû lui parler, dit-elle au jeune Linton. Il était de mauvaise humeur et maintenant vous avez gâté votre visite; et il sera battu, je le hais d'être battu! Je ne pourrai pas manger mon dîner. Pourquoi lui avez-vous parlé, Edgar?

—Je ne lui ai pas parlé, sanglotait l'enfant s'échappant de mes mains, et achevant de se nettoyer avec son mouchoir de batiste. J'ai promis à maman de ne pas lui dire un mot.

—Allons, ne pleurez pas, répondit Catherine dédaigneusement, on ne vous a pas tué. Soyez sage, voilà mon frère qui vient, restez tranquille! Silence, Isabella, est-ce que quelqu'un vous a blessée, vous?

—Allons, allons, enfants, asseyez-vous à vos places, cria Hindley, accourant. Cette brute d'enfant m'a joliment échauffé. La prochaine fois, maître Edgar, prenez la loi dans vos poings, cela vous donnera de l'appétit.

L'aspect et l'odeur du festin rendirent à la petite bande sa tranquillité d'esprit. Tous avaient faim après leur course; et comme il ne leur était arrivé aucun mal réel, ils n'eurent pas de peine à se consoler. M. Earnshaw distribuait d'abondantes portions, et la maîtresse les égayait par l'entrain de sa causerie. Je restai debout derrière sa chaise. Je souffrais de voir Catherine, les yeux secs et l'air indifférent, commencer à couper l'aile d'une oie placée devant elle. «C'est une enfant sans cœur, pensais-je; comme elle oublie légèrement les souffrances de son ancien compagnon de jeu! Je ne l'aurais pas imaginée si égoïste.» Elle porta une bouchée à ses lèvres, puis la reposa de nouveau. Ses joues rougirent et je vis les larmes jaillir de ses yeux. Elle fit glisser à terre sa fourchette, et se hâta de se baisser sous la table pour cacher son émotion. Je ne pouvais pas continuer à l'appeler une fille sans cœur, car je vis qu'elle était toute la journée dans le purgatoire, et qu'elle s'épuisait à trouver une occasion de rester seule, ou de rendre une visite à Heathcliff, qui avait été enfermé par le maître, comme je le découvris en essayant de lui monter en secret un plat de nourriture.

Le soir, il y eut une danse. Cathy demanda alors à ce qu'il fut remis en liberté, parce qu'Isabella Linton n'avait pas de partenaire; mais ses efforts furent vains, et c'est moi qui fus désignée pour remplir la place vacante. L'excitation de l'exercice nous débarrassa de tout chagrin, et notre plaisir fut accru par l'arrivée de la fanfare de Gimmerton, en tout plus d'une quinzaine: une trompette, un trombone, des clarinettes, des bassons, des cors français et une basse-viole, sans parler des chanteurs. Ils vont à la ronde dans toutes les maisons respectables et reçoivent des cadeaux tous les Noëls, et nous estimâmes comme une joie de premier ordre de pouvoir les entendre. Quand les Noëls d'usage furent chantés, nous les installâmes à chanter des chansons et des lais. Madame Earnshaw aimait la musique, de sorte qu'ils nous en donnèrent en abondance.

Catherine l'aimait aussi; mais elle dit qu'on l'entendrait plus doucement du haut de l'escalier, et elle monta dans l'obscurité; je la suivis. On ferma la porte d'en bas, car il y avait tant de monde que personne n'avait remarqué notre absence. Cependant Cathy, sans s'arrêter au haut de l'escalier, était montée jusqu'au grenier où l'on avait enfermé Heathcliff, et s'était mise à l'appeler. Pendant un moment, il refusa obstinément de répondre; elle persévéra et finit par le persuader de communiquer avec elle à travers les planches. Je laissai les pauvres créatures causer à leur aise, jusqu'au moment où je supposai que les chants allaient cesser et les chanteurs prendre de nouveau quelques rafraîchissements; alors je grimpai à l'échelle pour la prévenir. Mais au lieu de la trouver dehors, j'entendis sa voix à l'intérieur. Le petit singe avait rampé par la lucarne de l'une des chambres, le long du toit, dans la lucarne de l'autre, et ce fut avec la plus grande difficulté que je pus la décider à sortir. Quand elle vint, Heathcliff vint avec elle, et elle insista pour que je le prenne dans la cuisine: l'autre domestique, Joseph, étant allé à Gimmerton pour ne pas entendre le bruit de notre infernale psalmodie, comme il se plaisait à l'appeler. Je leur dis que je n'entendais en aucune façon encourager leurs tours, mais que, comme le prisonnier n'avait rien mangé depuis le dîner de la veille, je consentirais à le laisser cette fois tricher devant M. Hindley. Il descendit, je l'installai sur une chaise près du feu, et lui offris une quantité de bonnes choses, mais il était malade et ne pouvait guère manger, et mes efforts pour le faire manger furent inutiles. Il appuya ses deux coudes sur ses genoux, son menton dans ses mains, et resta plongé dans une méditation muette. Quand je lui demandai le sujet de ses pensées, il me répondit gravement:

—Je suis en train d'essayer de déterminer comment je pourrai repayer Hindley. Peu m'importe le temps qu'il faudra attendre, pourvu que j'y arrive à la fin. J'espère qu'il ne mourra pas avant que j'y arrive.

—Vous n'avez pas honte, Heathcliff! dis-je. C'est à Dieu de punir les méchants; nous, nous devons apprendre à pardonner.

—Non, Dieu n'aurait pas la satisfaction que j'aurai, répondit-il. Je voudrais seulement connaître le meilleur moyen. Laissez-moi seul, et je vais le combiner: quand je pense à cela, je ne sens pas ma peine.

—«Mais, monsieur Lockwood, j'oublie que ces contes ne peuvent guère vous divertir. Je suis désolée de songer comment j'ai pu avoir l'idée de bavarder de cette façon; et votre tisane est froide, et vous penchez la tête pour aller vous coucher. J'aurais pu vous dire l'histoire de Heathcliff, ou du moins tout ce que vous avez besoin d'en savoir, en une demi-douzaine de mots.» S'interrompant ainsi, ma ménagère se leva, et fit mine de mettre son ouvrage de côté, mais je me sentais incapable de bouger du foyer, et j'étais bien loin d'avoir sommeil:—Restez assise, Madame Dean, lui criai-je, restez assise encore une demi-heure. Vous avez très bien fait de me raconter cette histoire à loisir; c'est la méthode que j'aime, et il faudra que vous la finissiez dans le même style. Il n'y a pas un des caractères que vous avez mentionnés qui ne m'intéresse plus ou moins.

—Mais l'horloge va sonner onze heures, monsieur.

—N'importe, je n'ai pas l'habitude de me coucher de bonne heure. Une heure ou deux, c'est bien assez pour une personne qui reste au lit jusqu'à dix heures.

—Vous ne devriez pas rester couché jusqu'à dix heures. La matinée est déjà passée à cette heure-là. Une personne qui n'a pas fait à dix heures la moitié de l'ouvrage de sa journée court risque de laisser l'autre moitié à demi-inachevée.

—Pourtant, madame Dean, reprenez votre siège, car demain j'ai l'intention de prolonger la nuit jusqu'à midi. Je me prédis pour tout le moins un gros rhume.

—J'espère que non, monsieur. Eh bien, il faudra que vous me permettiez de sauter par-dessus quelque trois ans; pendant cet espace de temps, Madame Earnshaw...

—Non, non, je ne permettrai rien de tel. Connaissez-vous cette humeur dans laquelle, si vous êtes assis seul, et qu'un chat lèche son petit devant la cheminée, sous vos yeux, vous vous intéressez si sérieusement à l'opération qu'il suffit que le chat néglige seulement une oreille de son petit pour vous mettre hors de vous?

—Une humeur affreusement paresseuse, j'ose dire.

—Au contraire, très active, jusqu'à fatiguer. Et c'est mon humeur en ce moment, aussi je vous prie de continuer très en détail. Je m'aperçois que les gens de ces pays acquièrent sur les gens des villes la supériorité qu'une araignée dans une prison a sur une araignée dans un cottage, au point de vue des habitants qui les considèrent. Et pourtant, cet accroissement d'attractions n'est pas entièrement dû à la situation du témoin. Les gens d'ici vivent d'une façon plus sérieuse, plus intime, ils s'occupent moins de la surface, du changement, et des frivolités extérieures. J'imagine qu'un amour durant toute une vie est presque possible ici; tandis que jusqu'à présent j'ai toujours refusé de croire à la possibilité d'un amour quelconque de plus d'un an de durée.

—Oh! nous sommes les mêmes ici que partout ailleurs, observa Madame Dean, quelque peu embarrassée par mon speech.

—Excusez-moi, répondis-je; vous, ma bonne dame, vous êtes un démenti frappant à cette assertion. Sauf quelques expressions provinciales de peu d'importance, vous n'avez aucune trace des manières que j'étais habitué à considérer comme particulières à votre classe. Je suis sûr que vous avez pensé beaucoup plus que la généralité des domestiques. Le manque d'occasion de dépenser votre vie en vaines bagatelles vous a forcée à cultiver vos facultés de réflexion.

Madame Dean se mit à rire.

—À coup sûr, je me considère comme une personne sage et raisonnable, dit-elle, mais ce n'est pas pour avoir vécu sur ces collines, et pour avoir vu les mêmes figures et les mêmes actions d'un bout à l'autre de l'année. C'est que j'ai subi une forte discipline qui m'a enseigné la sagesse; et puis, j'ai lu beaucoup plus que vous ne pourriez le supposer, M. Lockwood. Il n'y a pas un livre dans cette bibliothèque que je n'aie regardé et dont je n'aie tiré quelque chose: excepté cette rangée de livres grecs et latins, et ces livres français; et encore ceux-là, je les connais par ce que j'en ai vu dans les autres: c'est ce que vous pouvez attendre de la fille d'un pauvre homme. Pourtant, si vous désirez que je poursuive mon histoire à la façon d'une vraie commère, je veux bien continuer; et au lieu de sauter trois ans, je me contenterai de passer à l'été suivant, l'été de 1778, c'est-à-dire il y a à peu près vingt-trois ans.

CHAPITRE V

—Un beau matin de juin est né mon premier petit nourrisson, le dernier de l'ancienne famille des Earnshaw. Nous étions occupées aux foins dans un champ éloigné lorsque la fille qui avait l'habitude de nous apporter à déjeuner est accourue, une heure à l'avance, traversant la prairie et remontant la ruelle, et m'appelant tout le temps qu'elle courait.

—Oh! un si grand bébé, cria-t-elle, le plus beau qui ait jamais vécu! Mais le docteur dit que Madame doit s'en aller: il dit qu'elle a été poitrinaire depuis plusieurs mois. Je l'ai entendu le dire à M. Hindley: et maintenant elle n'a rien pour la garder en vie, et elle sera morte avant l'hiver. Il faut que vous rentriez à la maison tout de suite. C'est vous qui aurez à être sa nourrice, Nelly: à le nourrir de sucre et de lait et à prendre soin de lui jour et nuit. Je voudrais bien être à votre place, parce que cet enfant sera tout à fait à vous quand il n'y aura plus Madame.

—Mais est-ce qu'elle est très malade? demandai-je, jetant mon râteau et attachant mon bonnet.

—Je devine qu'elle doit l'être; mais elle a l'air si brave, répondit la fille, et elle parle comme si elle avait l'idée de vivre pour voir l'enfant devenir un homme. Elle a perdu la tête de joie, l'enfant est si beau! Si j'étais à sa place, je suis sûre que je ne mourrais pas; je me sentirais mieux portante rien qu'à le regarder, malgré le médecin.

«J'étais vraiment folle de le voir. Dame Archer a descendu le chérubin pour le montrer au maître de la maison, et sa figure avait juste commencé à s'éclairer lorsque voilà le médecin qui s'avance et qui dit:

—Earnshaw, c'est une bénédiction que votre femme ait été épargnée pour vous laisser ce fils. Lorsqu'elle est venue, j'ai eu le sentiment que nous ne la garderions pas; et maintenant, je dois vous le dire, l'hiver va probablement la finir. Ne vous effrayez pas et ne vous en désolez pas trop, il n'y a pas de remède; et puis, vous auriez dû être plus avisé que de choisir un pareil jonc de fille!

—Et qu'est-ce que le maître a répondu, demandai-je?

—Je crois bien qu'il a juré, mais je n'y ai pas fait attention; je m'efforçais pour voir l'enfant.

Et elle recommença à le décrire d'un ton extasié. J'étais aussi excitée qu'elle et je courus bien vite à la maison pour l'admirer pour mon compte, et pourtant j'étais très triste au sujet d'Hindley. Il n'avait de place dans son cœur que pour deux idoles, sa femme et lui-même, il adorait sa femme et je ne pouvais pas m'imaginer comment il supporterait sa perte.

En arrivant à Wuthering-Heights, je le vis debout sur la porte, et je lui demandai au passage comment allait l'enfant.

—Tout prêt à courir, Nelly, nous répondit-il en exhibant un sourire joyeux.

—Et la maîtresse? me hasardai-je à demander, le médecin dit qu'elle est...

—Au diable le médecin! fit-il en devenant tout rouge. Frances va très bien, elle sera tout à fait remise la semaine prochaine. Est-ce que vous montez? Voulez-vous lui dire que je vais venir, si seulement elle promet de ne pas parler. Je l'ai laissée parce qu'elle ne voulait pas se taire, et qu'il faut qu'elle se taise; dites-lui que M. Kenneth a dit qu'il fallait rester tranquille.

Je fis la commission auprès de Madame Earnshaw; elle semblait avoir un peu de délire, et me répondit gaiement:

—C'est à peine si j'ai dit un mot, Ellen, et alors il s'en est allé deux fois en pleurant. C'est bien, dites-lui que je promets de ne pas parler; mais cela ne m'empêchera pas de lui sourire!

Pauvre âme! Jusqu'à la dernière semaine avant sa mort, cette joyeuse humeur ne lui a jamais manqué, et son mari persistait obstinément, non, furieusement à observer que sa santé s'améliorait tous les jours. Lorsque Kenneth l'avertit que ses remèdes étaient inutiles à ce degré de la maladie, et qu'il ne voulait pas l'exposer à d'autres dépenses en continuant à la soigner, il répliqua:

—Je sais que c'est inutile, elle va très bien, elle n'a plus besoin de vos soins. Elle n'a jamais été poitrinaire. Ce n'était qu'une fièvre, et elle est partie. Son pouls est aussi lent que le mien et ses joues aussi fraîches.

Il dit la même histoire à sa femme et elle sembla le croire; mais une nuit, pendant qu'elle s'appuyait sur son épaule et lui disait qu'elle croyait ne pas pouvoir se lever le lendemain, un accès de toux la prit, un accès très léger. Hindley la souleva dans ses bras, elle passa ses deux mains autour de son cou, sa figure changea: elle était morte.

Comme la fille l'avait prédit, le petit Hareton tomba complètement entre mes mains. M. Earnshaw, en ce qui touchait son enfant était content pourvu qu'il le vit en bonne santé et ne l'entendit pas pleurer; mais lui-même devenait désespéré, et son chagrin était de cette sorte qui n'admet pas les lamentations. Il ne pleurait ni ne priait, mais ne faisait que maudire et défier, exécrant Dieu et les hommes, et s'adonnant à une affreuse dissipation. Les domestiques ne pouvaient supporter longtemps sa conduite tyrannique et méchante: Joseph et moi étions les deux seuls qui consentions à rester. Je n'avais pas le cœur de quitter ma charge, et puis vous savez que j'avais été sa sœur de lait, de sorte que j'excusais sa conduite plus volontiers que n'aurait fait un étranger. Joseph restait pour malmener les fermiers et les ouvriers, et parce que sa vocation était d'être là où il avait une abondance de méchancetés à réprouver.

Les mauvaises façons et la mauvaise société du maître formaient un bel exemple pour Catherine et pour Heathcliff. La façon dont il traitait ce dernier aurait suffi pour faire un diable d'un saint. Et en vérité on aurait dit que le garçon était possédé de quelque chose de diabolique à cette époque. Il faisait ses délices de voir Hindley se dégrader à jamais, et tous les jours, sa sauvagerie, sa férocité devenaient plus marquées. Je ne pourrais seulement pas vous dire à moitié quelle infernale maison nous avions. Le curé avait cessé de venir et personne de convenable ne s'approchait de nous, à la fin, à moins d'excepter les visites que faisait Edgar Linton à miss Cathy. À quinze ans, celle-ci était la reine de la contrée, elle n'avait pas sa pareille et devenait une créature superbe et hautaine. J'avoue que je ne l'aimais pas, une fois son enfance passée, et souvent je la vexais en essayant d'abattre son arrogance; et pourtant elle n'eut jamais d'aversion pour moi. Elle avait une constance extraordinaire pour ses attachements anciens; même Heathcliff tenait inaltérablement sa place dans son affection, et le jeune Linton, avec toute sa supériorité, eut toujours beaucoup de peine à produire sur elle une impression aussi profonde. C'est lui qui a été mon dernier maître: voilà son portrait au-dessus de la cheminée. Auparavant, il était pendu d'un côté et celui de sa femme de l'autre; mais ce dernier a été enlevé, sans quoi vous auriez pu voir un peu comment elle était. Pouvez-vous distinguer quelque chose dans ceci?

Madame Dean éleva la chandelle et je pus distinguer une figure aux traits doux, et offrant une ressemblance extrême avec la jeune dame des Heights, mais plus pensive et d'une expression plus aimable. C'était vraiment une image charmante. Les longs cheveux blonds s'enroulaient légèrement sur les tempes, les yeux étaient larges et sérieux, la figure presque trop gracieuse. Je n'étais pas étonné de savoir que Catherine Earnshaw avait pu oublier son premier ami pour celui-ci, mais je me demandais plutôt comment cet homme-ci, pour peu que son esprit ait correspondu à sa personne, avait pu s'éprendre de Catherine Earnshaw telle que je l'imaginais.

—Un bien agréable portrait, dis-je à ma ménagère, est-ce ressemblant?

—Oui, mais il avait bien meilleur air quand il était animé. Ceci est sa figure de tous les jours; en général, il manquait de feu.

Catherine avait conservé ses relations avec Linton depuis les cinq semaines de son séjour parmi eux; et comme elle n'était pas tentée en leur compagnie de montrer les côtés rudes de sa nature, et comme elle avait assez de raison pour avoir honte d'être rude, en présence d'une aussi constante amabilité, elle en avait imposé à la vieille dame et au gentleman et à M. Linton, sans y penser, par son ingénieuse cordialité; elle avait gagné l'admiration d'Isabelle et le cœur et lame de son frère. Ces acquisitions l'avaient flattée dès le début, pleine d'ambition comme elle était, et l'avaient conduite à adopter un caractère doux, sans qu'elle ait eu précisément l'intention de tromper personne. Dans cette maison où elle avait entendu Heathcliff traité de «jeune ruffian vulgaire» et de «pire qu'une brute», elle prenait bien soin de ne pas agir comme lui: mais à la maison, elle n'avait que peu d'envie de pratiquer une politesse qui aurait seulement fait rire d'elle, et de restreindre une nature déréglée, alors qu'il ne pouvait en résulter pour elle ni crédit ni louange.

M. Edgar avait rarement le courage de faire des visites ouvertes à Wuthering Heights. La réputation d'Earnshaw le terrifiait, et il tremblait à l'idée de le rencontrer; et pourtant nous faisions toujours, quand il venait, notre possible pour le recevoir poliment; le maître lui-même évitait de l'offenser, sachant pourquoi il venait; et s'il ne pouvait pas être gracieux, il se retirait de son passage. Je crois plutôt que sa venue là-bas déplaisait à Catherine: elle n'était pas artificieuse, n'aimait pas à jouer à la coquette et voulait évidemment empêcher ses deux amis de se rencontrer; car lorsque Heathcliff exprimait devant Linton le mépris qu'il avait pour lui, elle ne pouvait pas avoir l'air à moitié d'accord avec lui, comme elle faisait quand Linton témoignait du dégoût et de l'antipathie pour Heathcliff; elle n'osait pas traiter ces sentiments avec indifférence, comme si la dépréciation de son compagnon n'avait aucune importance pour elle. J'ai ri souvent de ses perplexités, et de ses embarras secrets, qu'elle s'efforçait vainement de cacher à ma moquerie. Ceci semble le fait d'une mauvaise nature: mais elle était si fière qu'il semblait vraiment impossible d'avoir pitié de sa détresse aussi longtemps qu'elle ne serait pas amenée à plus d'humilité. Enfin elle se décida à avouer et à me faire sa confidence; il n'y avait personne autre dont elle put faire sa conseillère.

Une après-midi, M. Hindley était parti et Heathcliff s'en était autorisé pour se donner congé. Il avait alors atteint, je crois, l'âge de seize ans, et sans avoir une mauvaise figure, ni manquer d'intelligence, il ne laissait pas de causer une impression de répulsion physique et morale dont il ne reste plus aucune trace dans son aspect d'à présent. D'abord, il avait, avec le temps, perdu tout le bénéfice de sa première éducation: un travail incessant et pénible, commencé de bonne heure et terminé tard, avait éteint en lui toute curiosité pour le savoir et tout amour des livres ou de l'étude. Son sentiment de supériorité, autrefois inculqué en lui par la faveur du vieux M. Earnshaw, s'était effacé. Longtemps il lutta pour égaler Catherine dans ses études, et quand il céda, ce fut avec un regret poignant, bien que silencieux: mais il dut céder complètement; et rien ne put prévaloir pour lui faire faire un seul pas en avant, dès qu'une fois il eut senti la nécessité de rester en arrière. En même temps, son apparence physique se mit d'accord avec sa dégradation mentale: il prit une démarche gauche et lourde, un regard vulgaire; sa réserve naturelle s'exagéra et devint une morosité insociable, excessive au point de lui donner un air idiot; et il faut croire qu'il prenait un méchant plaisir à exciter l'aversion plutôt que l'estime des rares personnes qui le connaissaient.

Catherine et lui continuaient à rester toujours ensemble dans les moments de répit que lui laissait son travail; mais il avait cessé de lui exprimer son affection en paroles et il se refusait à ses caresses avec une colère soupçonneuse, comme s'il avait conscience qu'on ne pouvait avoir aucun plaisir à lui prodiguer de telles marques d'affection. Dans l'occasion que je vous disais, il vint à la maison pour annoncer son intention de ne rien faire. J'étais en train d'aider miss Cathy à s'habiller: elle n'avait pas prévu qu'il aurait l'idée de se reposer ce jour-là, et, s'imaginant qu'elle aurait toute la place pour elle seule, elle avait trouvé le moyen d'informer M. Edgar de l'absence de son frère: elle se préparait alors à le recevoir.

—Cathy, est-ce que vous êtes occupée cet après-midi, demanda Heathcliff, est-ce que vous allez quelque part?

—Non, il pleut.

—Alors, pourquoi avez-vous mis cette robe de soie? Personne ne va venir ici, j'espère?

—Pas que je sache, murmura Miss: mais vous devriez être déjà aux champs, Heathcliff, il est une heure, je vous croyais parti.

—Hindley ne nous délivre pas souvent de sa maudite présence, observa le garçon, je ne travaillerai plus aujourd'hui, je resterai avec vous.

—Oh! mais Joseph le dira! Vous feriez mieux d'aller travailler.

—Joseph est en train de charger de la chaux de l'autre côté de Pennistone Crags: «ça le retiendra jusqu'à la nuit, et il ne saura rien». Il s'approcha du feu et s'assit. Catherine réfléchit un instant, les sourcils froncés, elle jugea nécessaire de préparer les voies.

—Isabella et Edgar Linton ont parlé de venir cet après-midi, dit-elle, après une minute de silence. Comme il pleut, je ne les attends guère; mais il se peut qu'ils viennent, et s'ils viennent, vous courez le risque d'être grondé inutilement.

—Commandez à Ellen de dire que vous êtes occupée. Cathy, ne me chassez pas pour ces pitoyables et odieux amis que vous avez-là. Je suis souvent sur le point de me plaindre de ce qu'ils......, mais je ne veux pas.

—De ce qu'ils quoi? cria Catherine, le regardant d'un air troublé. Oh Nelly, ajouta-t-elle vivement en arrachant sa tête de mes mains, vous avez peigné mes cheveux dans le mauvais sens. C'est assez, laissez-moi seule. De quoi êtes-vous sur le point de vous plaindre, Heathcliff?

—De rien, seulement regardez cet almanach sur le mur, dit-il en montrant une feuille encadrée pendue près de la fenêtre: voyez, les croix sont pour marquer les soirées que vous avez passées avec les Linton, les points, pour marquer celles que vous avez passées avec moi. Voyez-vous? J'ai marqué tous les jours.

—Oui, quelle folie! comme si j'y faisais attention! répondit aigrement Catherine. Et quel est le sens de tout cela?

—De montrer que moi, j'y fais attention, dit Heathcliff.

—Et voudriez-vous que je reste toujours assise avec vous? demanda-t-elle, s'irritant toujours davantage. Quel profit y gagnerais-je? De quoi pouvez-vous causer? Un muet ou un enfant feraient plus pour m'amuser que vous ne faites.

—Vous ne m'avez jamais dit auparavant que je parlais trop peu ou que vous vous déplaisiez en ma compagnie, Cathy! s'écria Heathcliff, très agité.

—Il n'y a pas de compagnie du tout quand les gens ne savent rien, ni ne disent rien, murmura-t-elle.

Son compagnon s'était levé, mais il n'eut pas le temps d'exprimer davantage ses sentiments, car le pas d'un cheval résonna sur les dalles, et, après avoir frappé doucement, le jeune Linton entra, la figure toute brillante de joie d'avoir été ainsi mandé à l'improviste. Il est évident que Catherine dut remarquer la différence entre ses deux amis, dans ce moment où l'un entrait et l'autre sortait. C'était un contraste comme celui que vous voyez lorsque vous passez d'un pays à charbon aride et montueux, dans une belle et fertile vallée. La voix et la façon de saluer n'étaient pas moins différentes que la figure. Edgar avait une manière de parler douce et délicate, et il prononçait ses mots comme vous le faites, c'est-à-dire avec moins de rudesse que nous ne le faisons ici, et plus mollement.

—Je ne suis pas en avance, n'est-ce pas? dit-il en me lançant un regard, car je m'étais mise à essuyer la vaisselle et à ranger quelques tiroirs à l'autre bout du dressoir.

—Non, répondit Catherine.

—Que faites-vous là, Nelly?

—Mon ouvrage, miss, répondis-je.

Il faut vous dire que M. Hindley m'avait recommandé de me mettre toujours en tiers dans ces visites privées de Linton.

Elle fit un pas derrière moi et me murmura d'un ton taché:

—Enlevez loin d'ici vous-même et vos torchons; quand il y a de la compagnie à la maison, les domestiques ne commencent pas à faire des nettoyages dans la chambre où ils sont.

—L'occasion est bonne à présent que mon maître est sorti, répondis-je tout haut; il n'aime pas que je remue toutes ces choses en sa présence. Je suis sûre que M. Edgar m'excusera.

—Et moi, c'est vous que je n'aime pas pour y toucher en ma présence, s'écria impérieusement la jeune dame sans laisser à son hôte le temps de parler: depuis la petite discussion avec Heathcliff, elle avait vainement cherché à reprendre son égalité d'humeur.

—J'en suis bien fâchée, miss Catherine, fut ma réponse, et je me remis assidûment à mon travail.

Elle, supposant qu'Edgar ne pourrait la voir, m'arracha le torchon des mains et me pinça rageusement le bras en le tordant sous son étreinte. Je vous ai déjà dit que je ne l'aimais pas et que je trouvais plutôt du plaisir à mortifier de temps à autre sa vanité; de plus, elle m'avait fait beaucoup de mal en me pinçant, de sorte que je me levai de sur mes genoux et me mis à crier:

—Oh, miss, voilà un tour déloyal! Vous n'avez aucun droit de me pincer et je n'ai pas l'intention de le supporter.

—Je ne vous ai pas touchée, créature menteuse! cria-t-elle, pendant que ses doigts frémissaient du désir de recommencer et que ses oreilles rougissaient de rage. Elle n'avait jamais eu le pouvoir de cacher sa passion, et celle-ci ne manquait jamais de la mettre en feu tout entière.

—Et qu'est-ce que ceci, alors? répondis-je, lui montrant pour la réfuter une marque d'un rouge bien caractérisé.

Elle tapa du pied, hésita un moment, puis irrésistiblement poussée par le mauvais esprit qui était en elle, me frappa sur la joue, d'un coup cinglant qui me remplit de larmes les deux yeux.

—Catherine, chère amie, Catherine, s'entremit Linton, grandement choqué de la double faute de fausseté et de violence que son idole avait commise.

—Quittez la chambre, Ellen! me répéta la jeune miss toute tremblante.

Le petit Hareton qui me suivait partout et qui était assis à côté de moi sur le plancher, se mit à pleurer lui-même dès qu'il vit mes larmes et à sangloter des plaintes contre la méchante tante Cathy, ce qui eut pour effet de tourner sa colère contre ce malheureux petit être: elle le saisit par l'épaule et se mit à le secouer jusqu'à ce que le pauvre enfant devint d'une pâleur livide et qu'Edgar, sans savoir ce qu'il faisait, prit les mains de la jeune fille pour le délivrer. En un moment l'une des mains lâcha prise, et le jeune homme stupéfait se la sentit appliquée sur son oreille d'une façon qu'il ne pouvait prendre pour de la plaisanterie. Il se recula, consterné. Je soulevai Hareton dans mes bras et m'en allai avec lui dans la cuisine, mais en laissant ouverte la porte de communication, car j'étais curieuse de savoir comment ils se mettraient d'accord. Le visiteur outragé s'avança vers l'endroit où il avait placé son chapeau, pâle et la lèvre tremblante.

—C'est parfait, me dis-je à moi-même. Soyez averti, et partez. Il est bien heureux que vous ayez pu avoir une idée de ses dispositions naturelles.

—Où allez-vous? demanda Catherine s'avançant vers la porte?

Il se détourna et essaya de passer.

—Vous ne devez pas partir! s'écria-t-elle énergiquement.

—Je le dois et je partirai, répondit Linton d'une voix, sourde.

—Non, fit-elle obstinément, en lui saisissant le bras, pas encore, Edgar Linton, asseyez-vous, vous ne devez pas me quitter dans cette humeur, je serais malheureuse toute la nuit et je ne veux pas que vous me rendiez malheureuse.

—Puis-je rester après que vous m'avez frappé? demande Linton.

Catherine se taisait.

—Vous m'avez effrayé et rendu honteux pour vous, poursuivit Edgar. Je ne reviendrai plus ici.

Les yeux de la jeune fille commençaient à briller et ses paupières à devenir humides.

—Et vous avez menti de parti délibéré, dit-il.

—Non, s'écria Catherine, recouvrant la parole, je n'ait rien fait de parti délibéré. Eh bien, partez si vous voulez, allez vous-en. Et maintenant je vais pleurer, me rendre malade à force de pleurer.

Elle s'affaissa sur ses genoux, appuyée à un siège, et se mit à pleurer sérieusement. Edgar persévéra dans sa résolution jusqu'à ce qu'il se trouva dans la cour: arrivé-là, il hésita, si bien que je me résolus à l'encourager.

—Miss est terriblement méchante, monsieur, lui criai-je, aussi mauvaise que jamais ne le fut enfant gâté: vous feriez mieux de vous en retourner chez vous, sans quoi elle sera malade, rien que pour vous faire de la peine.

Le pauvre garçon jetait un regard suppliant à travers la fenêtre; il possédait le pouvoir de partir juste autant qu'un chat possède celui d'abandonner une souris tuée à moitié ou un oiseau à moitié mangé.

—Ah, pensais-je, il n'y aura rien qui puisse le sauver, il est condamné, et marche à sa perte.

Et c'était vrai, il se retourna tout d'un coup, rentra en courant dans la maison, ferma la porte derrière lui, et quand j'entrai, un moment après, pour les avertir que Earnshaw venait d'arriver ivre-mort et prêt à tout assommer (ce qui était sa disposition ordinaire dans cet état) je vis que la querelle avait eu simplement pour effet une intimité plus étroite, avait brisé les contraintes de la timidité juvénile, et les avait mis en état de jeter le déguisement de l'amitié pour s'avouer leur amour.

La nouvelle de l'arrivée de M. Hindley chassa bien vite Linton vers son cheval et Catherine vers sa chambre. Moi-même, je m'en allai cacher le petit Hareton, et décharger le fusil de chasse du maître, dont il aimait à jouer dans ses états de folie, au grand danger de tous ceux qui provoquaient ou même attiraient un peu trop son attention; j'avais formé le projet d'enlever la décharge, pour l'empêcher de nuire si l'envie le prenait de tirer.

CHAPITRE VI

Il entra, vociférant de terribles jurons, et il me surprit en train de cacher son fils dans le buffet de la cuisine. Hareton éprouvait la même terreur devant l'affection sauvage ou la fureur folle de son père: et en effet dans l'un des cas, il courait chance d'être étouffé à mort sous ses embrassements, et dans l'autre, d'être jeté au feu ou lancé contre le mur; aussi la pauvre créature restait-elle parfaitement tranquille partout où il me plaisait de la mettre.

—Enfin, je l'ai trouvé! cria Hindley, me tirant en arrière par la peau du cou comme un chien. Par le ciel et l'enfer, vous avez juré entre vous d'assassiner cet enfant. Je sais maintenant comment il se fait que je ne le vois jamais. Mais avec le secours de Satan, je vous ferai avaler le couteau à découper, Nelly! Vous n'avez pas besoin de rire, car je viens justement de fourrer Kenneth, la tête la première, dans le marais de Blackhorse, et deux est la même chose qu'un seul, et j'ai besoin de tuer quelqu'un d'entre vous, je n'aurai pas de repos que je ne l'aie fait.

—Mais je n'aime pas le couteau à découper, M. Hindley, répondis-je, il a servi à couper des rouges. J'aimerais mieux être fusillée, si vous le voulez.

—Vous aimeriez mieux être damnée, et c'est ce que vous serez. Il n'y a pas de loi en Angleterre qui puisse empêcher un homme de tenir sa maison propre, et la mienne est abominable. Ouvrez votre bouche.

Il tenait le couteau dans sa main et poussait sa pointe entre mes dents, mais pour ma part, je n'étais jamais bien effrayée de ses folies. Je crachai et j'affirmai que le couteau avait un goût détestable, que je ne voudrais le prendre pour rien au monde.

—Oh, dit-il en me lâchant, je vois que ce hideux petit vilain n'est pas Hareton, je vous demande pardon, Nelly. Si c'était lui, il mériterait d'être écorché vif pour ne pas courir vers moi me souhaiter la bienvenue et pour hurler comme si j'étais un gobelin. Petit ours sans cœur, viens ici! Je t'apprendrai à tromper un tendre père. Eh bien, ne croyez-vous pas que le garçon serait plus joli si on le tondait, si on lui coupait les oreilles? Cela rend un chien plus farouche, donnez-moi des ciseaux, quelque chose de farouche, et de propre. Sans compter que c'est une affectation infernale, une vanité diabolique de tenir à nos oreilles; nous sommes suffisamment des ânes sans elles. Silence, enfant, silence! Eh quoi, c'est mon chéri! Sèche tes yeux, voilà une joie, embrasse-moi. Eh, quoi, il ne veut pas? Baise-moi, Hareton, baise-moi, damnation! Par Dieu, et on voudrait que j'élève un tel monstre! Aussi vrai que je suis vivant, je vais casser le cou de ce marmot.

Le pauvre Hareton piaillait et se débattait de toutes ses forces dans les bras de son père; il redoubla ses cris lorsqu'il se vit emporté sur l'escalier.

Je me mis à crier qu'il allait effrayer l'enfant et lui donner des convulsions, et je courus à sa rescousse. Au moment où je m'approchais d'eux, Hindley s'appuyait sur la balustrade, penché en avant, écoutant un bruit au-dessous de lui; il avait évidemment oublié ce qu'il tenait dans ses mains. «Qui est là!» demanda-t-ii, entendant quelqu'un s'approcher du pied de l'escalier. Moi aussi je me penchai en avant, car j'avais reconnu le pas de Heathcliff et je voulais lui faire signe de ne pas avancer, mais au moment même où je cessais de le regarder, Hareton fit tout à coup un saut, se délivra de la main insouciante qui le retenait, et tomba. À peine nous eûmes le temps d'éprouver un frisson d'horreur, que déjà nous vîmes que le petit malheureux était sain et sauf. Heathcliff arrivait au-dessous de l'escalier juste au moment critique; mû par une impulsion instinctive, il arrêta l'enfant dans sa descente, et l'ayant mis à terre sur ses pieds, leva la tête pour découvrir l'auteur de l'accident. Un avare qui s'est débarrassé pour cinq schillings d'un billet de loterie et qui découvre le lendemain qu'il a perdu au marché cinq mille livres, ne peut pas faire une figure plus désolée que Heathcliff en apercevant au-dessus de l'escalier M. Earnshaw. Plus clairement que ne l'auraient pu des paroles, le visage de Heathcliff exprimait une angoisse intense d'avoir lui-même laissé se perdre une occasion de vengeance. S'il avait fait nuit, je crois bien qu'il aurait essayé de réparer sa faute en écrasant la tête d'Hareton sur les degrés, mais nous avions été tous témoins de son salut, et déjà j'étais en bas avec ma précieuse charge pressée contre mon cœur. Hindley descendait plus lentement, désolé et ahuri.

—C'est votre faute, Ellen, me dit-il, vous auriez dû le garder loin de ma vue, vous auriez dû me le retirer des mains. Est-ce qu'il est blessé?

—Blessé? m'écriai-je furieuse! s'il n'est pas tué, il en restera idiot pour la vie. Oh! je m'étonne que sa mère ne se lève pas dans son tombeau pour voir de quelle façon vous en usez avec lui. Vous êtes pire qu'un païen; traiter de cette façon votre chair et votre sang!

Il essaya de toucher l'enfant, qui, se trouvant maintenant avec moi, avait tout de suite fini d'écouler sa terreur en sanglots. Pourtant au premier doigt que son père mit sur lui, il se reprit à crier plus fort qu'auparavant et à se débattre comme s'il allait entrer en convulsions.

—Vous ne le toucherez pas, continuai-je. Il vous hait, tout le monde ici vous hait, c'est la vérité; une heureuse famille que vous avez, et un bel état où vous êtes arrivé!

—J'arriverai encore à un plus beau, Nelly! ricana cet homme égaré, qui avait recouvré sa dureté naturelle. À présent, emmenez loin d'ici vous-même et cet enfant. Et vous, Heathcliff, écoutez, éloignez-vous aussi, tout à fait hors de prise de mes mains et de mes oreilles. Je ne voudrais pas vous tuer ce soir, si ce n'est peut-être en mettant le feu à la maison; mais cela dépendra de ma fantaisie.

En parlant ainsi, il prit une bouteille de brandy dans le dressoir et s'en remplit un verre.

—Non, ne le faites pas, suppliai-je, M. Hindley, prenez garde. Ayez pitié pour cet infortuné garçon, si vous n'avez aucun souci de vous-même.

—N'importe qui vaudra mieux pour lui que moi, répondit-il.

—Ayez pitié de votre âme, lui dis-je essayant de lui arracher le verre des mains.

—Non pas! au contraire, j'aurai grand plaisir à l'envoyer à la perdition, histoire de punir son auteur, cria le blasphémateur. Voici pour sa parfaite damnation!

Il but l'eau-de-vie, et nous ordonna avec impatience de nous en aller, concluant cet ordre par une série d'horribles imprécations, si affreuses que c'est à peine si j'ose me les rappeler.

—C'est grand'pitié qu'il ne puisse pas se tuer lui-même à force de boire! observa Heathcliff, murmurant à son tour des malédictions quand la porte fut fermée. Il fait bien tout ce qu'il peut dans ce but, mais sa constitution est plus forte. M. Kenneth dit qu'il parierait sur sa jument que ce monstre survivra à tout le monde de ce côté de Gimmerton, et ne s'en ira à la tombe que comme un pécheur couvert d'années; à moins que quelque heureux hasard l'abatte, en dehors du cours des choses ordinaires.

J'allai dans la cuisine, et je m'assis pour faire dormir mon petit agneau. Je supposais que Heathcliff s'en était allé dans la grange; mais j'appris plus tard qu'il s'était contenté d'aller à l'autre côté de la chambre, et que là il s'était abattu sur un banc, adossé au mur, loin du feu; il y était resté sans rien dire.

J'étais occupée à bercer Hareton sur mes genoux en fredonnant une chanson lorsque Miss Cathy, qui m'avait entendue de sa chambre, passa la tête à la porte et murmura.

—Êtes-vous seule, Nelly?

—Oui, miss, répondis-je.

Elle entra et s'approcha du foyer. Je la regardai, supposant qu'elle allait me dire quelque chose. L'expression de sa figure semblait embarrassée et anxieuse. Ses lèvres étaient à demi-entr'ouvertes, comme si elle voulait parler, mais au lieu d'une phrase, c'est un soupir qui s'en échappa. Je n'avais pas oublié sa conduite récente et je repris ma chanson.

—Où est Heathcliff? dit-elle m'interrompant.

—À son ouvrage dans l'étable, lui répondis-je.

Heathcliff ne me contredit pas; peut-être s'était-il assoupi.

De nouveau suivit un long silence pendant lequel je vis une larme ou deux descendre de la joue de Catherine et tomber sur le plancher. «Aurait-elle un regret de sa honteuse conduite? me demandais-je. Voilà qui serait nouveau; mais elle fera comme elle voudra pour arriver à son sujet, je ne l'y aiderai pas.»—Mais non, elle ne s'inquiétait guère d'aucun sujet, sauf de ce qui la touchait elle-même.

—Oh, chère, fit-elle, je suis très malheureuse!

—Quelle pitié, vous êtes difficile à satisfaire; tant d'amis et si peu de soucis, et vous ne pouvez pas vous tenir pour contente!

—Nelly, voulez-vous me garder un secret? poursuivit-elle, s'agenouillant auprès de moi et levant sur moi ses yeux caressants, avec un de ces regards qui chassent la mauvaise humeur lors même qu'on a les meilleures raisons pour s'y laisser aller.

—Votre secret vaut-il la peine qu'on le garde? demandai-je d'un ton moins maussade.

—Oui, et il me tourmente, et il faut que je m'en épanche. J'ai besoin de savoir ce que je dois faire. Edgar Linton m'a demandé aujourd'hui d'être sa femme, et je lui ai donné une réponse. Mais avant que je vous dise si cette réponse a été un consentement ou un refus, dites-moi, vous, ce qu'elle aurait dû être.

—En vérité, miss Catherine, comment puis-je le savoir? répondis-je. Si je songe à la manifestation que vous avez faite en sa présence cet après-midi, je peux dire à coup sûr qu'il aurait été sage pour vous de le refuser; car pour avoir demandé votre main après cette scène, il faut qu'il soit, ou désespérément stupide, ou bien le plus téméraire des fous.

—Si vous parlez de cette façon, je ne vous dirai rien de plus, répondit-elle aigrement en se relevant. J'ai accepté sa demande, Nelly. Bien vite, dites-moi si j'ai eu tort.

—Vous l'avez acceptée! Alors à quoi bon discuter ce sujet? Vous avez engagé votre parole et ne pouvez pas la retirer.

—Mais dites si j'ai eu raison de le faire! dites, s'écria-t-elle d'un ton irrité en tordant ses mains et en fronçant ses sourcils.

—Il y a bien des choses à considérer avant de pouvoir répondre convenablement à cette question. D'abord et avant tout, aimez-vous M. Edgar?

—Qui peut y remédier? Naturellement, je l'aime, répondit-elle.

Alors je lui fis subir l'interrogatoire suivant:

—Pourquoi l'aimez-vous, miss Cathy?

—Quelle folie! je l'aime; cela suffit.

—Nullement, dites pourquoi.

—Eh bien, parce qu'il est beau et qu'il est agréable d'être avec lui.

—Mauvais! déclarai-je.

—Et parce qu'il est jeune et gai.

—Mauvais aussi.

—Et parce qu'il m'aime.

—Ceci est indifférent.

—Et puis il sera riche et j'aimerai à être la plus grande dame du voisinage et je serai fière d'avoir un tel mari.

—Voilà le pire de tout. Et maintenant dites comment vous l'aimez.

—Comme chacun aime. Vous êtes niaise, Nelly.

—Pas du tout, répondez.

—J'aime le sol sous ses pieds et l'air sur sa tête, et tout ce qu'il touche, et tout ce qu'il dit. J'aime tous ses regards et toutes ses actions, et lui tout entier. Voilà.

—Et pourquoi!

—Non, vous en faites une plaisanterie, c'est très méchant! Ce n'est pas une plaisanterie pour moi, dit la jeune dame en se renfrognant et en se retournant vers le feu.

—Je suis loin de plaisanter, miss Catherine, répondis-je. Vous aimez M. Edgar parce qu'il est beau et jeune, et riche et qu'il vous aime. Ce dernier trait pourtant n'a pas d'importance, car il est probable que vous l'aimeriez sans cela, et que même avec cela vous ne l'aimeriez pas, s'il ne possédait pas les autres qualités.

—Oui, cela est sûr: j'aurais seulement pitié de lui, ou peut-être je le haïrais s'il était laid et grotesque.

—Mais il y a plusieurs autres jeunes gens beaux et riches dans le monde, il y en a de plus beaux et de plus riches que lui; qu'est-ce qui vous empêcherait de les aimer?

—S'il y en a, ils sont hors de mon chemin. Je n'en ai rencontré aucun comme Edgar.

—Vous pourrez en rencontrer; et puis, Edgar ne sera pas toujours beau, ni jeune, et il peut ne pas toujours être riche.

—Il l'est maintenant, et je n'ai à faire qu'au présent, je voudrais que vous parliez d'une façon un peu raisonnable.

—Eh bien, ceci tranche la question; si vous n'avez à faire qu'au présent, mariez-vous avec M. Linton.

—Je n'ai pas besoin de votre permission pour cela; à coup sûr il faut que je me marie avec lui, mais vous ne m'avez pas encore dit si j'avais raison.

—Parfaitement raison, si on a raison de se marier seulement pour le présent. Et maintenant, dites-moi de quoi vous pouvez être malheureuse. Votre frère sera enchanté, la vieille dame et le vieux monsieur ne feront pas d'objections, je pense; vous vous échapperez d'une maison incommode et en désordre pour aller dans une autre qui sera riche et respectable; et vous aimez Edgar, et Edgar vous aime. Tout semble simple et facile: où donc est l'obstacle?

—Ici! et là! répondit Cathy mettant une main sur son front et l'autre sur sa poitrine: dans l'endroit quel qu'il soit ou demeure l'âme. Dans mon âme et dans mon cœur, je suis convaincue que j'ai tort.

—Voilà qui est bien étrange; je ne vous comprends pas.

—C'est mon secret. Mais si vous voulez ne pas vous moquer de moi, je vous l'expliquerai. Je ne puis le faire distinctement, mais je vous donnerai un sentiment de ce que je sens.

Elle s'assit de nouveau près de moi, sa figure était devenue plus triste et plus grave, et ses mains jointes tremblaient.

—Nelly, est-ce qu'il vous arrive de rêver des rêves bizarres? dit-elle tout à coup après quelques minutes de réflexion.

—Oui, de temps à autre, répondis-je.

—Et à moi aussi. J'ai rêvé dans ma vie des rêves qui depuis ne m'ont jamais quittée et ont changé mes idées; ils se sont infiltrés en moi partout, comme le vin dans l'eau, et ils ont altéré la couleur de mon esprit. En voici un, je vais vous le dire; mais prenez bien soin de ne sourire d'aucune de ses parties.

—Oh, ne me le dites pas, miss Cathy! criai-je. Notre vie est déjà assez lugubre sans qu'il y ait encore besoin d'appeler des fantômes et des visions pour nous tourmenter. Allons, allons, soyez gaie et pareille à vous-même. Regardez le petit Hareton! Il ne rêve de rien de terrible. Comme il sourit doucement dans son sommeil!

—Oui, et comme son père jure doucement dans sa solitude! Vous vous le rappelez, n'est-ce pas, quand il était juste semblable à cette petite chose joufflue, à peu près aussi jeune et aussi innocent. Et pourtant Nelly, je veux vous obliger à m'écouter; mon histoire n'est pas longue, et je ne me sens pas la force d'être gaie cette nuit.

—Je ne veux pas l'entendre, je ne veux pas l'entendre, répétai-je vivement.

J'étais alors superstitieuse au sujet des rêves, et je le suis encore, et puis Catherine avait dans son aspect quelque chose de sombre et d'anormal qui me fit craindre un récit où je verrais une prophétie, ou la prédiction d'une terrible catastrophe. Elle fut vexée, mais ne continua pas. Il me sembla qu'elle choisissait un autre sujet, et je l'entendis reprendre, quelques minutes après:

—Si j'étais au ciel, Nelly, je serais extrêmement misérable.

—Parce que vous n'êtes pas digne d'y aller, répondis-je; tous les pécheurs seraient misérables dans le ciel.

—Mais ce n'est pas du tout pour cela. J'ai une fois rêvé que j'y étais.

—Je vous répète que je ne veux pas écouter vos rêves, miss Catherine; je vais aller me coucher, l'interrompis-je de nouveau.

Elle rit et me retint, car j'avais fait un mouvement pour me lever.

—Ce n'est rien, me dit-elle, je voulais seulement vous dire que le ciel ne m'avait pas paru être ma maison, et que je me brisais le cœur à pleurer pour revenir sur la terre, et que les anges en ont été si irrités qu'ils m'ont chassée du ciel et jetée sur la bruyère, tout en haut d'ici, et que je me suis éveillée en tressaillant de joie. Ceci suffira pour vous expliquer mon secret. Ce n'est pas plus mon affaire d'épouser Edgar Linton que d'aller dans le ciel, et, si le méchant homme d'ici n'avait pas mis Heathcliff dans un état si bas, je n'y aurais jamais songé. Ce serait me dégrader que d'épouser Heathcliff maintenant, de sorte qu'il ne saura jamais combien je l'aime, et cela non pas parce qu'il est beau, Nelly, mais parce qu'il est plus moi que moi-même. De quelque substance que soient faites nos âmes, la sienne et la mienne sont pareilles, et celle de Linton est aussi différente de la nôtre qu'un rayon de lune d'un éclair ou la glace du feu.

Avant que ce discours ne fût fini, je m'étais aperçue de la présence d'Heathcliff. Le bruit d'un léger mouvement m'avait fait tourner la tête, et je l'avais vu se lever de son banc et sortir sans bruit. Il avait écouté jusqu'au moment où il avait entendu Catherine dire qu'il serait dégradant pour elle de se marier avec lui, et à ce moment il était parti sans en entendre davantage. Ma compagne, assise à terre, n'avait pu remarquer ni sa présence, ni son départ; mais moi je fis un mouvement et lui imposai silence.

—Pourquoi cela? demanda-t-elle, regardant nerveusement autour d'elle.

—Voici Joseph qui arrive, prenant occasion du bruit des roues sur la route, et Heathcliff va rentrer avec lui. Je me demande si, en ce moment même, il n'était pas à la porte?

—Oh, il est impossible qu'il m'ait écoutée à la porte! dit-elle: donnez-moi Hareton pendant que vous préparez le souper, et quand vous aurez fini, invitez-moi à souper avec vous. J'ai besoin de tricher avec ma conscience troublée et d'être convaincue que Heathcliff n'a aucune idée de ces choses. Il n'en a aucune, n'est-ce pas? Il ne sait pas ce que c'est que d'être amoureux?

—Je ne vois pas de raison pour qu'il ne le sache pas aussi bien que vous; et si c'est *vous* qui êtes son choix, il sera la créature la plus malheureuse qui jamais soit née. Dès que vous deviendrez Madame Linton, il perdra amitié et amour et tout. Vous-êtes vous demandé comment vous supporteriez la séparation, et comment lui supporterait d'être tout à fait abandonné dans le monde? Parce que, miss Catherine...

—Lui tout à fait abandonné! Nous séparer! s'écria-t-elle d'un accent indigné; et qui donc pourra nous séparer, je vous prie? Non pas: aussi longtemps que je vivrai, Ellen, aucune créature mortelle n'y parviendra. Tous les Linton à la face du globe pourront s'anéantir avant que je consente à abandonner Heathcliff. Oh! ce n'est pas cela que j'entends, ce n'est pas cela que je veux dire! Je ne voudrais pas être Madame Linton à ce prix. Il sera autant pour moi qu'il a toujours été. Edgar devra se défaire de son antipathie, et le tolérer tout au moins. Et c'est ce qu'il fera quand il saura mes véritables sentiments envers lui. Nelly, je le vois maintenant, vous me trouvez une misérable égoïste; mais avez-vous jamais songé que si Heathcliff et moi nous mariions, nous serions des mendiants, tandis que si je me marie avec Linton, je puis aider Heathcliff à s'élever et le mettre en dehors du pouvoir de mon frère?

—Avec l'argent de votre mari, miss Catherine; et vous ne trouverez pas votre mari aussi docile que vous le pensez, et bien que je puisse à peine en juger, je crois que ceci est le pire des motifs que vous m'avez donnés pour devenir la femme du jeune Linton.

—Ce n'est pas vrai, répondit-elle, c'est le meilleur! Les autres étaient la satisfaction de mes caprices, et aussi pour Edgar, pour le satisfaire; celui-ci au contraire est pour le bien d'une personne qui comprend en elle mes sentiments envers Edgar et envers moi-même. Je ne peux pas l'exprimer; mais sûrement, vous et chacun vous avez l'idée qu'il y a ou qu'il doit y avoir en dehors de vous une existence qui est encore la vôtre. À quoi me servirait d'exister si j'étais toute entière contenue dans mon corps? Mes grandes souffrances dans ce monde ont été les souffrances d'Heathcliff, et j'ai guetté et senti chacune d'elles depuis le commencement. Ma grande pensée dans ma vie, c'est lui seul. Si tout le reste périssait et si lui restait, je continuerais à exister; et si tout le reste subsistait et que lui fût anéanti, le monde entier me deviendrait étranger; il ne me semblerait pas en faire partie. Mon amour pour Linton est comme le feuillage dans les bois, je sens que le temps le changera seulement comme l'hiver change les arbres. Mon amour pour Heathcliff ressemble à ces éternels rochers d'en bas: il est une faible source de plaisirs sensibles, mais il est nécessaire. Nelly, je suis Heathcliff! il est toujours, toujours, dans mon esprit; non pas comme un plaisir pour moi-même, mais comme mon être propre! Ainsi ne parlez plus de notre séparation; elle est impraticable et...

Elle s'arrêta et cacha son visage dans les plis de ma jupe, mais je la repoussai vivement, impatientée de sa folie.

—Si je puis tirer un sens de vos non-sens, miss, dis-je, c'est seulement pour me convaincre que vous êtes ignorante des devoirs que vous entreprenez en vous mariant, ou bien que vous êtes une jeune tille méchante et sans principes. Mais ne m'embarrassez plus de nouveaux secrets, je ne vous promettrai pas de les garder.

—Vous garderez celui-là? demanda-t-elle d'un air inquiet.

—Non, je ne puis vous le promettre, répétai-je.

Elle était sur le point d'insister lorsque l'entrée de Joseph mit une fin à notre conversation. Catherine s'assit dans un coin, et se mit à bercer Hareton pendant que je faisais le souper. Quand le souper fut prêt, l'autre servante et moi commençâmes à nous quereller pour savoir qui se chargerait d'en porter une portion à M. Hindley; et la querelle ne fut pas tranchée avant que le souper ne fût devenu à peu près froid. Nous convînmes alors de lui demander d'abord s'il voulait avoir le souper, car nous craignions tout particulièrement d'arriver en sa présence quand il avait été seul quelque temps.

—Mais comment se fait-il qu'il ne soit pas revenu du champ à cette heure-ci? Qu'est-ce qu'il peut faire, ce vilain paresseux! demanda le vieux Joseph, cherchant des yeux Heathcliff.

—Je vais l'appeler, répondis-je, il est dans la grange, j'en suis sûre.

J'allai et je l'appelai, mais je n'eus pas de réponse. En revenant dans la cuisine, je murmurai tout bas à Catherine qu'il avait entendu une bonne partie de ce qu'elle avait dit, que j'en étais sûre; et je lui racontai comment je l'avais vu quitter la cuisine juste au moment où elle se plaignait de la conduite de son frère envers lui. Épouvantée elle s'élança, jeta l'enfant sur le banc, et courut elle-même chercher son ami, sans prendre le loisir de se demander pourquoi elle était si émue, ou de quelle façon ses paroles avaient dû affecter Heathcliff. Elle resta absente si longtemps que Joseph proposa de ne plus attendre. Il conjectura ingénieusement que les deux jeunes gens restaient dehors pour éviter d'entendre ses interminables bénédictions. Il affirma qu'ils étaient «assez mauvais pour avoir toutes les vilaines manières». Et il ajouta à leur intention ce soir là une prière spéciale à celles qu'il avait l'habitude de débiter pendant un quart d'heure avant les repas; je crois même qu'il en aurait entamé une autre encore aux grâces, si sa jeune maîtresse ne s'était précipitée vers lui, lui ordonnant de courir bien vite le long de la route, de découvrir Heathcliff, en quelque endroit qu'il fut allé, et de le faire aussitôt rentrer.

—J'ai besoin de lui parler, il le faut, avant que je remonte, dit-elle; la porte est ouverte; il doit être quelque part très loin, car il n'a pas répondu, bien que j'aie crié du haut du parc à moutons aussi fort que j'ai pu.

Joseph commença par faire des objections, mais la jeune fille paraissait d'humeur trop sérieuse pour souffrir la contradiction, si bien qu'à la fin, il mit son chapeau sur sa tête et s'en alla en grommelant. Pendant ce temps Catherine marchait de long en large dans la pièce, s'écriant:

—Où est-il? Où peut-il être? Qu'est-ce donc que je vous ai dit, Nelly? je l'ai oublié! A-t-il été vexé de ma mauvaise humeur cet après-midi? Ma chère, dites-moi ce que j'ai dit pour le chagriner? Je voudrais qu'il soit revenu. Je le voudrais vraiment!

—Que de bruit pour rien! lui dis-je, tout en me sentant moi-même mal à l'aise. Quelle bagatelle pour vous mettre hors de vous! Il n'y a vraiment pas de quoi s'alarmer beaucoup, si Heathcliff s'est offert une flânerie au clair de lune sur la lande, ou même s'il est allé se coucher dans le grenier à foin, se trouvant trop maussade pour causer avec nous. Je parierais qu'il est en train d'y dormir. Vous allez voir si je ne l'y déniche pas.

Je partis pour renouveler mes recherches, mais il n'en résulta que du désappointement, et les recherches de Joseph eurent le même effet.

—Ce gaillard va de mal en pis, observa-t-il en rentrant. Il a laissé la porte grande ouverte, et le poney de Miss est sorti, a démoli deux pièces de blé en marchant à travers, et s'en est allé tout droit dans le pré. Vous verrez, le maître va faire tous les diables demain, et il aura raison. Il est la patience même pour d'aussi insouciantes et méchantes créatures, la patience même! Mais il ne sera pas toujours ainsi, vous le verrez bien vous tous! Pour tout au monde vous devriez éviter de le mettre hors de lui.

—Avez-vous trouvé Heathcliff, vieil âne que vous êtes? interrompit Catherine, l'avez-vous cherché, comme je vous l'ai ordonné?

—J'aurais bien plutôt cherché le cheval, répondit-il, c'eût été plus sensé. Mais impossible de chercher ni un homme ni un cheval par une nuit comme celle-ci—noire comme une cheminée!—et Heathcliff n'a pas fait un signe pour venir à mon coup de sifflet: possible qu'il soit moins dur d'oreille avec vous.

La soirée était vraiment très sombre pour un jour d'été; les nuages semblaient annoncer le tonnerre, et je déclarai qu'il valait mieux que nous restions tous assis: la pluie qui approchait ne manquerait pas de le ramener à la maison sans autre embarras. Pourtant il n'y eut pas moyen de persuader à Catherine de se tranquilliser. Elle continuait à errer çà et là, de la porte de la maison à celle de la cuisine, dans un état d'agitation qui n'admettait pas de repos; elle finit par s'installer en permanence d'un côté du mur près de la route; là, indifférente à mes remontrances et au tonnerre qui devenait plus fort et aux larges gouttes qui commençaient à battre le sol autour d'elle, elle restait, appelant de temps à autre, puis écoutant, et puis pleurant de toutes ses forces. Ni Hareton ni aucun enfant n'aurait su avoir une crise de larmes aussi parfaite.

Vers minuit, tandis que nous étions encore sur pied, l'orage s'abattit en pleine furie sur la maison. Il y eut un vent violent, avec de forts coups de tonnerre, et soit par le vent soit par la foudre, un arbre fut fendu au coin du bâtiment: une énorme branche tomba sur le toit, renversa une partie de la cheminée de l'est, et projeta dans le foyer de la cuisine des éclats de pierre et de suie. Nous crûmes que la foudre même était tombée au milieu de nous; Joseph se jeta à genoux, suppliant le Seigneur de se rappeler Noé et Loth, et, comme autrefois, d'épargner les bons en écrasant les impies. Moi-même j'eus un peu le sentiment que c'était un jugement du ciel à notre adresse. Le coupable, dans mon esprit, était M. Earnshaw; et je me mis à secouer le loquet de sa tanière pour m'assurer s'il était encore en vie. Il me répondit assez bruyamment et d'une façon qui fit encore crier plus fort qu'auparavant par mon compagnon qu'il fallait faire une large distinction entre les saints tels que lui et les pécheurs tels que son maître. Mais la tempête se passa en vingt minutes, nous laissant tous intacts, à l'exception de Cathy, qui se trouva toute mouillée, dans son obstination à refuser de s'abriter et à rester debout sans bonnet et sans châle pour recevoir autant d'eau que possible sur ses cheveux et ses vêtements. Enfin elle rentra et s'étendit sur le banc, toute trempée tournant sa figure de l'autre côté, et la cachant entre ses mains.

—Eh bien, miss, criai-je, touchant son épaule; vous avez donc juré de vous faire mourir? Savez-vous quelle heure il est? Minuit et demi. Venez, venez au lit. Rien ne servirait d'attendre plus longtemps ce stupide garçon; bien sûr qu'il sera allé à Gimmerton et qu'il y est à présent. Il croit que nous ne l'aurons pas attendu si tard, ou du moins que M. Hindley reste seul debout; et il aime mieux éviter de se voir ouvrir la porte par le maître.

—Non, non, il n'est pas à Gimmerton! dit Joseph. Je ne serais pas surpris d'apprendre qu'il est au fond d'une fondrière. Cette visitation céleste n'a pas été sans raison et je vous conseille de prendre garde, miss, ça pourra bien être votre tour la prochaine fois. Remercions Dieu pour toutes choses. Tout travaille ensemble au bien de ceux qui sont choisis. Vous savez ce que dit l'Écriture!—Et il se mit à citer différents textes, nous renvoyant aux chapitres et aux versets ou nous pourrions les trouver.

Après avoir vainement supplié l'obstinée jeune fille de se lever et de retirer ses effets tout mouillés, je me décidai à laisser Joseph prêcher et elle frissonner, et je m'en allai me coucher avec le petit Hareton qui dormit aussi solidement que si tout le monde dormait autour de lui. J'entendis Joseph continuer à lire un moment, puis monter lentement l'échelle, et alors je m'endormis.

Le lendemain, étant descendue un peu plus tard que d'ordinaire, je vis, aux rayons du soleil pénétrant à travers les fentes des volets, Miss Catherine encore assise auprès de la cheminée. La porte de la maison était entr'ouverte, la lumière entrait par ses fenêtres sans volets. Hindley était descendu et se tenait au foyer de la cuisine, hagard et somnolent.

—Qu'est-ce qui vous fait mal, Cathy? était-il en train de dire au moment où j'entrais. Vous avez l'air aussi misérable qu'un petit chien noyé. Pourquoi êtes si pâle et si abattue, enfant?

—Je me suis mouillée, répondit-elle avec répugnance et j'ai froid, voilà tout.

—Oh, c'est sa faute à elle-même! m'écriai-je, en voyant que le maître était ce matin-là assez sobre. Elle est restée exposée à toute l'averse d'hier soir, et elle s'est tenue assise ici toute la nuit, il m'a été impossible de la déterminer à monter.

M. Earnshaw nous regardait avec surprise. Toute la nuit? répétait-il. Qu'est-ce qui a pu la tenir debout? Ce n'est pas la peur de la foudre, à coup sûr, car il y a des heures que l'orage est passé.

Personne de nous n'avait envie de mentionner l'absence de Heathcliff, aussi longtemps qu'il serait possible de la cacher; de sorte que je répondis que je ne savais pas pourquoi elle s'était mis dans la tête de ne pas se coucher, et elle-même ne dit rien. La matinée était fraîche: j'ouvris la fenêtre et la chambre s'emplit des douces odeurs du jardin; mais Catherine me cria d'un air fâché:

—Ellen, fermez la fenêtre, je me meurs de froid.

Et ses dents claquaient, tandis qu'elle se pelotonnait encore aux cendres à peu près éteintes.

—Elle est malade, dit Hindley, lui prenant le poignet. Je suppose que c'est la raison pourquoi elle n'a pas voulu se coucher. Que le diable l'emporte, je n'ai pas besoin d'être ennuyé par une nouvelle maladie ici. Qu'est-ce qui vous a fait vous exposer à la pluie?

—C'est de courir après les garçons, comme toujours, croassa Joseph, profitant de notre hésitation pour mettre en jeu sa mauvaise langue. Si j'étais de vous, maître, je leur fermerais la porte au nez à eux tous, simples et gentils comme ils sont. Jamais vous ne pouvez sortir sans que ce chat de Linton n'arrive ramper par ici; et Miss Nelly, voilà encore une aimable fille! Elle reste assise à vous attendre dans la cuisine; et quand vous entrez par une porte, elle sort par l'autre; et alors notre grande dame s'en va se faire faire la cour de son côté. Voilà une conduite exemplaire de rôder dans les champs après minuit, avec ce vilain diable de gipsy de Heathcliff! Ils croient que je suis aveugle, mais je ne le suis pas, non, rien de la sorte! J'ai vu le jeune Linton venir et repartir et je vous ai vue, vous (il s'adressait maintenant à moi) vous, bonne à rien, méchante sorcière, accourir dans la maison dès que vous avez entendu le pas du cheval du maître résonner sur la route.

—Silence, écouteur aux portes! cria Catherine; pas de ces insolences devant moi! C'est par hasard qu'Edgar Linton est venu ici hier, Hindley; et c'est moi qui lui ai dit de s'en aller, parce que je savais que vous n'aimeriez pas qu'il vous vit dans l'état où vous étiez.

—Vous mentez, Catherine, cela est sûr, répondit son frère, et vous êtes une niaise damnée. Mais laissons de côté Linton pour le moment; et dites-moi si vous n'étiez pas avec Heathcliff la nuit dernière. Allons, dites la vérité; ne craignez pas de lui nuire, car bien que je le haïsse autant que jamais, il m'a rendu service en sauvant mon fils et cela attendrit assez ma conscience pour m'empêcher de lui casser le cou. Pour prévenir cet événement, je vais l'envoyer à son travail ce matin même, et après qu'il sera parti, je vous conseille à tous de prendre garde: je n'en aurai que plus d'humeur pour vous.

—Je n'ai pas vu Heathcliff la nuit dernière, répondit Catherine, commençant à sangloter amèrement; et si vous le chassez je partirai avec lui. Mais peut-être n'en aurez vous jamais l'occasion, peut-être est-il déjà parti.

Là-dessus elle éclata, sous un accès de douleur qu'elle ne put retenir, et le reste de ses paroles fut à peine articulé.

Hindley versa sur elle un torrent d'injures méprisantes, et lui ordonna de s'en aller aussitôt dans sa chambre, si elle ne voulait pas avoir des raisons sérieuses de pleurer.

Je la contraignis à obéir; et jamais je n'oublierai la scène qu'elle fit lorsque nous arrivâmes dans sa chambre: elle m'épouvanta. Je crus qu'elle devenait folle et je priai Joseph de courir chercher le médecin. Ils se trouva que c'était le commencement du délire; M. Kenneth, dès qu'il la vit, la déclara dangereusement malade d'une fièvre. Il la soigna, et me dit de la nourrir seulement de petit lait et de tisane, et de prendre garde qu'elle ne se jette pas la tête la première par la fenêtre ou par l'escalier; après quoi il s'en alla, car il avait fort à faire dans la paroisse, ou les cottages étaient ordinairement séparés l'un de l'autre de deux ou trois milles. Bien que je ne puisse pas dire que j'aie été une garde-malade bien douce, et bien que Joseph et notre maître ne valussent guère mieux, et bien que notre malade elle-même lût aussi fatigante et entêtée qu'un malade peut l'être, elle finit pourtant par aller mieux résister. La vieille Madame Linton nous fit plusieurs visites, et c'est elle, à dire vrai, qui fit marcher les choses comme il fallait, grondant et dirigeant chacun de nous; puis, lorsque Catherine fut convalescente, elle insista pour l'emmener à Thrushcross Grange, et nous lui fûmes tous reconnaissants de cette délivrance. Mais la pauvre dame eut à se repentir de sa bonté, car elle et son mari prirent tous deux la fièvre et moururent à peu de jours l'un de l'autre.

Notre jeune dame nous revint, plus insolente et plus passionnée et plus hautaine que jamais. Heathcliff n'avait plus donné signe de vie depuis le soir de l'orage; et un jour qu'elle m'avait agacée plus que de coutume, j'eus le malheur de lui dire, ce qu'elle savait d'ailleurs être vrai, que c'était elle qui avait été cause de son départ. Depuis ce moment, pendant plusieurs mois, elle cessa d'avoir avec moi toute communication autre que celles que l'on a avec des domestiques. Joseph fut traité de la même façon; il voulait continuer à parler à sa guise et à la prêcher comme quand elle était une petite fille; et elle, elle s'estimait à présent une femme, et notre maîtresse, et elle pensait que sa récente maladie lui donnait le droit d'être encore traitée avec plus d'égards. Le médecin avait dit qu'il ne fallait pas la contrarier, il fallait donc la laisser faire; et ce n'était pas moins qu'un meurtre, à ses yeux, de prétendre à lui résister et à la contredire. Elle se tenait à l'écart de M. Earnshaw et de ses compagnons. Conseillé par Kenneth, et terrifié par la perspective des accès qui accompagnaient souvent ses colères, son frère lui accordait tout ce qu'il lui plaisait de demander, et évitait généralement de gêner son humeur. Il était plutôt trop indulgent pour ses caprices; non par affection, mais par vanité: car il désirait ardemment la voir apporter de l'honneur à la famille par une alliance avec les Linton; et pourvu seulement qu'elle le laissât tranquille, il lui permettait de marcher sur nous comme sur des esclaves. Edgar Linton, comme bien d'autres ont été avant lui et seront après lui, était infatué de lui-même; il s'imaginait être l'homme le plus heureux du monde, le jour où il la conduisit à la chapelle de Gimmerton, trois ans après la mort de son père.

Tout à fait contre mon désir, je dus me décider à quitter Wuthering Heights et à l'accompagner ici. Le petit Hareton avait à peu près cinq ans et je venais précisément de commencer à lui apprendre ses lettres. Notre séparation fut triste, mais les larmes de Catherine eurent plus de pouvoir que les nôtres. Quand elle vit que je refusais de partir et que ses prières ne me touchaient pas, elle alla se lamenter auprès de son mari et de son frère. Le premier m'offrit des gages abondants, le second m'ordonna de faire mes paquets, disant qu'il n'avait plus besoin de femme dans sa maison, maintenant qu'il n'y avait plus de maîtresse, et que, en ce qui touchait Hareton, le curé l'entreprendrait de temps à autre. Et ainsi je n'avais pas à choisir, il me fallait faire comme on voulait. Je dis au maître qu'il se débarrassait de tout ce qu'il y avait de convenable dans sa maison seulement pour courir un peu plus vite à sa ruine, j'embrassai Hareton, je lui dis adieu, et depuis ce temps il a toujours été un étranger pour moi; et c'est très bizarre à penser, mais je n'ai pas de doute qu'il a aujourd'hui tout oublié d'Ellen Dean, et qu'il ne sait plus qu'il a été un moment plus que le monde entier pour elle, et elle pour lui.

... À ce point de son récit, ma ménagère jeta par hasard un coup d'œil sur la pendule de la cheminée et fut ébahie en s'apercevant qu'il était une heure et demie. Elle ne voulut pas entendre parler de rester une seconde de plus, et en vérité moi-même je me sentais assez disposé à ajourner la suite de sa narration. Et maintenant qu'elle est allée se reposer et que j'ai encore médité une heure ou deux, je vais trouver le courage d'aller me coucher, moi aussi, en dépit de la lourdeur douloureuse de ma tête et de mes membres.

CHAPITRE VII

Charmante introduction à la vie d'ermite! Quatre semaines de tortures, d'excitation et de maladie!

Oh, ces vents lugubres et ces sombres cieux du Nord, et ces chemins impraticables et ces médecins de campagne jamais pressés! Et oh! cette absence de toute figure humaine! et, pire que tout, la terrible déclaration par laquelle Kenneth m'a fait entendre que je n'avais pas à espérer de sortir avant le printemps!

Pourquoi ne demanderais-je pas à Madame Dean de finir son récit? Je vais sonner; elle sera enchantée de me trouver en état de causer gaiement.

... Madame Dean est venue.

—Il faut encore attendre vingt minutes, monsieur, pour prendre la médecine, commença-t-elle.

—Au diable la médecine! Ce que je voudrais avoir...

—Le docteur dit que vous devez attendre que la poudre soit dissoute.

—De tout mon cœur: mais ne m'interrompez pas. Venez et asseyez-vous ici. Laissez en repos cette amère phalange de fioles. Tirez votre ouvrage de votre poche, là—et maintenant continuez l'histoire de M. Heathcliff, depuis l'instant où vous l'avez laissée jusqu'au temps présent. Est-il allé sur le continent terminer son éducation, pour revenir un gentleman? ou bien a-t-il pris dans un collège une place de servant, ou s'est-il sauvé en Amérique et a-t-il gagné de l'honneur en combattant son pays nourricier? ou a-t-il trouvé un moyen plus prompt de faire fortune sur les grandes routes de l'Angleterre?

—Il est probable qu'il aura fait un peu de tout cela, M. Lockwood, mais je ne puis vous en rien dire de certain. Je vous ai déjà dit que je ne savais pas comment il avait gagné son argent; et j'ignore aussi par quels moyens il s'est élevé au-dessus de l'ignorance sauvage où il était enfoncé; mais, avec votre permission, je vais continuer à ma façon, si vous croyez que cela doit vous amuser sans vous fatiguer. Vous sentez-vous mieux, ce matin?

—Beaucoup mieux.

—Voilà une bonne nouvelle! Je suis donc allée à Thrushcross-Grange avec miss Catherine, et j'eus l'agréable désappointement de voir qu'elle se conduisait infiniment mieux que je ne l'aurais espéré. Elle semblait presque trop amoureuse de M. Linton; et même à sa sœur elle témoignait beaucoup d'affection. Tous deux d'ailleurs s'occupaient beaucoup de lui être agréable. Ce n'était pas l'épine qui se penchait vers les chèvrefeuilles, mais les chèvrefeuilles qui embrassaient l'épine.

Aucune concession mutuelle: l'une se tenait toute droite et les autres cédaient; et comment peut-on montrer de la mauvaise humeur lorsqu'on ne rencontre ni opposition ni indifférence? Je remarquai que M. Edgar avait une peur profonde de l'irriter. Il la cachait devant elle; mais si par hasard il m'entendait lui répondre vivement, ou s'il voyait quelqu'un des domestiques s'assombrir sur quelque ordre trop impérieux venant d'elle, il montrait son trouble par une grimace de déplaisir qu'il n'avait jamais lorsqu'il s'agissait seulement de lui. Plus d'une fois il me parla durement de mon insolence et m'avoua qu'un coup de couteau ne l'affligerait pas autant que de voir sa femme fâchée. Et moi, pour ne pas faire de peine à un si bon maître, j'appris à être moins vive; et pendant six mois, la poudre resta aussi inoffensive que du sable, ne trouvant auprès d'elle aucun feu pour la faire éclater. Catherine avait çà et là des moments de tristesse et de silence que son mari respectait discrètement, les attribuant à une altération de sa santé, résultat de sa maladie de naguère; et de fait elle n'avait jamais eu auparavant de ces abattements d'esprit; mais le retour du soleil était salué par un retour pareil de sa gaîté. Je crois que je puis affirmer qu'ils étaient vraiment en possession d'un bonheur tous les jours plus profond.

Ce bonheur cessa. Eh quoi, il faut bien que nous pensions à nous-mêmes dans la vie, et ceux qui sont doux et généreux ont seulement une façon plus juste d'être égoïstes que ceux qui cherchent à tout dominer! Ce bonheur cessa lorsque les circonstances amenèrent les deux parties à sentir que l'intérêt de l'une n'était pas le principal objet de la pensée de l'autre. Par un doux soir de septembre, je revenais du jardin avec un lourd panier de pommes que j'avais été cueillir. La nuit était venue et la lune regardait par dessus la haute muraille de la cour, faisant se jouer de vagues ombres sur les coins des parties en saillie de la maison. Je déposai mon fardeau sur l'escalier de la maison près de la porte de la cuisine, et je songeai à me reposer, et je voulus respirer encore quelques instants cet air doux et léger; je regardais le ciel, tournant le dos à la porte, lorsque j'entends une voix dire derrière moi: «Nelly, est-ce vous?» C'était une voix profonde, et dont l'accent m'était étranger; et pourtant il y avait quelque chose dans la manière de prononcer mon nom qui me semblait familier. Je me retournai pour voir qui m'avait parlé, un peu effrayée, car les portes étaient fermées, et je n'avais vu personne en m'approchant de l'escalier. Quelque chose remuait dans la porte; et je distinguai un homme de haute taille, vêtu de noir, brun de visage et de cheveux. Il était appuyé contre la porte et tenait ses doigts sur le loquet comme s'il voulait ouvrir. Qui cela peut-il être? pensais-je: M. Earnshaw? ce n'est pas sa voix.

—Il y a une heure que j'attends ici, reprit cette voix, et tout depuis lors a été autour de moi calme comme la mort. Je n'ai pas osé entrer. Ne me reconnaissez-vous pas? Regardez, je ne suis pas un étranger.

Un rayon éclaira ses traits, les joues creuses étaient à demi-couvertes de favoris noirs; les sourcils bas, les yeux profondément enfoncés et d'aspect étrange. Je me rappelai ces yeux.

—Quoi m'écriai-je, ne sachant pas si je devais le regarder comme un visiteur de ce monde, quoi! vous, revenu? Est-ce vraiment vous?

—Oui, Heathcliff, répondit-il, levant sans cesse ses regards vers les fenêtres, où se reflétait la lumière de la lune, mais sans que nulle lumière parut du dedans. Sont-ils à la maison? Où est-elle? Nelly, vous n'êtes pas contente? Vous n'avez pas besoin de vous troubler ainsi. Est-elle ici? Parlez! J'ai besoin de lui dire un mot, à votre maîtresse. Allez, et dites-lui que quelqu'un de Gimmerton désire la voir.

—Comment va-t-elle prendre la chose, m'écriai-je, que va-t-elle faire? La surprise m'affole, elle va la mettre hors d'elle-même! Et vous êtes Heathcliff! Mais si changé, non, c'est incompréhensible! Avez-vous servi comme soldat?

—Allez et portez mon message, m'interrompit-il impatiemment, je serai en enfer tant que vous ne l'aurez pas fait.

Il souleva le loquet et j'entrai; mais quand je fus près du parloir où étaient M. et Madame Linton, je ne pus prendre sur moi de faire la commission; enfin, je me résolus à entrer et à leur demander s'ils voulaient avoir de la lumière: j'ouvris la porte.

Ils étaient assis ensemble auprès d'une fenêtre, à travers laquelle se montrait, derrière les arbres du jardin et du parc sauvage, la vallée de Gimmerton, avec une longue ligne de brouillards en tourbillon. Wuthering Heights s'élevait au-dessus de cette vapeur d'argent, mais notre vieille maison était invisible, se trouvant plutôt un peu sur l'autre penchant. Tout, la chambre et ses occupants et la scène qu'ils contemplaient, tout semblait merveilleusement paisible. J'eus de nouveau une répugnance à m'acquitter de ma commission; et je me préparais à sortir après avoir simplement parlé de la lumière, lorsqu'un sentiment de ma folie me força à revenir et à murmurer:—Madame, quelqu'un de Gimmerton désire vous voir.

—Qu'est-ce qu'il veut? demanda Madame Linton.

—Je ne l'ai pas questionné, répondis-je.

—C'est bien, fermez les rideaux, Nelly, et apportez le thé, je vais revenir tout de suite.

Elle quitta l'appartement; M. Edgar Linton me demanda qui c'était, d'un ton insouciant.

—Quelqu'un que Madame n'attend pas, ce Heathcliff, vous vous le rappelez, monsieur, qui vivait autrefois chez M Earnshaw!

—Quoi, le gipsy, le garçon de charrue? s'écria mon maître; pourquoi n'avez-vous pas dit cela à Catherine?

—Pardon, mais vous ne devez pas l'appeler par ces noms, lui répondis-je; elle serait bien affligée de vous entendre. Son cœur a failli se rompre quand il est parti, et je devine que son retour va être une fête pour elle.

M. Linton s'avança vers une fenêtre, donnant sur la cour. Il l'ouvrit, et s'appuyant sur le rebord, s'écria vivement: «Chérie, ne restez pas là debout, faites entrer cette personne, si c'est quelqu'un de particulier.» Quelques minutes après j'entendis soulever le loquet et Catherine s'élança, essoufflée et farouche, trop excitée pour montrer son contentement; et en vérité, à voir sa figure, on aurait plutôt supposé quelque terrible calamité.

—Oh! Edgar, Edgar, gémit-elle, lui passant les bras autour du cou, oh Edgar, mon chéri! C'est Heathcliff qui est revenu; c'est lui. Et elle resserrait son embrassement jusqu'à l'étouffer.

—Bien, bien! répondit son mari d'un ton fâché, ce n'est pas une raison pour m'étrangler. Heathcliff ne m'a jamais fait l'impression d'un trésor si merveilleux, et il n'y a pas de quoi perdre la tête.

—Je sais que vous ne l'aimiez pas, fit Catherine, réprimant l'excès de sa joie. Et pourtant, pour l'amour de moi, il faut que vous soyez amis maintenant. Dois-je lui dire de monter?

—Ici, dans le parloir?

—Et où donc? demanda-t-elle. Il avait l'air vexé, et fit entendre que la cuisine serait un endroit plus convenable, mais Madame Linton le regardait d'une façon comique, à demi fâchée, à demi égayée de son importunité.

—Non, ajouta-t-elle après un moment, je ne peux pas rester assise dans la cuisine. Ellen, mettez deux tables ici, une pour notre maître et pour miss Isabella, qui sont l'aristocratie, l'autre pour Heathcliff et pour moi-même, qui représentons les classes inférieures; cela vous convient-il, mon cher, ou faut-il que je fasse allumer du feu dans une autre chambre? Vous donnerez des ordres en conséquence, mais moi je vais de nouveau courir en bas et m'occuper de mon hôte. Je crains que ma joie ne soit trop grande pour que sa cause soit réelle.

Elle allait de nouveau s'élancer dehors, mais Edgar l'arrêta: «Vous, dit-il s'adressant à moi, faites-le monter, et vous, Catherine, tachez de vous réjouir sans perdre la tête; il n'est pas nécessaire que toute la maison vous voie accueillir comme un frère un domestique échappé.»

Je descendis et trouvai Heathcliff attendant sous le porche, et évidemment sûr d'être invité à monter. Il me suivit sans rien dire, et je l'introduisis en présence du maître et de la maîtresse dont les joues allumées indiquaient un chaud entretien. Mais la figure de la dame s'éclaira d'un tout autre sentiment lorsque son ami parut à la porte: elle courut vers lui, prit ses deux mains, et le mena vers Linton; puis elle saisit, malgré lui, les doigts de Linton et les enfonça dans la main d'Heathcliff. Maintenant que la lumière du foyer et des bougies révélait pleinement sa figure, je fus encore plus surprise de la transformation d'Heathcliff. Il était devenu un homme de haute taille, athlétique et bien constitué, à côté duquel mon maître semblait tout à fait maigriot et comme un enfant. Son attitude droite suggérait l'idée qu'il avait été dans l'armée. Ses traits portaient une maturité d'expression et de dessin que n'avaient pas ceux de M. Linton; il avait un air intelligent, et ne gardait aucune marque de sa dégradation passée. Il y avait bien toujours dans ses sourcils baissés et ses yeux pleins d'un feu sombre quelques reflets d'une férocité à demi civilisée, mais elle était dominée, et ses manières avaient même une certaine dignité; tout à fait débarrassées de leur rudesse, mais toujours trop dures pour être gracieuses. La surprise de mon maître égala ou dépassa la mienne; il resta une minute embarrassé, sans savoir comment il devait s'adresser au garçon de charrue, comme il l'avait appelé. Heathcliff avait laissé tomber sa main délicate, et se tenait debout, le regardant froidement.

—Asseyez-vous, monsieur, dit-il enfin; Madame Linton, en souvenir du vieux temps, a désiré que je vous fasse un accueil cordial, et je suis naturellement heureux de tout ce qui peut lui être agréable.

—Et moi aussi, répondit Heathcliff, particulièrement si c'est quelque chose où j'ai une part. Je resterai volontiers une heure ou deux. Il s'assit en face de Catherine, qui tenait son regard fixé sur lui, comme si elle craignait qu'il ne disparût si elle cessait un instant de le regarder. Lui ne levait pas souvent ses yeux sur elle; un rapide coup d'œil ça et là suffisait; mais ses yeux trahissaient sans cesse plus distinctement le plaisir qu'il buvait dans ceux de son amie. Lui et elle étaient trop absorbés dans leur joie mutuelle pour se sentir embarrassés. Mais il n'en était pas de même de M. Edgar; l'ennui qu'il avait le faisait pâlir; et ce sentiment fut à son comble lorsqu'il vit sa femme se lever, s'avancer vers Heathcliff, lui saisir de nouveau les mains et rire comme une personne égarée.

—Il va me sembler demain que ce n'a été qu'un rêve, criait-elle. Je ne serai pas capable de croire que je vous ai vu et touché et entendu une fois de plus! Et pourtant, méchant, vous ne méritez pas cette bienvenue. D'être absent pendant trois ans, sans donner de vos nouvelles, et sans jamais penser à moi!

—J'y ai pensé un peu plus que vous à moi, murmura-t-il. J'ai appris, il y a peu de temps, Cathy, la nouvelle de votre mariage; et tout à l'heure, pendant que j'attendais dans cette cour, j'avais formé ce projet: de jeter seulement un coup d'œil sur votre figure, de recueillir un regard de surprise et peut être de plaisir, puis, de régler mon compte avec Hindley; et alors de prévenir la loi en m'exécutant moi-même. Votre bienvenue a fait sortir ces idées de mon esprit; mais prenez garde de me rencontrer d'un autre air la prochaine fois. Non, ne me chassez pas une seconde fois. Vous m'avez réellement regretté, n'est-ce pas? Eh bien, vous aviez raison. J'ai eu à mener une amère vie depuis que j'ai entendu pour la dernière fois votre voix; et il faut que vous me pardonniez, car c'était seulement pour vous que je combattais.

—Catherine, si vous ne voulez pas que nous prenions notre thé froid, venez à table, interrompit Linton, faisant son possible pour garder son ton ordinaire et le degré de politesse convenable. M. Heathcliff aura à faire une longue course, où qu'il veuille loger cette nuit, et moi-même, j'ai soif.

Elle prit sa place devant la théière; et miss Isabella vint au coup de cloche; j'avançai des chaises pour tout le monde et je sortis. Le repas dura à peine dix minutes. La tasse de Catherine resta vide, elle ne pouvait ni manger ni boire. Edgar eut peine à avaler une bouchée. Leur hôte ne prolongea pas son séjour ce soir-là au-delà d'une heure. Quand il partit, je lui demandai s'il allait à Gimmerton.

—Non, me répondit-il, à Wuthering Heights M. Earnshaw m'a invité lorsque je lui ai fait visite ce matin.

M. Earnshaw l'avait invité! Et il avait fait visite à M. Earnshaw! Je méditais douloureusement cette phrase, après qu'il fut parti; allait-il devenir un hypocrite, et ne rentrait-il dans le pays que pour faire le mal sous un masque? Je songeais: j'avais au fond de mon cœur le pressentiment qu'il aurait mieux valu qu'il ne revint pas. Vers le milieu de la nuit, je fus réveillée de mon premier sommeil par Madame Linton qui se glissa dans ma chambre, s'assit à côté de mon lit et me tira par les cheveux pour m'empêcher de dormir.

—Je ne peux pas rester en repos, Ellen, me dit-elle en manière d'excuse. Et j'ai besoin d'une créature vivante pour me tenir compagnie dans mon bonheur. Edgar est de mauvaise humeur parce que je suis dans la joie d'une chose qui ne l'intéresse pas; il refuse d'ouvrir la bouche, si ce n'est pour dire des choses mauvaises et sottes; et il m'a affirmé que j'étais cruelle et égoïste parce que j'avais voulu lui parler tandis qu'il était souffrant et avait sommeil. Il trouve toujours le moyen d'être souffrant au moindre désagrément. Je lui ai dit quelques phrases d'éloge sur Heathcliff; et lui, soit par migraine ou pour un accès d'envie, s'est mis à pleurer: de sorte que je me suis relevée et l'ai laissé dormir.

—À quoi vous sert de faire l'éloge d'Heathcliff devant lui? répondis-je. Dans leur enfance, ils avaient déjà une aversion l'un pour l'autre, et son éloge ne rendrait pas Heathcliff moins furieux: c'est la nature humaine. Ne parlez pas de lui à M. Linton si vous ne voulez pas qu'une querelle ouverte se déclare entre eux.

—Mais n'est-ce pas faire preuve d'une grande faiblesse? poursuivit-elle. Je ne suis pas jalouse... je ne me sens jamais blessée par l'éclat des cheveux blonds d'Isabella et la blancheur de sa peau, et son élégance délicate, et la tendresse que toute la famille lui témoigne. Même vous, Nelly, si nous avons par hasard une dispute, vous prenez tout de suite le parti d'Isabella, et moi je cède comme une bonne maman, je l'appelle ma chérie et je la flatte avec douceur. Cela fait plaisir à son frère de nous voir en termes cordiaux, et à moi aussi. Mais ils se ressemblent beaucoup, lui et elle; ils sont des enfants gâtés et s'imaginent que le monde a été fait pour eux: et bien que je les aime l'un et l'autre, je pense tout de même qu'une petite punition pourrait les corriger.

—Vous vous trompez, madame Linton, lui dis-je, c'est eux qui vous aiment et qui sont indulgents pour vous, et je sais bien ce qui arriverait si cela n'était pas. Vous pouvez bien aller jusqu'à leur passer leurs petits caprices, aussi longtemps qu'ils n'ont pas d'autre souci que de prévenir tous vos désirs; mais il se peut qu'il arrive, à la fin, quelque chose ayant une égale importance pour les deux parties, et alors ceux que vous appelez faibles sont bien capables d'être aussi obstinés que vous.

—Et alors nous aurons une lutte à mort, n'est-ce pas, Nelly? reprit-elle en riant. Non, je vous le dis, j'ai tant de confiance dans l'amour de Linton que je crois que je pourrais le tuer sans qu'il songe à rien faire contre moi.

Je l'engageai alors à ne lui avoir que plus de reconnaissance pour cette affection.

—C'est ce que je fais, me répondit-elle; mais lui n'a pas besoin de se lamenter pour des bagatelles. C'est enfantin. Au lieu de fondre en larmes parce que je lui ai dit que Heathcliff méritait à présent le respect de chacun et que ce serait un honneur pour le premier gentleman du pays d'être son ami, c'est lui qui aurait dû dire cela pour moi et s'en réjouir par sympathie. Il faut qu'il s'accoutume à lui, et alors, autant faire qu'il l'aime; quand je considère combien Heathcliff avait de raisons pour le détester, je suis sûre qu'il s'est très bien comporté envers lui.

—Que pensez-vous de ce fait qu'il va à Wuthering Heights? demandai-je. Il s'est réformé à tous les points de vue, au moins en apparence. Le voici tout à fait comme un chrétien, tendant amicalement sa main droite à ses ennemis tout alentour.

—Il me l'a expliqué, répondit-elle, mais j'en suis étonnée autant que vous. Il m'a dit qu'il était venu s'informer de moi auprès de vous, supposant que vous résidiez toujours là-bas; Joseph l'a dit à Hindley qui est sorti de la maison et s'est mis à le questionner sur ce qu'il avait fait, et comment il avait vécu et qui enfin l'a invité à entrer. Il y avait là plusieurs personnes assises à jouer aux cartes; Heathcliff se joignit à elles, mon frère perdit de l'argent contre lui, et le trouvant pourvu abondamment, lui demanda de revenir dans la soirée, ce à quoi il consentit. Hindley est dans un état trop désespéré pour mettre beaucoup de prudence à choisir ses relations; il ne prend pas la peine de réfléchir aux causes qu'il pourrait avoir pour ce métier d'un homme qu'il a bassement outragé. Mais Heathcliff affirme que sa principale raison pour renouer connaissance avec son ancien persécuteur est son désir de s'installer dans le voisinage de la Grange et son attachement pour la maison où nous avons vécu ensemble, et puis encore l'espoir que nous aurons plus d'occasions de nous voir ainsi que s'il s'était fixé à Gimmerton. Il a l'intention d'offrir de payer largement le droit de demeurer aux Heights; et il n'y a pas de doute que la rapacité de mon frère l'amènera à accepter ces conditions. Il a toujours été avide, si ce n'est que ce qu'il saisit d'une main, il le rejette de l'autre.

—Un joli endroit pour s'installer! dis-je; ne redoutez-vous pas les conséquences, madame Linton?

—Pas pour mon ami, répondit-elle; sa forte tête le tiendra à l'abri du danger. Pour Hindley, oui, un peu; mais il ne peut pas devenir pire qu'il est, et, à cause de moi, il ne peut lui arriver aucun mal physique. L'événement de ce soir m'a réconciliée avec Dieu et l'humanité. Je m'étais révoltée contre la Providence. Oh j'ai enduré une souffrance très amère, Nelly! Si cet homme savait combien j'ai souffert, il aurait honte d'assombrir la fin de mon mal avec cet air indifférent. C'est ma bonté pour lui qui m'a poussée à souffrir seule; si j'avais exprimé l'agonie que souvent je sentais, il se serait mis à désirer son allègement avec autant d'ardeur que moi. N'importe, le mal est fini et je ne veux pas me venger de sa folie; désormais, j'aurai la force de tout supporter. Quand même la chose la plus basse me frapperait sur une joue, non seulement j'offrirais l'autre, mais je demanderais pardon d'avoir provoqué l'offense: et comme preuve, je vais aller tout de suite faire la paix avec Edgar. Bonne nuit! Je suis un ange!

Elle me quitta dans cette conviction flatteuse, et je pus apprécier le lendemain le succès de son entreprise. M. Linton, tout en paraissant toujours un peu déprimé par l'exubérante vivacité de Catherine, non seulement avait abjuré sa mauvaise humeur, mais ne risquait même aucune objection à l'idée de la laisser aller avec Isabella à Wuthering Heights dans l'après-midi; et elle, elle l'en récompensait par un été de douceur et d'affection qui fit pour plusieurs jours de la maison un paradis, maîtres et domestiques profitant également de ce soleil qui brillait sans s'arrêter.

Dans les premiers temps, Heathcliff—je devrais dire désormais M. Heathcliff—n'usa qu'avec réserve de la liberté de venir à Thrushcross Grange: il semblait vouloir juger jusqu'à quel point mon maître supporterait son intrusion. Catherine, de son côté, avait cru à propos de modérer l'expression de son plaisir en le recevant; et c'est ainsi qu'il se constitua, par degrés, le droit de venir. Il gardait beaucoup de la réserve qui l'avait caractérisé dans son enfance, et cela lui permettait de réprimer toute démonstration trop vive de ses sentiments. Le malaise de mon maître s'endormit et des circonstances ultérieures vinrent lui donner quelque temps une autre direction.

Il trouva en effet une nouvelle source d'ennuis en constatant le fait imprévu qu'Isabella Linton éprouvait une attraction soudaine et irrésistible vers le nouvel hôte. Elle était alors une charmante jeune dame de dix-huit ans enfantine dans ses manières, bien que possédant un esprit fin, des sentiments subtils et aussi un caractère mordant, pour peu qu'on l'irritât. Son frère, qui l'aimait tendrement, fut ébahi de cette préférence fantastique. Laissant de côté la honte d'une alliance avec un homme sans nom, et la possibilité pour sa propre fortune, à défaut d'héritier mâle, de passer entre les mains d'un tel individu, il avait assez de sens pour comprendre la disposition réelle d'Heathcliff: pour savoir que, malgré les changements de son extérieur, sa nature n'avait pas changé et ne pouvait changer. Et cette nature l'épouvantait, le révoltait; un pressentiment le faisait tressaillir à l'idée de lui confier Isabella. Sa répulsion aurait été bien plus vive encore s'il s'était aperçu que l'amour de sa sœur était né sans être sollicité, et s'adressait à un homme qui n'y répondait en aucune façon: car lui, du moment qu'il avait découvert ce penchant d'Isabella, il en avait mis la faute sur un dessein prémédité d'Heathcliff.

Nous avions tous remarqué depuis peu que miss Linton était très agitée et soupirait après quelque chose. Elle devenait méchante et fatigante, agaçant et rudoyant sans cesse Catherine, au risque d'épuiser sa dose, très limitée, de patience. Nous excusions cette humeur, jusqu'à un certain point, en la mettant sur le compte de la maladie; car nous la voyions pâlir et dépérir à vue d'œil. Mais un jour qu'elle avait été particulièrement impossible, refusant son déjeuner, se plaignant du manque d'obéissance des domestiques, de la sujétion où la tenait Catherine et de la négligence d'Edgar, affirmant qu'elle avait pris froid parce que nous avions laissé les portes ouvertes et éteint le feu du parloir pour la vexer, avec cent autres accusations non moins frivoles, Madame Linton insista péremptoirement pour qu'elle allât se coucher et après l'avoir grondée de bon cœur, elle la menaça d'envoyer chercher le médecin. Cette mention de Kenneth amena immédiatement Isabella à s'écrier que sa santé était parfaite et que c'était seulement la dureté de Catherine qui la rendait malheureuse.

—Comment pouvez-vous dire que je sois dure, méchante enfant gâtée? s'écria notre maîtresse, surprise de cette assertion déraisonnable. À coup sûr vous êtes en train de perdre la raison. Quand ai-je été dure, dites-moi?

—Hier, sanglota Isabella, et maintenant.

—Hier? et à quelle occasion?

—Dans notre promenade sur la lande: vous m'avez dit de courir où je voudrais pendant que vous marchiez avec Heathcliff.

—Et c'est là ce que vous appelez ma dureté! dit Catherine en riant. Je n'avais pas la moindre idée de vous donner à entendre que votre compagnie était superflue: il nous était indifférent que vous fussiez ou non avec nous; je pensais simplement que la conversation d'Heathcliff n'aurait rien d'amusant pour vous.

—Oh non, sanglota la jeune dame, vous vouliez m'éloigner parce que vous saviez que j'aimais à être là.

—A-t-elle sa raison? demanda Madame Linton, se tournant vers moi. Je vais répéter notre conversation mot pour mot, Isabella; et vous noterez, s'il vous plait, tous ceux de ses endroits qui auraient eu du charme pour vous.

—Je ne parle pas de la conversation, répondit-elle, je désirerais d'être avec...

—Eh bien? dit Catherine, voyant qu'elle hésitait à finir sa phrase.

—Avec lui, et je ne veux pas être toujours congédiée, continua-t-elle en s'allumant. Vous êtes comme un chien au râtelier, Cathy, et vous voulez être toute seule à être aimée.

—Et vous, vous êtes un impertinent petit singe! s'écria Madame Linton stupéfaite. Mais je ne puis croire cette sottise. Il est impossible que vous m'enviiez l'admiration de Heathcliff, que vous le considériez comme une personne agréable; j'espère que je vous ai mal comprise, Isabella?

—Non, non! dit la jeune fille infatuée. Je l'aime plus que vous n'avez jamais aimé Edgar; et lui aussi m'aimerait si vous vouliez le lui permettre.

—Alors, je ne voudrais pas être à votre place pour tout un royaume! déclara Catherine avec emphase, et il me sembla bien qu'elle parlait sérieusement.

—Nelly, aidez-moi à la convaincre de sa folie. Dites-lui ce qu'est Heathcliff: une créature abandonnée, sans raffinement, sans culture; un aride désert d'ajoncs et de genêts. J'aimerais autant mettre ce petit canari dans le parc par un jour d'hiver que de vous engager à placer votre cœur sur lui. C'est une déplorable ignorance de son caractère, enfant, et rien de plus, qui a fait entrer ce rêve dans votre tête. Je vous en prie, ne vous imaginez pas qu'il cache, derrière son extérieur sombre, des abîmes de bienveillance et d'affection! Il n'est pas un diamant brut, une huître renfermant une perle: il est un homme pareil à un loup, féroce et sans pitié. Jamais je ne lui dis: «laissez celui-ci ou celui-là de vos ennemis en paix, parce qu'il serait cruel ou peu généreux de leur faire du mal»; je lui dis: «laissez-les en paix, parce que ne veux pas qu'il leur arrive du mal.» Il vous écraserait comme un œuf de moineau, Isabella, s'il vous jugeait une charge un peu lourde. Je sais qu'il lui est impossible d'aimer les Linton; et pourtant il serait tout à fait capable d'épouser votre fortune et vos espérances! L'avarice monte en lui et devient un péché dominant. Voilà mon portrait de lui! Et je suis son amie, je le suis si bien, que s'il avait pensé sérieusement à vous attraper, je me serais peut-être tue et vous aurais laissée tomber dans ses filets.

Miss Linton regardait sa belle-sœur avec indignation.

—Honte, honte! répétait-elle d'un ton irrité: vous êtes pire que vingt ennemis, venimeuse amie que vous êtes.

—Ah, ainsi vous ne voulez pas me croire? dit Catherine, vous vous imaginez que je parle par méchanceté ou par égoïsme?

—Oui, j'en suis sûre, répliqua Isabella, et j'ai horreur de vous.

—Bien, cria l'autre, essayez donc pour votre compte, si c'est votre humeur; j'ai fait ce que je pouvais.

—Et il faut que je subisse la peine de son égoïsme! sanglotait la jeune fille, lorsque Madame Linton eut quitté la chambre. Tout, tout est contre moi. Elle a détruit mon unique consolation. Mais ce qu'elle a dit est faux, n'est-ce pas? M. Heathcliff n'est pas un démon; il a une âme honnête et vraie, ou sans cela comment se serait-il souvenu d'elle?

—Croyez-moi, miss, lui dis-je, chassez-le de vos pensées. C'est un oiseau de mauvais augure et pas du tout un compagnon pour vous. Madame Linton a parlé sévèrement, et pourtant je ne puis la contredire. Elle connaît mieux son cœur que moi ou tout autre, et jamais elle ne consentirait à le représenter comme pire qu'il est. Des gens honnêtes ne cachent pas leurs actions. Comment a-t-il vécu? Comment est-il devenu riche? Pourquoi demeure-t-il à Wuthering Heights dans la maison d'un homme qu'il déteste? On dit que M. Earnshaw va de mal en pis depuis qu'il est arrivé. Ils restent assis ensemble toute la nuit; et Hindley a emprunté de l'argent sur ses terres, et ne fait rien que jouer et boire.

—Vous êtes liguée avec les autres, Ellen! répondit-elle, je ne veux pas écouter vos médisances. Quelle malveillance il faut que vous ayez pour désirer me convaincre qu'il n'y a pas de bonheur dans ce monde!

Serait-elle parvenue à se débarrasser de cette idée si on l'avait laissée à elle-même ou bien aurait-elle continué à la nourrir sans cesse, je ne puis le dire; mais elle eut peu de temps pour y réfléchir. Le lendemain il y eut une séance de justice à la ville voisine: mon maître fut obligé d'y assister, et M. Heathcliff, prévenu de son absence, arriva plus tôt que de coutume. Catherine et Isabella étaient assises dans la bibliothèque, fâchées l'une contre l'autre, mais en silence: la demoiselle, inquiète de sa récente indiscrétion, et de la révélation qu'elle avait faite de ses sentiments dans un accès passager de passion; Catherine, après mûr examen, réellement irritée contre sa compagne, et résolue à faire cesser ses sarcasmes. Elle rit lorsqu'elle vit Heathcliff à travers la fenêtre; j'étais en train de balayer le foyer et j'observai sur ses lèvres un sourire méchant. Isabella, absorbée dans ses rêveries ou dans un livre, resta jusqu'à ce que la porte s'ouvrit; et alors il fut trop tard pour tenter de s'échapper, ce qu'elle aurait fait avec joie si elle avait pu.

—Entrez, voilà qui est bien! s'écria gaiement notre dame, disposant une chaise près du feu. Voici deux personnes qui ont misérablement besoin d'une troisième pour fondre la glace qui les sépare; et vous êtes celle-là même que l'une et l'autre de nous voudrions choisir. Heathcliff, je suis fière de pouvoir vous montrer à la fin quelqu'un qui vous chérit plus que moi-même. J'espère que vous devez vous sentir flatté! Non, ce n'est pas Nelly, ne regardez pas vers elle. Ma pauvre petite belle-sœur se brise le cœur à contempler votre beauté physique et morale. Il dépend de vous d'être le frère d'Edgar. Non, non, Isabella, vous ne partirez pas! continua-t-elle, arrêtant avec un enjouement affecté la jeune fille qui s'était levée, confondue et indignée. Nous étions à nous quereller comme des chats à votre sujet, Heathcliff, et j'étais battue en protestations d'admiration et de dévotion; et de plus ma rivale, comme elle s'appelle, m'a informée que si seulement je voulais me mettre un peu à l'écart, elle lancerait dans votre âme une flèche qui vous fixerait pour toujours et enverrait mon image à l'oubli éternel.

—Catherine! dit Isabella, rappelant sa dignité, et dédaignant de lutter pour s'arracher à l'étreinte nerveuse qui la retenait, je vous serais reconnaissante de rester dans la vérité et de ne pas me calomnier, même en plaisantant. M. Heathcliff, soyez assez bon pour ordonner à votre amie de me lâcher, elle oublie que vous et moi ne sommes pas des connaissances intimes, et ce qui l'amuse m'est pénible à moi au-delà de toute expression.

Comme l'autre ne répondait rien et restait assis, et semblait absolument indifférent aux sentiments qu'elle pouvait avoir pour lui, elle se retourna vers sa persécutrice et lui demanda sérieusement de la laisser libre.

—En aucune façon! répondit Madame Linton. Je ne veux pas être nommée une seconde fois un chien au râtelier. Il faut que vous restiez! Eh bien, Heathcliff, pourquoi ne manifestez-vous pas votre satisfaction de mes agréables nouvelles? Isabella jure que l'amour qu'Edgar a pour moi n'est rien en comparaison de celui qu'elle entretient pour vous. Je suis sûre qu'elle a dit quelque chose de pareil: n'est-ce pas, Ellen? Et elle a refusé de manger depuis notre promenade d'avant-hier par rage de ce que je l'ai éloignée de votre société.

—Je suppose que vous la calomniez, dit Heathcliff tournant sa chaise de leur côté. En tous cas, ce qu'elle désire en ce moment, c'est d'être hors de ma société.

Et il se mit à fixer durement l'objet de son discours comme on ferait d'un animal étrange et répugnant que l'on croirait devoir examiner par curiosité, en dépit de son aversion. La pauvre créature ne put supporter cet examen; elle en pâlit et rougit, et, les yeux brillants de larmes, elle mit toute la force de ses petits doigts à s'affranchir de la ferme étreinte de Catherine. Puis, s'apercevant que, dès qu'elle parvenait à soulever un des doigts qui la tenaient, un autre s'abaissait, elle commença à se servir de ses ongles et griffa les mains de son ennemie.

—Voilà une tigresse! s'écria celle-ci, lui rendant enfin sa liberté. Allez vous-en, pour l'amour de Dieu, et cachez votre maudite figure! Quelle folie de révéler devant lui ces griffes! Ne pouvez-vous pas deviner les conclusions qu'il va en tirer? Heathcliff! Voilà des instruments d'exécution, il faut que vous preniez garde à vos yeux.

—Je les arracherais de ses doigts si jamais ils me menaçaient, répondit brutalement Heathcliff, quand la porte se fut refermée derrière la jeune fille. Mais quelle intention aviez-vous en agaçant cette créature d'une telle façon, Cathy? vous ne disiez pas la vérité, n'est-ce pas?

—Je vous assure que si! Voilà plusieurs semaines qu'elle se meurt d'amour pour vous; et elle m'a parlé de vous hier, et m'a couverte d'un déluge d'injures parce que je lui représentais vos défauts en pleine lumière dans le but de calmer sa passion. Mais n'y faites plus attention; j'ai voulu punir son insolence, voilà tout. Je l'aime trop, mon cher Heathcliff, pour vous laisser la saisir et la dévorer.

—Et moi je l'aime trop peu pour essayer rien de pareil, dit-il. Vous entendriez d'étranges choses si je vivais seule avec cette figure de cire. Mon exercice plus ordinaire serait de peindre sur son blanc visage les couleurs de l'arc-en-ciel et de noircir tous les jours ou tous les deux jours ses yeux bleus; car ils ressemblent à ceux de Linton d'une façon détestable.

—Détestable! observa Catherine; mais ce sont des yeux de colombe, d'ange!

—Elle est l'héritière de son frère? demanda-t-il après un court silence.

—Je serais bien fâchée d'avoir à le penser, répondit la dame. Avec l'aide du ciel il lui viendra bien une demi-douzaine de neveux qui lui enlèveront ce titre. Et je vous conseille de détourner votre esprit de ce sujet, quant à présent; vous êtes trop enclin à désirer le bien de votre voisin; rappelez-vous que les biens de ce voisin-ci sont les miens.

—S'ils étaient les miens, ce serait encore la même chose, dit Heathcliff. Mais Isabella peut être niaise, elle n'est pas folle, et nous ferons bien d'écarter ce sujet, comme vous le proposez.

Ils l'écartèrent en effet de leurs langues, et Catherine, probablement, de ses pensées. L'autre, j'en suis certaine, y repensa souvent dans le cours de cette soirée. Je le voyais se sourire à lui-même, ou plutôt se ricaner, et tomber dans des rêveries de mauvais augure dès que Madame Linton avait occasion de quitter l'appartement.

Je résolus d'observer ses mouvements. Mon cœur s'attachait invariablement au parti du maître, de préférence à celui de Catherine, et avec raison, me semblait-il; car lui était bon et confiant et honorable, et elle, elle ne pouvait pas être appelée le contraire de tout cela, mais elle se permettait une telle latitude que j'avais peu de confiance dans ses principes et encore moins de sympathie pour ses sentiments. Je souhaitai qu'il arrivât quelque chose qui pût débarrasser tranquillement de M. Heathcliff à la fois les Heights et la Grange, nous laissant comme nous étions avant son arrivée. Ses visites étaient pour moi un continuel cauchemar, et aussi, je le soupçonnais, pour mon maître. L'idée de son séjour aux Heights était pour moi une oppression inexplicable. Je sentais que Dieu avait abandonné ce troupeau galeux, et qu'une bête méchante rôdait entre lui et le parc, attendant l'heure pour s'élancer et pour détruire.

CHAPITRE VIII

Parfois, en méditant sur ces choses dans la solitude, je me sentais prise d'une terreur soudaine, et je mettais mon bonnet pour aller voir comment tout se passait à la ferme. Ma conscience me persuadait que c'était un devoir d'avertir Hindley de la façon dont on parlait de lui; mais d'autre part, me rappelant ses mauvaises habitudes invétérées, et désespérant de lui être utile, j'hésitais à entrer de nouveau dans la triste maison.

Un jour, j'eus occasion de passer la vieille porte, m'écartant un peu de la route que je suivais pour aller à Gimmerton. C'était après dans la période où est maintenant arrivé mon récit. Il faisait une après-midi glaciale et claire, le sol était nu et la route sèche et durcie de gelée. Je parvins à une pierre, à l'endroit où la grand'route s'embranche à gauche vers les landes, une pierre de forme grossière, portant sur le côté nord les lettres W. H., sur le côté est G., et sur le sud-ouest T. G.. Cette pierre sert de poteau indicateur pour la Grange, les Heights et le village. Le soleil éclairait en jaune sa tête grise, me rappelant l'été, et je ne sais pourquoi, mais je sentis tout à coup pénétrer dans mon cœur un flot de sensations d'enfance. C'était pour nous, Hindley et moi, un lieu favori il y a vingt ans. Je considérai longuement ce bloc usé, et, me baissant, j'aperçus au bas un trou encore plein de carapaces de limaçons et de cailloux, toutes choses que nous nous plaisions à y mettre; et, avec toute la fraîcheur de la réalité, il me sembla voir mon ancien compagnon de jeu assis à terre, avec sa tête brune et carrée penchée en avant, et sa petite main creusant le sable d'un morceau d'ardoise.

—Pauvre Hindley! m'écriai-je involontairement.

Je tressaillis, j'eus un moment l'idée que l'enfant levait sa tête et me regardait dans les yeux. Cela ne dura qu'une seconde, mais aussitôt je sentis un besoin irrésistible d'aller aux Heights. Une superstition me poussait à ne pas résister: si par hasard il était mort! pensais-je, ou s'il doit mourir bientôt, et si ce que j'ai vu est un signe de mort! À mesure que je m'approchais de la maison, je me sentais plus troublée, et je tremblais de tous mes membres lorsqu'enfin je fus en vue. Mon apparition de tout à l'heure m'avait devancée, je la vis debout, regardant à travers la porte. Telle fut du moins ma première idée en voyant un garçon aux boucles noires, aux yeux bruns, appuyant sur les barreaux sa rude figure: mais un peu de réflexion me fit comprendre que ce devait être Hareton, et pas très changé depuis que je l'avais quitté, dix mois auparavant.

—Dieu te bénisse, mon chéri! lui criai-je, oubliant à l'instant mes folles alarmes. Hareton, c'est Nelly! Nelly ta nourrice.

Il se recula hors de prise de mon bras et ramassa un grand fusil.

—Je suis venue pour voir ton père, Hareton, ajoutai-je.

Il leva son arme pour tirer; je commençai un discours pour l'apaiser, mais je ne pus retenir sa main. La pierre frappa mon bonnet; et alors, des lèvres tremblantes du petit garçon, sortit un chapelet de jurons qui, soit qu'il les ait compris ou non, étaient prononcés avec une emphase exercée, et contournaient ses traits enfantins dans une horrible expression de méchanceté. Vous pouvez bien penser que ceci m'affligea plus que je n'en fus irritée. Prête à fondre en larmes, je tirai de ma poche une orange et l'offris pour me faire bien venir. D'abord il hésita, puis, l'arracha de mes mains comme s'il imaginait que j'avais l'intention de le tenter et de le désappointer. Je lui en montrai une autre, la tenant hors de sa prise.

—Qui est-ce qui vous a appris ces belles façons de parler, mon garçon? lui demandai-je. Est-ce le curé?

—Au diable le curé, et toi aussi! donne-moi ça! répliqua-t-il.

—Dites-moi où vous avez pris des leçons, et vous l'aurez, dis-je. Quel est votre maître?

Il me répondit: «Mon diable de père!»

—Et qu'est-ce que vous apprenez de votre père?

Il s'élança sur le fruit, je l'élevai hors de sa portée.

—Et qu'est-ce qu'il vous apprend? demandai-je.

—Rien, me dit-il, qu'à me tenir en dehors de son chemin. Mon père ne peut rien me commander parce que je jure sur lui.

—Ah! Et c'est le diable qui vous apprend à jurer sur votre père?

—Eh! non, grommela-t-il.

—Qui alors?

—Heathcliff.

Je lui demandai s'il aimait M. Heathcliff.

—Oui, je l'aime.

Voulant avoir les raisons de cet amour, je pus seulement en tirer des phrases comme: «Je ne sais pas, il repaie à mon père les coups qu'il me donne, il le gronde de me gronder; il dit qu'il faut que je fasse comme je veux.»

—Et alors le curé ne vous apprend pas à lire et à écrire? poursuivis-je.

—Non, j'ai entendu dire que le curé aurait ses dents renfoncées dans sa gorge s'il entrait chez nous. C'est Heathcliff qui l'a promis.

Je mis l'orange dans sa main et je lui commandai de dire à son père qu'une femme appelée Nelly Dean attendait à la porte du jardin, désirant lui parler. Il partit et entra dans la maison, mais au lieu de Hindley, c'est Heathcliff qui se montra sur les marches. Je me retournai aussitôt et descendis la route aussi vite que je pouvais courir, sans m'arrêter, jusqu'à la pierre du grand chemin. Je me sentais aussi effrayée que si j'avais fait sortir un gobelin. Ceci n'a pas grand rapport avec l'affaire de Miss Isabella; et pourtant, c'est ce qui m'encouragea dans ma résolution de monter une garde vigilante et de faire tout mon possible pour empêcher une aussi mauvaise influence de s'étendre à la Grange, quand même il me faudrait soulever un orage domestique en contrariant le plaisir de Madame Linton.

Lorsque Heathcliff vint, la fois suivante, il se trouva que la jeune demoiselle était occupée à nourrir des pigeons dans la cour. Elle n'avait pas dit un mot à sa belle-sœur depuis trois jours, mais aussi elle avait mis un terme à ses plaintes, et nous y trouvions un grand soulagement. Je savais que Heathcliff n'avait pas l'habitude de témoigner à Miss Linton une seule marque de politesse en dehors de ce qui était strictement nécessaire. Cette fois, dès qu'il l'aperçut, sa première précaution fut de jeter un coup d'œil sur la maison. J'étais debout auprès de la fenêtre de la cuisine, mais je m'étais retirée hors de portée de vue. Je le vis alors s'avancer vers elle et lui dire quelque chose; elle semblait embarrassée, désireuse de s'en aller; pour l'en empêcher, il mit sa main sur son bras. Elle se détourna: apparemment il lui avait fait une question où elle ne se souciait pas de répondre. Il y eut de nouveau un regard rapide jeté sur la maison; puis, supposant qu'on ne le voyait pas, le gredin eut l'impudence de l'embrasser.

—Judas! Traître! m'écriai-je. Vous êtes donc aussi un hypocrite, un trompeur de parti-pris!

—Qui est-ce, Nelly? dit la voix de Catherine derrière moi.

J'avais été trop occupée de ce qui se passait dehors pour la voir entrer.

—Votre indigne ami, répondis-je avec chaleur, ce monstre là-bas! Ah! il nous a vues, il vient ici, je me demande s'il aura le cœur de trouver une excuse plausible pour cet amour qu'il témoigne à Miss quand il vous a dit qu'il la haïssait.

Madame Linton vit Isabella se délivrer de l'étreinte et courir dans le jardin. Une minute après, Heathcliff ouvrit la porte. J'avais peine à m'empêcher de donner libre cours à mon indignation, mais Catherine insista d'un ton fâché pour que je me taise, me menaçant de me faire sortir de la cuisine si j'osais être assez présomptueuse pour intervenir avec ma langue insolente.

—À vous entendre, on croirait que vous êtes la maîtresse! criait-elle. Il faut que vous restiez à votre place. Heathcliff, à quoi songez-vous de soulever ce tapage? Je vous ai dit de laisser Isabella tranquille. Je vous prie de le faire, à moins que vous ne soyez las d'être reçu ici et que vous ne souhaitiez que Linton verrouille la porte contre vous.

—Dieu le préserve d'essayer! répondit le noir vilain, que je détestais en ce moment de tout mon cœur. Dieu le garde doux et patient! Tous les jours j'ai une envie plus folle de l'envoyer au ciel!

—Silence! dit Catherine, fermant la porte intérieure, ne me vexez pas. Pourquoi ne vous êtes-vous pas rendu à ma requête? Est-ce elle qui est venue exprès sur votre chemin?

—Que vous importe? grommela-t-il. J'ai le droit de l'embrasser si elle veut et vous n'avez pas le droit de m'en empêcher. Je ne suis pas votre mari, vous n'avez pas à être jalouse de moi.

—Je ne suis pas jalouse de vous, répondit la maîtresse. Je suis jalouse pour vous. Éclairez votre figure et ne me faites pas la grimace. Si vous aimez Isabella, vous l'épouserez. Mais, l'aimez-vous? Dites la vérité, Heathcliff. Là, vous ne voulez pas répondre! Je suis certaine que vous ne l'aimez pas.

—Et est-ce que M. Linton permettrait à sa sœur de se marier avec cet homme? demandai-je.

—Il faudrait que M. Linton le permette, répondit ma dame avec décision.

—On pourrait lui en épargner l'embarras, dit Heathcliff; on se passerait fort bien de sa permission. Et pour ce qui est de vous, Catherine, j'ai envie de vous dire quelques mots, pendant que nous y sommes. Je veux que vous soyez prévenue que je sais que vous m'avez traité d'une façon infernale, infernale, entendez-vous? Et si vous vous flattez de l'idée que je ne m'en aperçois pas, vous êtes folle, et si vous pensez que je puisse être consolé par de douces paroles, vous êtes une idiote, et si vous vous imaginez que je vais souffrir sans me venger, vous vous convaincrez très prochainement du contraire. En attendant, je vous remercie de m'avoir dit le secret de votre belle-sœur, je vous jure que j'en tirerai tout le parti possible, et tenez-vous à l'écart!

—Quelle nouvelle phase de son caractère est-ce là? s'écria Madame Linton stupéfaite. Je vous ai traité d'une façon infernale et vous voulez vous venger: comment l'entendez-vous, ingrat animal? Comment vous ai-je traité d'une façon infernale?

—Je ne cherche pas de vengeance sur vous, reprit Heathcliff d'un ton moins véhément. Ce n'est pas mon plan. Vous êtes bienvenue à me torturer à mort pour votre amusement, mais il faut que vous me laissiez m'amuser un peu moi aussi dans le même style, et que vous vous reteniez de m'injurier autant qu'il vous est possible. Après avoir rasé mon palais, ne construisez pas une cahute pour me la donner comme une maison, avec une admiration complaisante pour votre charité. Si je pouvais imaginer que vous désirez réellement me voir marié à Isabella, je me couperais la gorge.

—Oh! le mal est que je ne suis pas jalouse, n'est-ce pas? cria Catherine. Eh bien! je ne répète pas mon offre d'une femme, c'est comme si l'on offrait à Satan une âme perdue. Votre joie, comme la sienne, consiste à faire souffrir, et vous le prouvez encore cette fois. Edgar est remise de la mauvaise humeur que lui a inspirée votre venue; je commence à être rassurée et tranquille; et vous, impatient de nous savoir en paix, vous paraissez résolu à exciter une querelle. Querellez-vous donc avec Edgar, si cela vous plait, et trompez sa sœur; vous emploierez ainsi la méthode la plus efficace pour vous venger sur moi.

La conversation cessa, Madame Linton s'assit auprès du feu, toute rouge et la mine sombre. Le démon qui était en elle devenait intraitable; elle ne pouvait ni le congédier ni le retenir. Lui se tenait debout les bras croisés, ruminant ses mauvaises pensées, et c'est dans cette situation que je les laissai pour aller chercher le maître, qui se demandait ce qui retenait si longtemps Catherine en bas.

—Ellen, dit-il quand j'entrai, avez-vous vu votre maîtresse?

—Oui, monsieur, elle est dans la cuisine, répondis-je. Elle est mise hors d'elle-même par la conduite de M. Heathcliff, et en vérité, je crois qu'il est temps d'arranger ses visites sur un autre pied. On se fait tort à être trop doux, et maintenant, voilà où ça en est arrivé. Je racontai la scène dans la cour, et tout ce que je pus de la dispute qui avait suivi. J'imaginais que cela ne pouvait nuire beaucoup à Madame Linton, à moins que l'envie ne lui prit de défendre son hôte. Edgar Linton eut peine à m'écouter jusqu'au bout.

—C'est intolérable, s'écria-t-il. Il est honteux qu'elle le reconnaisse pour ami et me force à subir sa compagnie. Appelez-moi deux hommes de l'écurie, Ellen. Catherine ne restera pas un moment de plus à causer avec ce bas ruffian; j'en ai assez.

Il descendit, et ordonnant aux domestiques d'attendre dans le passage, il entra avec moi dans la cuisine. Les deux personnes que j'y avais laissées avaient recommencé leur aigre discussion, du moins Madame Linton était en train de gronder avec une vigueur renouvelée. Heathcliff s'était retiré vers la fenêtre et laissait pendre sa tête, paraissant un peu démonté par la violence de ses reproches. C'est lui qui le premier s'aperçut de l'entrée de Linton; il fit rapidement signe à Catherine d'avoir à se taire, ce qu'elle fit, s'arrêtant net, dès qu'elle vit elle-même son mari.

—Qu'est-ce donc? dit Linton s'adressant à elle. Quelle idée vous faites-vous donc des convenances, pour rester ici après le langage qui a été tenu par ce vaurien? Si vous ne vous en êtes pas fâchée, c'est, je suppose, parce que c'est sa façon habituelle de parler. Vous êtes accoutumée à sa bassesse, et vous vous imaginez peut-être que je finirai par m'y accoutumer moi-même.

—Avez-vous donc écouté à la porte Edgar? demanda Catherine, sur un ton calculé pour irriter son mari, impliquant à la fois de l'insouciance et du mépris. Heathcliff, qui avait levé les yeux au premier discours, accompagna cette répartie d'un ricanement qui semblait destiné à attirer sur lui l'attention de M. Linton, et il y réussit; mais Edgar avait résolu de s'expliquer sans éclat de passion.

—Si j'ai tout supporté de vous jusqu'à présent, monsieur, dit-il tranquillement, ce n'est pas que j'aie ignoré votre caractère misérable et dégradé; mais je sentais que vous n'en étiez responsable qu'en partie, et comme Catherine désirait conserver votre connaissance, j'ai eu la folie d'y consentir. Mais votre présence est un poison qui corromprait ce qu'il y a de meilleur. C'est pour cela et afin de prévenir des conséquences pires, que je vous refuserai dorénavant le droit d'entrer dans cette maison, et que j'exige en ce moment votre départ immédiat. Trois minutes de retard, et je me verrai dans la nécessité de vous y contraindre.

Heathcliff mesura d'un regard plein de dérision la hauteur et la largeur de celui qui l'interpellait.

—Cathy, votre agneau menace comme un taureau, dit-il, il court risque de briser son crâne contre mes doigts. Pardieu, Monsieur Linton, je regrette profondément que vous ne vailliez pas la peine d'être abattu.

Mon maître jeta un coup d'œil vers le passage et me fit signe d'aller chercher les hommes, n'ayant aucune envie de se risquer dans une rencontre personnelle. J'obéis, mais Madame Linton, soupçonnant quelque chose, me suivit, et, au moment où j'essayais de les appeler, elle me tira en arrière, poussa la porte et la ferma.

—Voilà de beaux moyens! dit-elle, en réponse au regard surpris et irrité de son mari. Si vous n'avez pas le courage de l'attaquer, faites vos excuses ou laissez-vous battre. Cela vous corrigera de l'envie de simuler plus de valeur que vous n'en avez. Non, j'avalerai la clé plutôt que de vous la donner. Ah, je suis bien récompensée de ma bonté pour chacun! Après ma constante indulgence pour la nature faible de l'un et la nature mauvaise, méchante, de l'autre, je garde en remerciement deux marques d'aveugle et stupide ingratitude. Edgar, j'étais en train de vous défendre vous et les vôtres, et maintenant je souhaite que Heathcliff puisse vous battre à vous rendre malade, pour vous punir d'avoir osé penser d'aussi mauvaises choses sur moi.

Il n'y avait pas besoin de le battre pour produire cet effet sur le maître. Il cessa d'arracher la clé des mains de Catherine, et celle-ci l'ayant jetée dans le feu, il fut pris d'un tremblement nerveux en même temps que sa figure devenait d'une pâleur mortelle. Il lui fut impossible de retenir cet excès d'émotion, un mélange d'angoisse et d'humiliation l'envahit complètement. Il s'appuya sur le revers d'un siège et détourna son visage.

—O ciel! Dans les anciens temps, cela vous aurait gagné le titre de chevalier, s'écria Madame Linton. Nous sommes vaincus! Nous sommes vaincus: Heathcliff ne voudra pas plus élever un doigt contre vous qu'un roi mettre son armée en marche contre une colonie de souris. Réjouissez-vous! On ne vous fera pas de mal. Ce n'est pas un agneau que vous êtes, mais une petite levrette gâtée.

—Je vous souhaite bien du plaisir avec ce lâche à sang de lait, Cathy! dit son ami. Je vous fais compliment de votre goût. Voilà donc la chose peureuse et frissonnante que vous m'avez préférée! Je ne voudrais pas le frapper de mon poing, mais, si je pouvais le retourner avec mon pied, j'en aurais bien delà satisfaction. Est-ce qu'il pleure, ou bien est-ce que la peur l'a fait s'évanouir?

Le compagnon s'approcha et poussa la chaise où était Linton. Il aurait mieux fait de rester à distance, car, d'un saut, mon maître fut debout et le frappa en plein sur la gorge d'un coup qui aurait abattu un homme moins solide. Le coup arrêta sa respiration pendant une minute, et pendant qu'il étranglait, M. Linton sortit par la porte du fond donnant sur la cour, et revint par là vers la porte d'entrée.

—Là, voilà ce que vous rapporte votre venue ici! cria Catherine. Allez vous-en maintenant! il va revenir avec une poignée de pistolets et une demi-douzaine d'assistants. S'il a entendu notre conversation, bien sûr il ne vous pardonnera jamais. Vous m'avez joué un mauvais tour, Heathcliff! Mais partez, hâtez-vous!

—Supposez-vous que je vais m'en aller avec ce coup brûlant dans ma gorge? tonna Heathcliff. Non, par l'enfer! Je veux écraser ses côtes comme une noisette pourrie avant de passer le seuil. Si je ne l'abats pas à présent, je le tuerai une autre fois; si vous mettez du prix à son existence, laissez-moi donc aller le trouver.

—Mais il ne vient pas par ici, déclarai-je, risquant un mensonge; le cocher et les deux jardiniers sont là; vous n'allez pas, bien sûr, attendre qu'ils vous jettent hors d'ici! Chacun d'eux est armé d'une trique; et il est bien probable que le maître sera en observation à la fenêtre du parloir, pour voir s'ils remplissent ses ordres.

Les jardiniers et le cocher étaient là en effet; mais Linton était avec eux; déjà ils étaient entrés dans la cour. Après réflexion, Heathcliff résolut d'éviter une lutte contre ces inférieurs. Il saisit le tisonnier, écrasa le loquet de la porte intérieure, et parvint à s'échapper au moment ou ils entraient.

Madame Linton, très excitée, m'ordonna de l'accompagner en haut. Elle ne savait pas la part que j'avais prise dans cette histoire, et j'étais fort préoccupée de la garder dans son ignorance.

—Je suis à peu près folle, Nelly! s'écria-t-elle en se jetant sur le sofa. Un millier de marteaux battent dans ma tête. Dites à Isabella de m'éviter: c'est à elle qu'est dû tout ce tapage, et si elle ou quelque autre aggravait ma colère en ce moment, j'entrerais en fureur. Et, Nelly, dites à Edgar, si vous le voyez aujourd'hui, que je suis en danger d'être sérieusement malade. Je voudrais que ce soit vrai. Il m'a choquée et désolée affreusement. Je veux qu'il prenne l'alarme. De plus, il serait capable de venir et de commencer un chapelet de reproches et de plaintes; je ne manquerais pas de récriminer, et Dieu sait où nous finirions. Voulez-vous faire comme je vous dis, ma bonne Nelly? Vous êtes témoin que je ne suis pas à blâmer dans cette affaire. Quel démon l'a pris de se mettre à écouter aux portes? Les discours d'Heathcliff étaient très outrageants, après que vous nous avez quittés; mais j'aurais vite fait de le détourner d'Isabella, et le reste n'avait pas d'importance. Maintenant tout est remis au pire, par cette folle envie d'entendre dire du mal de soi, qui hante certaines gens comme un démon! Si Edgar n'avait pas écouté notre conversation, il n'en serait jamais résulté aucun dommage. Vraiment, quand il s'est adressé à moi sur ce stupide ton fâché de déplaisir, après que j'avais grondé Heathcliff à son sujet jusqu'à m'enrouer, je n'ai plus eu souci de ce qu'ils pouvaient se faire l'un à l'autre; d'autant plus que je sentais que, de quelque façon que la scène se terminât, nous serions tous séparés l'un de l'autre pour Dieu sait combien de temps. Eh bien, si je ne peux pas garder Heathcliff pour ami, si Edgar veut être lâche et jaloux, j'essaierai de briser leurs cœurs en brisant le mien. Ce sera une prompte façon d'en finir, si je suis poussée à bout. Mais c'est une conduite à réserver pour un cas désespéré; je ne voudrais pas prendre Linton par surprise. Jusqu'à présent il a été discret, dans sa crainte de me provoquer; il faut que vous lui représentiez le danger qu'il y aurait à quitter cette attitude, et que vous lui rappeliez ma nature passionnée qui arrive tout de suite à la frénésie, une fois excitée. Et puis je voudrais que vous chassiez de votre figure cette expression d'apathie, et que vous paraissiez un peu plus anxieuse à mon sujet.

Évidemment la froideur avec laquelle je recevais ces instructions était plutôt faite pour exaspérer, car elles étaient délivrées en parfaite sincérité. Mais je pensai qu'une personne qui pouvait spéculer à l'avance sur l'effet de ses crises de passion pouvait aussi, par un acte de volonté, exercer un contrôle suffisant sur soi-même dans les cas les plus excitants; et je n'avais aucune envie d'alarmer son mari, comme elle disait, et d'ajouter encore à ses ennuis, simplement pour servir l'égoïsme de la jeune femme. Aussi ne dis-je rien au maître lorsque je le vis marcher vers le parloir; mais je pris la liberté de retourner sur mes pas pour écouter s'ils reprendraient leur querelle. C'est lui qui commença à parler le premier.

—Restez où vous êtes, Catherine! dit-il sans aucune colère dans sa voix, mais avec une réserve pleine de tristesse. Je ne viens que pour un moment. Je ne veux ni vous faire des reproches ni me réconcilier avec vous, mais simplement savoir au juste si, après les événements de ce soir, vous avez l'intention de continuer votre intimité avec...

—Oh par pitié, interrompit la maîtresse, en tapant du pied, par pitié, finissez-en pour maintenant! Votre sang toujours froid ne connaît pas la fièvre; vos veines sont pleines d'eau gelée, mais les miennes sont bouillantes et la vue de tant de froideur les fait danser encore plus vite.

—Si vous voulez que je vous débarrasse de ma présence, continua M. Linton, répondez à ma question. Il faut que vous y répondiez, et cette violence ne m'alarme pas. J'ai découvert que vous pouviez être aussi stoïque qu'une autre quand il vous plaisait. Voulez-vous désormais abandonner Heathcliff ou moi? Il est impossible que vous soyez en même temps son amie et la mienne; et j'ai absolument besoin de savoir lequel des deux vous choisirez.

—Et moi, j'ai besoin d'être laissée seule! s'écria Catherine d'un ton furieux. Je l'exige; ne voyez-vous pas que je puis à peine me tenir debout? Edgar, laissez-moi.

Elle tira la sonnette jusqu'à la briser, et j'entrai avec le plus de calme que je pus. Cela aurait suffi pour mettre à bout l'humeur d'un saint, ces rages affolées et méchantes.

Elle était étendue, frappant de sa tête contre le bras du sofa, et grinçant des dents comme si elle voulait les écraser. M. Linton se tenait debout, la considérant avec une expression soudaine d'inquiétude et de regret. Il me dit d'aller chercher un peu d'eau, car elle n'avait plus de souffle pour parler. Je rapportai un verre plein, et comme elle ne voulait pas boire, je le lui jetai sur la figure; en quelques secondes, nous la vîmes devenir roide, renverser les yeux, tandis que ses joues, tout d'un coup livides, prenaient l'aspect de la mort. Linton était terrifié.

—Cela n'a pas d'importance, murmurai-je. Je voulais l'empêcher de céder, tout en me sentant effrayée dans mon cœur.

—Mais elle a du sang sur ses lèvres! dit-il en frissonnant.

—Oh, ne vous en occupez pas, répondis-je sèchement. Et je lui dis comment, avant qu'il n'arrivât, elle avait pris la résolution d'avoir une crise de fureur. J'eus l'imprudence de lui faire ce rapport à haute voix, et elle m'entendit; car elle se dressa, ses cheveux volant sur ses épaules, ses yeux étincelant, les muscles de son cou et de ses bras faisant saillie d'une façon extraordinaire. Je me résignais à avoir au moins quelques os brisés; mais elle ne fit que regarder autour d'elle quelques instants, et s'élança hors de l'appartement. Le maître m'ordonna de la suivre, et je le fis, jusqu'à la porte de sa chambre; mais elle m'empêcha d'y entrer en s'enfermant à clé.

Le lendemain matin, comme elle ne faisait pas mine de vouloir descendre pour le déjeuner, je montai lui demander si elle voulait que je lui apporte son déjeuner dans sa chambre.

—Non! répondit-elle d'un ton péremptoire. Je répétai la même question et reçus la même réponse au dîner et au thé, et aussi le matin d'après. M. Linton de son côté passait son temps dans la bibliothèque, sans s'informer de ce que faisait sa femme. Il avait eu une heure d'entretien avec Isabella, et avait fait tout son possible pour arracher d'elle l'expression du sentiment d'horreur que devaient lui avoir inspiré les avances d'Heathcliff; mais il ne put avoir d'elle que des réponses évasives, et dut clore l'examen sans avoir satisfaction. Il ajouta seulement, de la façon la plus formelle, que si elle était assez déraisonnable pour encourager cet indigne prétendant, cela suffirait pour rompre tout lien de parenté entre elle et lui.

CHAPITRE IX

Pendant que Miss Linton errait dans le parc et le jardin, toujours silencieuse et presque toujours en larmes, et pendant que son frère restait enfermé parmi des livres qu'il n'ouvrait jamais, gardant sans cesse, je suppose, un vague espoir que Catherine se repentirait de sa conduite et viendrait d'elle-même lui demander pardon et chercher à se réconcilier; et pendant qu'elle s'obstinait à jeûner, avec l'idée sans doute que, à chaque repas, Edgar était prêt à étouffer de ne pas la voir et que l'orgueil seul le retenait d'aller se jeter à ses pieds; je continuais, moi, à m'occuper de mes devoirs de ménage, convaincue que la Grange n'avait dans ses murs qu'une seule âme sensée, et que celle-là était logée dans mon corps. Je ne répandais pas mes condoléances sur la demoiselle ni mes supplications sur ma maîtresse; et je ne faisais pas grande attention aux soupirs de mon maître, qui avait soif d'entendre le nom de sa dame, depuis qu'il ne pouvait plus entendre sa voix. Je résolus de les laisser en venir à bout comme il leur plairait; et bien que ce fut un procédé d'une lenteur fatigante, il me sembla enfin qu'il allait amener de bons résultats.

Le troisième jour, Madame Linton ouvrit sa porte, et, ayant épuisé toute sa provision d'eau, en désira une nouvelle, en même temps qu'un pot de tisane, car elle croyait qu'elle allait mourir. Je vis bien que c'était là un discours destiné aux oreilles d'Edgar; et comme je ne croyais pas qu'elle dit vrai, je le gardai pour moi, me contentant de lui apporter du thé et du pain grillé. Elle mangea et but avec empressement; puis elle retomba sur son oreiller en se tordant les mains et en grommelant: «Oh! je veux mourir, criait-elle, puisque personne ne se soucie de moi. Je regrette d'avoir mangé cela.» Un bon moment après je l'entendis murmurer: «Non je ne veux pas mourir—il s'en réjouirait—il ne m'aime pas du tout—il ne me regretterait jamais.»

—Avez-vous besoin de quelque chose? madame, demandai-je, gardant toujours mon attitude réservée, malgré son air de fantôme et l'étrange exagération de ses manières.

—Qu'est ce qu'il fait, cet être apathique? demanda-t-elle, en relevant de son visage amaigri les épaisses boucles emmêlées. Est-il tombé en léthargie, ou mort?

—Nullement, répondis-je, si c'est de M. Linton que vous voulez parler. Il va assez bien, je pense, bien que ses études l'absorbent plus qu'il ne faudrait; il est tout le temps parmi ses livres, depuis qu'il n'a pas d'autre société.

Je n'aurais pas parlé de la sorte si j'avais connu son véritable état, mais je ne pouvais me débarrasser de l'idée qu'elle jouait en grande partie un rôle.

—Parmi ses livres, cria-t-elle confondue, et je suis mourante! Au bord du tombeau! Mon Dieu! Sait-il combien je suis changée? continua-t-elle, regardant son image dans un miroir pendu au mur opposé. Est-ce là Catherine Linton! Il s'imagine que je plaisante, que je joue une comédie, peut-être! Ne pouvez-vous pas lui dire que c'est terriblement sérieux? Nelly, si ce n'est pas trop tard, aussitôt que je saurai ses sentiments, je choisirai entre ces deux partis: ou bien de me laisser mourir tout de suite, ce qui ne sera un châtiment pour lui que s'il a encore un cœur, ou bien de recouvrer la santé et de quitter le pays. Ce que vous me dites sur lui, est-ce la vérité? Prenez garde. Est-il réellement tout à fait indifférent au sujet de mon existence?

—Eh! Madame, répondis-je, le maître n'a aucune idée que vous soyez malade; et naturellement il ne craint pas que vous vous laissiez mourir de faim.

—Vous ne me croyez pas? Ne pouvez-vous lui dire que je le ferai? persuadez-le-lui! Parlez pour votre compte, dites que vous êtes sûre que je le ferai.

—Non, vous oubliez, Madame Linton que vous avez mangé ce soir avec plaisir et que demain vous en sentirez les bons effets.

—Si seulement j'étais certaine de me tuer ainsi, interrompit-elle, je me tuerais aussitôt! Ces trois affreuses nuits, je n'ai pas fermé les yeux, et oh! j'ai été torturée, j'ai été hantée, Nelly! Mais je commence à m'imaginer que vous ne m'aimez pas. Comme c'est étrange! Je pensais que, bien que tous se détestaient et se méprisaient l'un l'autre, personne ne pouvait s'empêcher de m'aimer, et en quelques heures, tous sont devenus mes ennemis; tous assurément, tous ceux d'ici. Comme c'est terrible de mourir entourée par leurs froides figures! Isabella, terrifiée et écœurée, ayant peur d'entrer dans la chambre: ce serait si affreux de voir mourir Catherine! Et Edgar se tenant debout solennellement à mon chevet pour me voir mourir, et alors offrant des prières de remerciement à Dieu pour avoir remis la paix dans sa maison, et s'en retournant à ses livres. Au nom du ciel, qu'a-t-il donc à faire avec ses livres pendant que je suis en train de mourir?

Elle ne pouvait se faire à cette idée que je lui avais mise dans la tête, de la résignation philosophique de M. Linton. À force de la retourner, son irritation fiévreuse devint de la folie, et elle se mit à déchirer l'oreiller avec ses dents; puis, se relevant toute brûlante, elle désira avoir la fenêtre ouverte. Nous étions au milieu de l'hiver, le vent soufflait violent du nord-ouest, et je refusai de lui obéir. Les expressions qui se succédaient sur sa figure, et les changements de ses humeurs commençaient à m'alarmer sérieusement: je me rappelais sa première maladie, et comment le docteur avait recommandé de ne pas la contrarier. Une minute auparavant, elle était violente; maintenant mollement accoudée et sans relever mon refus de lui obéir, elle paraissait trouver une distraction enfantine à tirer les plumes de l'oreiller par les déchirures qu'elle avait faites, et à les ranger suivant leurs différentes espèces.

—Ceci est d'un dindon, se murmurait-elle à elle-même, et ceci d'un canard sauvage; et ceci d'un pigeon. Ah! ils mettent des plumes de pigeon dans l'oreiller—rien d'étonnant à ce que je ne puisse pas mourir.

—Laissez cette besogne d'enfant, lui dis-je, lui enlevant l'oreiller et retournant les trous du côté du matelas, car elle enlevait maintenant les plumes par poignées.

Recouchez-vous et fermez vos yeux, vous délirez. Voilà une moisson, le duvet vole comme de la neige!

J'allais ça et là le ramassant.

—Nelly, poursuivit-elle d'une voix rêveuse, je vois en vous une vieille femme, vous avez des cheveux gris et les épaules courbées. Ce lit est la cave des fées sous Penniston Crag, et vous êtes en train de recueillir des boucles de follets pour mettre à mal nos génisses, et vous prétendez, parce que je suis là, que ce sont seulement des flocons de laine. Voilà à quoi vous en serez dans cinquante ans d'ici, car je sais que vous n'êtes pas ainsi maintenant. Je ne délire pas, vous vous trompez, car j'ai conscience qu'il est nuit, et qu'il y a deux chandelles sur la table qui font reluire l'armoire sombre comme du jais.

—L'armoire? où est-elle, demandai-je; vous parlez dans votre sommeil?

—Elle est contre le mur, comme toujours. Elle a un air étrange: j'y vois une figure.

—Il n'y a pas d'armoire dans la chambre, et jamais il n'y en a eu, dis-je, me rasseyant: et je soulevai le rideau pour pouvoir l'observer.

—Ne voyez-vous pas cette figure? demanda-t-elle, regardant fixement le miroir.

J'eus beau dire, je ne pus lui faire comprendre que c'était sa figure à elle. Je me levai et le couvris d'un châle.

—Elle est toujours derrière! poursuivit-elle avec anxiété, et elle a bougé. Qui est-ce? J'espère qu'elle ne va pas sortir quand vous serez partie. Oh Nelly, la chambre est hantée! J'ai peur d'être seule.

Je pris sa main dans la mienne et lui ordonnai de se tranquilliser, car une série de tressaillements la convulsaient, et elle tenait à garder son regard fixé sur le miroir.

—Il n'y a personne ici, insistai-je, c'était vous même, Madame Linton: vous l'avez reconnu il y a un moment.

—Moi-même! Et l'horloge sonne minuit! C'est vrai alors, que c'est effrayant.

Ses doigts ramassèrent les draps et les amoncelèrent sur ses yeux. Je fis un effort pour aller vers la porte avec l'intention d'appeler son mari, mais je fus ramenée en arrière par un cri perçant: le châle était tombé du miroir.

—Eh quoi, qu'est-ce qu'il y a, criai-je? Qu'est-ce qui la prend à présent? Réveillez-vous. C'est la glace, le miroir, Mme Linton; et c'est vous-même que vous y voyez, et me voilà moi aussi, à côté de vous.

Tremblante et égarée, elle me retenait fiévreusement, mais l'expression d'horreur avait par degrés disparu de sa figure, sa pâleur était remplacée par une rougeur de honte.

—Oh chère! je croyais que j'étais à la maison, couchée dans ma chambre à Wuthering Heights. Je suis si faible que mon cerveau s'est troublé et que j'ai crié sans en avoir conscience. Ne dites rien, mais restez avec moi. J'ai peur de dormir.

—Un bon sommeil vous fera bien, madame, répondis-je, et j'espère que ces souffrances vous empêcheront de recommencer à vous laisser mourir de faim.

—Oh si j'étais seulement dans mon lit, dans la vieille maison! continua-t-elle amèrement, en se tordant les mains. Et ce vent qui souffle dans les pins! Laissez-moi le sentir, il vient tout droit de la lande, laissez-moi en avoir un souffle!

Pour la calmer, j'entr'ouvris quelques secondes la fenêtre. Une brise froide s'élança dans la chambre; je refermai et revins à mon poste. À présent, elle était couchée tranquille, le visage baigné de larmes. L'épuisement du corps avait entièrement dompté son esprit: notre ardente Catherine ne valait pas mieux qu'un enfant pleurant.

—Combien y a-t-il de temps que je me suis enfermée ici? demanda-t-elle, revivant tout à coup.

—C'était lundi soir, répondis-je, et nous sommes jeudi soir, ou plutôt vendredi matin.

—Quoi, de la même semaine! s'écria-t-elle; seulement si peu de temps!

—C'est un temps assez long, pour ne vivre que d'eau froide et de mauvaise humeur, observai-je.

—Eh bien, il me semble qu'il y a un nombre d'heures terrible, murmura-t-elle avec un accent de doute; il doit y avoir plus longtemps. Je me rappelle que j'étais dans le parloir après leur dispute, et qu'Edgar m'a cruellement provoquée, et que je me suis enfuie désespérée dans cette chambre. Aussitôt que j'eus barré la porte, une obscurité absolue s'abattit autour de moi et je tombai sur le plancher. Je ne pouvais expliquer à Edgar combien j'étais certaine d'avoir un accès, ou de devenir folle furieuse, s'il s'obstinait à me vexer. Je n'avais aucun empire sur ma langue ni mon cerveau, et lui peut-être ne devinait pas mon agonie; c'est à peine si j'ai eu assez de sens pour essayer d'échapper à lui et à sa voix. Avant que je me sois remise assez pour voir et entendre, il commença à faire sombre, et, Nelly, je vais vous dire ce que j'ai pensé, et ce qui a continué à me repasser dans l'esprit au point que j'ai craint pour ma raison. Pendant que j'étais couchée là, avec ma tête contre ce pied de table, et mes yeux discernant vaguement le carré gris, de la fenêtre, il me sembla que j'étais à la maison, enfermée dans le lit aux panneaux de chêne; et mon cœur souffrait de quelque grande souffrance que je n'ai pu me rappeler en me réveillant. Je songeais et m'épuisais pour découvrir ce que ce pouvait être et, chose très étrange, toutes les sept dernières années de ma vie s'étaient effacées de mon esprit. Je ne me rappelais même pas qu'elles eussent existé. J'étais un enfant; mon père venait d'être enterré, ma misère naissait de la séparation qu'avait ordonnée Hindley entre Heathcliff et moi. Pour la première fois, je me trouvais couchée seule; et, m'éveillant d'un sommeil désagréable après une nuit de larmes, je soulevai ma main pour repousser les panneaux; ma main frappa la planche de cette table, la fit glisser le long du tapis, et alors ma mémoire me revint tout d'un coup; mon angoisse récente s'engloutit dans un paroxysme de désespoir. Je ne puis dire pourquoi je me sentais si affreusement misérable; ce doit avoir été un instant de folie, car il n'y a guère de quoi. Mais de supposer qu'à douze ans, j'aie été privée des Heights, et de tous mes liens d'autrefois, et de mon tout, comme Heathcliff l'était à ce moment, et que j'aie été convertie tout à coup en Madame Linton, la maîtresse de Thrushcross Grange et la femme d'un étranger; une exilée, une bannie de ce qui avait été mon monde! Vous faites-vous une idée de l'abîme où je roulais? Vous pouvez secouer la tête, Nelly, c'est vous qui avez aidé à mon malheur. Vous auriez dû parler à Edgar et le forcer à me laisser en paix. Oh, je brûle! Je voudrais être de nouveau une jeune fille, à demi sauvage et hardie et libre, et me riant des injures au lieu d'en être affolée. Pourquoi suis-je si changée? Je suis sûre que je redeviendrais moi-même si je pouvais me retrouver sur la bruyère de ces collines. Rouvrez la fenêtre toute grande; laissez-la ouverte. Vite, pourquoi ne bougez-vous pas?

—Parce que je ne veux pas vous faire mourir en vous laissant prendre froid.

—Dites plutôt que vous ne voulez pas me donner une chance de vie, reprit-elle d'un ton sombre. Pourtant, je puis encore m'aider moi-même: je vais ouvrir.

Et, se glissant hors du lit avant que j'aie pu l'en empêcher, elle traversa la chambre d'un pas incertain, ouvrit vivement la fenêtre, et se pencha dehors, sans souci de l'air glacial qui frappait ses épaules comme un couteau. Je la menaçai, et enfin j'essayai de la forcer à se retirer. Mais je vis bientôt que son délire lui avait donné une force bien au-dessus de la mienne; car elle était en délire j'en fus convaincue par la suite de ses actions et de ses discours. Il n'y avait pas de lune, et toutes choses à l'entour reposaient dans une obscurité brumeuse; pas une lumière ne brillait près ou loin, sans compter que les lumières de Wuthering Heights n'étaient jamais visibles de là, et cependant elle affirmait qu'elle les voyait reluire.

—Regardez, criait-elle fiévreusement, voilà ma chambre avec la chandelle allumée et les arbres que le vent agite; et l'autre chandelle est dans le grenier de Joseph. Joseph veille très tard, n'est-ce pas? Il attend que je revienne pour fermer la grand'porte. Eh bien, il attendra encore un moment; c'est un dur voyage et j'ai le cœur triste pour le faire; et il faut que nous passions aujourd'hui par le cimetière de Gimmerton. Souvent nous avons bravé ensemble ses fantômes et nous nous sommes encouragés l'un l'autre à nous tenir debout parmi les tombes et à les appeler. Mais, Heathcliff, si je vous y encourage maintenant, l'oserez-vous? Si vous le faites, je vous garderai. Je ne veux pas rester seule étendue ici; ils peuvent m'enterrer à douze pieds sous la terre, et abattre l'église sur moi, je n'aurai pas de repos jusqu'à ce que vous soyez avec moi, non, jamais!

Elle s'arrêta, et reprit avec un étrange sourire: «Il hésite, il aimerait mieux me voir venir à lui! Alors, trouvez un moyen, et pas par ce cimetière! Comme vous êtes lent! Soyez content, vous m'avez toujours suivie.»

Comprenant qu'il était vain de raisonner contre sa folie, je me demandais comment je pourrais saisir quelque chose pour la couvrir sans cesser de la tenir, car je ne pouvais la laisser seule auprès de cette fenêtre ouverte, quand, à ma consternation, j'entendis le loquet de la porte se soulever et M. Linton entra. Il ne faisait que de descendre de la bibliothèque; en passant dans le corridor, il avait remarqué notre conversation et avait été attiré par la curiosité, ou la peur, et il était entré pour voir ce que cela signifiait à une heure aussi tardive.

—Oh, monsieur, criai-je, en réponse à l'exclamation sortie de ses lèvres devant le spectacle qu'il voyait, ma pauvre maîtresse est malade et je ne puis absolument rien sur elle; venez, je vous en prie, et persuadez-la d'aller au lit. Oubliez votre colère, car elle est difficile à mener dans une autre voie que la sienne.

—Catherine malade! dit-il, se hâtant vers nous. Fermez la fenêtre, Ellen! Catherine, pourquoi?... Il se tut; l'apparence hagarde de Madame Linton l'empêcha de parler et il ne put que promener d'elle sur moi un regard d'horreur stupéfaite.

—Elle est restée à s'agiter ici, continuai-je, sans presque rien manger, et sans jamais se plaindre. Elle n'a voulu laisser entrer personne jusqu'à ce soir, de sorte que nous n'avons pas pu vous informer de son état, ne le connaissant pas nous-mêmes, mais ce n'est rien.

Je sentis que je donnais ces explications de la façon la plus gauche; le maître fronça les sourcils.

—Ce n'est rien, dites-vous, Ellen Dean? me répondit-il durement. Il faudra pourtant que vous m'expliquiez plus clairement pourquoi vous m'avez laissé dans l'ignorance de ceci!

Et il prit sa femme dans ses bras, et la considéra avec angoisse.

Elle d'abord ne parut pas le reconnaître; il était invisible à ses yeux égarés. Pourtant son délire pouvait changer de sujet; cessant de contempler la nuit au dehors, elle concentra par degrés son attention sur lui, et finit par découvrir qui c'était qui la retenait.

—Ah, vous voici venu, n'est-ce pas, Edgar Linton? dit-elle avec une animation fâchée. Vous êtes une de ces choses que l'on trouve toujours quand on en a le moins besoin, et jamais quand il faudrait. Je suppose que nous allons avoir à présent une abondance de lamentations, je vois bien que nous allons l'avoir; mais elles ne m'empêcheront pas d'aller dans mon étroite maison là-bas, mon lieu de repos, où je me suis engagée à être avant la fin du printemps. C'est là-bas, entendez-vous, non parmi les Linton, sous le toit de la chapelle, mais en plein air, avec une pierre en tête; et vous aurez à choisir pour aller soit vers eux ou vers moi.

—Catherine, qu'avez-vous fait? commença le maître, ne suis-je plus rien pour vous? Aimez-vous vraiment ce misérable Heath....

—Silence! cria Madame Linton, silence en ce moment! Mentionnez ce nom encore une fois et je termine l'affaire aussitôt en me jetant par la fenêtre. Ce que vous touchez à présent, vous pouvez l'avoir, mais mon âme sera au bas de cette colline avant que vous ne remettiez la main sur moi. Je n'ai pas besoin de vous, Edgar, j'ai fini d'avoir besoin de vous. Retournez à vos livres, je suis heureuse que vous possédiez une consolation, car tout ce qui était à vous en moi s'est enfui.

—Son esprit divague, monsieur, hasardai-je; elle a déliré toute la soirée; mais laissez-la avoir du repos et une surveillance convenable, et elle se remettra. Désormais, nous aurons à être plus prudents quand il s'agira de la contrarier.

—Je ne désire désormais aucun avis de vous, répondit M. Linton; vous connaissiez la nature de votre maîtresse et vous m'avez encouragé à la tourmenter. Et ne pas me dire un mot qui me fasse soupçonner comment elle a été pendant ces trois jours, c'est vraiment manquer de cœur! Des mois de maladie n'auraient pas causé un tel changement!

Je commençai à me défendre moi-même, jugeant trop mauvais d'être blâmée pour la perversité d'une autre.

—Je savais que Madame Linton avait une nature impérieuse et obstinée, criai-je, mais je ne savais pas que vous désiriez encourager la sauvagerie de son caractère. Je ne savais pas que, pour lui être agréable, j'aurais dû sourire à M. Heathcliff. J'ai rempli le devoir d'une domestique fidèle en vous faisant mon rapport, et voici que je touche vraiment les gages d'une domestique fidèle! Eh bien, j'y prendrai garde la prochaine fois. La prochaine fois, vous aurez à vous renseigner vous-même.

—La prochaine fois que vous me ferez un rapport semblable, vous quitterez mon service, Ellen Dean, répliqua-t-il.

—Je suppose qu'alors vous préférez ne rien savoir de l'affaire? monsieur Linton, dis-je. Heathcliff a votre permission pour venir faire la cour à Miss, et pour entrer dans la maison dès que vous êtes absent, dans le but d'empoisonner la maîtresse contre vous!

Confuses qu'elles étaient, les pensées de Catherine s'appliquaient à suivre notre conversation.

—Ah! Nelly m'a trahie! s'écria-t-elle passionnément; Nelly est mon ennemie cachée. Vous, sorcière! Laissez-moi aller vers elle et je la ferai se repentir!

Une manie furieuse s'allumait dans ses yeux; elle luttait désespérément pour se dégager des bras de Linton. Je ne me sentais nullement disposée à risquer l'événement; et je quittai la chambre, prenant sur ma responsabilité d'aller chercher le secours du médecin.

En traversant le jardin pour arriver à la route, à un endroit où est enfoncé dans le mur un crochet à bride, je vis quelque chose de blanc qui faisait des mouvements irréguliers, poussé évidemment par autre chose que le vent. Malgré ma hâte, je m'arrêtai pour l'examiner, afin de ne pas avoir à m'imaginer plus tard que c'était une apparition de l'autre monde. Grandes furent ma surprise et ma perplexité en découvrant, par le toucher plus que par la vue, le lévrier de Miss Isabella, Fanny, suspendu à un mouchoir, et tout près d'étouffer. Je m'empressai de relâcher l'animal et de le conduire au jardin. Je l'avais vu suivre sa maîtresse dans sa chambre quand elle était allée au lit; et je me demandais comment il pouvait être descendu là et quelle méchante personne avait pu le traiter de la sorte. Pendant que je détachais le mouchoir du crochet, il me sembla saisir à plusieurs reprises le bruit de pas de chevaux galopant à quelque distance; mais il y avait tant de choses pour occuper mes réflexions que c'est à peine si j'accordai une pensée à cette circonstance, bien que ce fut un bruit étrange, en ce lieu, à deux heures du matin.

M. Kenneth, par bonheur, sortait justement de chez lui pour voir un malade dans le village, au moment où j'arrivai; et le récit que je lui fis de la maladie de Catherine Linton le détermina à m'accompagner aussitôt à la Grange. C'est un homme simple et rude; il ne se fit pas scrupule de me dire combien il doutait qu'elle survécût à cette seconde attaque, à moins qu'elle ne se montrât plus soumise à sa direction qu'elle n'avait fait auparavant.

—Nelly Dean, dit-il, je ne puis m'empêcher de supposer qu'il y a à cela une cause exceptionnelle. Que s'est-il passé à la Grange? On nous a rapporté ici des choses singulières. Une fille solide et courageuse comme Catherine ne tombe pas malade pour une bagatelle; comment cela a-t-il commencé?

—Le maître vous en informera, répondis-je; mais vous connaissez les dispositions violentes des Earnshaw, et Madame Linton les possède toutes. Ce que je puis vous dire, c'est que tout a commencé par une querelle. Pendant une tempête de passion, elle a été frappée d'une sorte d'accès. C'est du moins son explication à elle, car elle s'est enfuie au plus fort de sa crise et s'est enfermée. Après cela, elle a refusé de manger, et maintenant tantôt elle divague, et tantôt reste dans un demi-sommeil; reconnaissant les personnes qui l'entourent, mais ayant l'esprit rempli de toutes sortes d'idées et d'illusions.

—M. Linton va être bien affligé? observa Kenneth.

—Affligé? Il se brisera le cœur si quelque chose arrive! répondis-je; ne l'alarmez pas plus que de nécessité.

—Eh bien, je lui ai dit de prendre garde, dit le médecin, et il aura à supporter la conséquence d'avoir négligé mon avertissement. N'a-t-il pas été intime avec M. Heathcliff, ces temps derniers?

—Heathcliff vient souvent à la Grange, répondis-je, bien que ce soit plutôt parce que la maîtresse l'a connu autrefois que parce que le maître aime sa compagnie. Mais à présent, il est débarrassé de l'embarras de venir, et cela à cause de certaines aspirations présomptueuses vers Miss Linton. J'ai peine à croire qu'on le reçoive de nouveau.

—Et est-ce que Miss Linton lui a tourné le dos?

—Je ne suis pas dans sa confidence, répondis-je, répugnant à continuer ce sujet.

—Non, c'est une personne renfermée, remarqua-t-il en secouant la tête; elle ne prend avis que d'elle-même. Mais elle est réellement une petite folle. Je tiens d'une bonne autorité que, la nuit passée, elle et Heathcliff se promenaient dans la plantation derrière votre maison, vers deux heures; et il la pressait de ne pas rentrer dans la maison, mais de monter sur son cheval et de partir avec lui. Celui qui m'a rapporté ce fait m'a dit que la jeune fille n'avait pu faire cesser ses instances qu'en donnant sa parole d'honneur d'être prête lors du prochain rendez-vous; quand il doit avoir lieu, on ne l'a pas entendu; mais vous devez presser M. Linton de faire bonne garde.

Ces nouvelles ajoutèrent à mes frayeurs; je dépassai Kenneth, et c'est en courant que je fis la plus grande partie du chemin de retour. Le petit chien aboyait dans le jardin. Je perdis une minute pour lui ouvrir la porte, mais au lieu d'aller vers la maison, il continua à courir çà et là, reniflant l'herbe, et il se serait enfui sur la route si je ne l'avais pas saisi et emporté avec moi. En entrant dans la chambre d'Isabella, je vis mes soupçons confirmés; la chambre était vide. Si j'avais pu la prévenir il y a quelques heures, la maladie de Madame Linton aurait peut-être arrêté sa démarche irréfléchie. Mais à présent, que faire? Il y avait bien une possibilité de les surprendre en se mettant aussitôt à leur poursuite; mais moi-même je ne pouvais les poursuivre, et je n'osais pas mettre la maison en émoi, la remplir de confusion, et encore moins dévoiler la chose à mon maître, absorbé qu'il était dans l'autre malheur, et n'ayant plus de cœur de reste pour celui-là. Je ne vis rien d'autre à faire que de me taire et de laisser prendre aux choses leur cours naturel; et lorsque Kenneth arriva, je me fis de mon mieux une contenance pour aller l'annoncer. Catherine couchée dormait d'un sommeil agité; son mari avait réussi à calmer l'excès de frénésie; maintenant il était appuyé au-dessus de l'oreiller, observant toutes les ombres et tous les changements de sa figure.

Le médecin, après avoir examiné le cas, exprima l'espoir d'une issue favorable, si seulement nous pouvions maintenir autour de la malade une tranquillité parfaite et constante. Mais il me dit ensuite à moi que le danger qui menaçait n'était pas autant la mort que la folie définitive.

Je ne fermai pas l'œil de cette nuit, non plus que M. Linton. Nous ne nous étions pas couchés. Le lendemain matin les domestiques se levèrent avant l'heure habituelle, marchant à travers la maison d'un pas furtif, et échangeant des murmures quand ils se rencontraient. Chacun était debout, excepté Miss Isabella, et l'on commença à s'étonner de la durée de son sommeil. Son frère me demanda si elle n'était pas levée et parut impatient de la voir, froissé aussi du peu d'anxiété qu'elle montrait pour l'état de sa belle-sœur. Je tremblai à l'idée qu'il pouvait m'ordonner d'aller la chercher; mais le ciel m'épargna l'angoisse d'être la première à révéler sa fuite. Une des servantes, une fille insouciante qui était allée de bonne heure faire une commission à Gimmerton, arriva toute essoufflée dans la chambre, la bouche ouverte, criant:

—Oh chère, chère! Qu'est-ce qui va nous arriver maintenant! Maître, maître, notre jeune dame...

—Taisez-vous! lui criai-je, enragée de cette attitude bruyante.

—Parlez plus bas, Marie—de quoi s'agit-il? demanda M. Linton; qu'est-ce qui est arrivé à votre jeune dame?

—Elle est partie, elle est partie! Ce Heathcliff s'est enfui avec elle.

—Ce n'est pas vrai! s'écria Linton, se levant tout agité. Cela ne peut pas être; comment cette idée est-elle entrée dans votre tête? Ellen Dean, allez la chercher! C'est incroyable, c'est impossible!

En parlant, il entraînait la servante avec lui vers la porte, et lui demandait de nouveau les raisons qu'elle avait pour faire cette assertion.

—Eh bien, j'ai rencontré sur le chemin, bredouilla-t-elle, le garçon qui vient chercher le lait ici, et il m'a demandé si nous n'étions pas dans l'embarras à la Grange. Je pensais qu'il voulait parler de la maladie de madame, et je répondis oui. Alors il me dit: «On a envoyé quelqu'un les poursuivre, n'est-ce pas?» Je le regardais avec étonnement. Alors, voyant que je ne savais rien, il me dit comment un gentleman et une dame avaient fait halte chez un forgeron, à deux milles de Gimmerton, pour faire rattacher un fer à un cheval; et la fille du forgeron étant allée voir qui c'était, il se trouva qu'elle les connaissait lui et elle. Elle remarqua que l'homme mettait un souverain en paiement dans la main de son père. La dame avait un manteau sur sa figure; mais elle a demandé un verre d'eau, et, pendant qu'elle buvait, le manteau est tombé, de sorte qu'on l'a vue très distinctement. Heathcliff tenait les deux brides, et tous deux essayaient de cacher leur figure dans le village, et allaient aussi vite que la route le permettait. La fille n'a rien dit à son père, mais elle l'a dit ce matin à tout Gimmerton en arrivant.

Je courus pour la forme dans la chambre d'Isabella, je ne pus que confirmer la triste nouvelle. M. Linton avait repris son siège auprès du lit, lorsque je rentrai; il leva ses yeux vers moi, comprit la signification des miens, et baissa la tête sans donner un ordre ni prononcer un mot.

—Allons-nous essayer de les surprendre et de la ramener? demandai-je. Comment pourrions-nous faire?

—Elle est partie de son gré, répondit le maître, elle avait le droit de partir s'il lui plaisait. Ne me dérangez pas davantage à son sujet. Désormais elle n'est ma sœur que de nom, et non parce que je la désavoue, mais parce qu'elle m'a désavoué.

Et ce fut tout ce qu'il dit sur cette matière; il ne lui arriva jamais les jours suivants de faire une seule question, ni de mentionner sa sœur en aucune façon, sauf pour m'ordonner d'envoyer tout ce qu'elle avait à elle dans sa maison à sa nouvelle adresse, dès que je la connaîtrais.

CHAPITRE X

Deux mois les fugitifs restèrent absents. Pendant ces deux mois, Madame Linton traversa la crise d'une terrible fièvre cérébrale. Jamais une mère n'aurait soigné son unique enfant avec autant d'attention qu'Edgar en mettait à la soigner. Jour et nuit, il veillait, endurant patiemment tous les ennuis que pouvaient infliger des nerfs irritables et une raison ébranlée; et malgré que Kenneth lui eût affirmé que ce qu'il sauvait du tombeau ne le récompenserait qu'en devenant pour lui dans l'avenir une source constante d'anxiété, en d'autres termes, qu'il avait sacrifié sa santé et sa force pour préserver une simple ruine humaine; pourtant sa joie et sa reconnaissance furent infinies lorsque la vie de Catherine fut déclarée hors de danger. Sans interruption, il restait assis à côté d'elle, suivant tous les degrés du retour à la santé physique, et se flattant de l'espoir que l'esprit aussi allait reprendre sa santé coutumière.

La première sortie qu'elle fit de sa chambre fut au commencement du mois de mars suivant. M. Linton avait mis sur son oreiller ce matin-là une poignée de fleurs de safran doré, et l'œil de la jeune femme, depuis longtemps étranger à tout spectacle agréable, parut enchanté de voir ces fleurs en s'éveillant.

—Ce sont toujours elles qui fleurissent les premières aux Heights. Elles me rappellent la brise délicate du dégel, et les chauds rayons du soleil, et la neige presque fondue. Edgar, est-ce que le vent ne souffle pas du sud, et est-ce que la neige n'est pas à peu près partie?

—Ici la neige est tout à fait partie, ma chérie, répondit M. Linton, et je vois seulement deux taches blanches sur toute l'étendue des landes. Le ciel est bleu et les alouettes chantent et les ruisseaux sont pleins à déborder. Catherine, le printemps dernier, il y a un an, je ne pensais qu'à vous avoir sous ce toit; et maintenant je voudrais que vous soyez à un mille ou deux sur ces collines, l'air y souffle si doux, je sens que cela vous guérirait.

—Je ne serai plus là-bas qu'une fois, désormais, dit la malade, et alors vous m'y laisserez et j'y resterai pour toujours. Le printemps prochain, vous souhaiterez de nouveau de m'avoir sous ce toit, et vous regarderez en arrière, et vous songerez que vous avez été heureux aujourd'hui.

Linton lui prodigua les meilleures caresses et essaya de l'égayer par les paroles les plus tendres; mais elle, regardant vaguement les fleurs, elle laissa, sans y faire attention, les larmes se recueillir dans ses yeux et couler le long de ses joues. Nous savions qu'elle allait vraiment mieux; aussi nous parut-il que cette dépression pouvait provenir beaucoup d'une longue réclusion dans une même chambre, et qu'il y avait chance de l'en guérir en lui faisant changer de place. Le maître m'ordonna d'allumer du feu dans le parloir, déserté depuis bien des semaines, et de mettre une chaise longue auprès de la fenêtre, à l'endroit où donnait le soleil; cela fait, il la descendit. Elle resta assise un long moment à jouir de la bonne chaleur, et, comme nous nous y étions attendus, la vue des objets qui l'entouraient la fit revivre: objets qui, tout en lui étant familiers, étaient libres des souvenirs lugubres qui s'étaient attachés à sa chambre de malade. Le soir venu, elle parut très épuisée; mais aucun argument ne put la décider à retourner dans sa chambre, et j'eus à arranger pour elle le sofa du parloir, en attendant qu'une autre chambre lui fut préparée. Pour obvier à la fatigue de monter et de descendre l'escalier, nous l'installâmes dans cette chambre-ci, où vous êtes à présent, au même étage que le parloir; et bientôt elle se sentit assez forte pour aller d'une chambre à l'autre, en s'appuyant sur le bras d'Edgar. Ah! je pensais bien à présent qu'elle allait recouvrer la santé, cette santé si espérée autour d'elle. Et il y avait une double cause pour la désirer, car de l'existence de Catherine dépendait celle d'une autre personne. M. Linton pourrait se réjouir de la naissance d'un héritier, et ses terres seraient ainsi affranchies de la griffe d'un étranger.

J'aurais dû vous dire que, environ six semaines après son départ, Isabella avait envoyé à son frère une courte note annonçant son mariage avec Heathcliff. La note était sèche et froide; mais tout en bas il y avait, griffonnée au crayon, une confuse apologie, et la demande d'un bon souvenir et d'une réconciliation, si sa conduite l'avait offensé. Elle affirmait qu'elle ne pouvait maintenant y remédier, ni défaire ce qui était fait. Je crois que Linton ne répondit rien. Quinze jours après, je reçus moi-même une longue lettre qui me parut étrange, venant d'une fiancée à peine sortie de sa lune de miel. Je vais vous la lire, car je l'ai conservée. Toutes les reliques des morts qu'on a aimés sont précieuses.

Chère Ellen,

«Je suis arrivée hier soir à Wuthering Heights où j'ai appris pour la première fois que Catherine a été et est encore malade. Je suppose donc qu'il serait impossible de lui écrire; et mon frère est ou trop fâché ou trop désolé pour répondre à la lettre que je lui ai envoyée. Il faut pourtant que j'écrive à quelqu'un, et n'ayant pas à choisir, je m'adresse à vous.

Informez Edgar que je donnerais le monde pour revoir son visage, que mon cœur est revenu à Trushcross-Grange vingt-quatre heures après que je l'ai quittée, et que c'est là qu'il est en ce moment, plein de chaude tendresse pour lui et pour Catherine. Pourtant je ne puis l'y suivre; il ne faut pas qu'ils m'attendent et je les laisse en tirer les conclusions qu'ils voudront, pourvu seulement qu'ils n'attribuent pas ma conduite à la faiblesse de ma volonté ou de mon affection.

Le reste de la lettre est pour vous seule. Je veux vous demander deux questions. D'abord, comment avez-vous fait pour garder les sentiments généreux de la nature humaine pendant que vous résidiez ici? Je ne vois aucun sentiment que les gens qui m'entourent partagent avec moi.

La seconde question m'intéresse beaucoup: cet homme, ce M. Heathcliff, est-il un homme? Si oui, est-il fou? Et si non, est-il un démon? Je ne veux pas vous dire les raisons qui me font faire cette question; mais je vous supplie de m'expliquer si vous le pouvez qui j'ai épousé, c'est-à-dire quand vous viendrez me voir, et il faut que vous veniez bientôt, Ellen. N'écrivez pas, mais venez, et rapportez-moi quelque chose d'Edgar.

Apprenez maintenant comment j'ai été reçue dans ma nouvelle maison. C'est pour m'amuser que j'insiste sur des sujets tels que le manque de confort extérieur. En réalité, ils ne m'occupent jamais, et je rirais et danserais de joie si je découvrais que leur absence est ma seule misère réelle, et que le reste n'est qu'un mauvais rêve.

Le soleil se couchait derrière la Grange lorsque nous arrivâmes sur la lande, il devait être six heures; mon compagnon s'arrêta une demi-heure pour inspecter le parc et les jardins et probablement le lieu lui-même; de sorte qu'il faisait nuit lorsque nous descendîmes de cheval dans la cour pavée de la ferme, où votre vieux compagnon Joseph sortit pour nous recevoir, s'éclairant d'une chandelle fumeuse. Il s'acquitta de cette mission avec une courtoisie toute à son avantage. D'abord il éleva sa torche au niveau de ma figure, fit une grimace maligne, projeta sa lèvre inférieure, et se détourna; puis il prit les deux chevaux et les conduisit à l'écurie, et reparut de nouveau pour verrouiller la grand'porte, comme si nous vivions dans un château féodal.

Heathcliff s'arrêta pour lui parler et j'entrai dans la cuisine, un trou sale et sans ordre que certainement vous ne reconnaîtriez pas, tant il doit avoir changé depuis votre départ. Auprès du feu se tenait un enfant à la mine canaille, solide dans ses membres et malpropre dans ses vêtements, avec des yeux et une bouche qui rappelaient Catherine.

—Ceci est le neveu légal d'Edgar, pensais-je, et le mien aussi en un sens. Je dois lui serrer la main et—oui—je dois l'embrasser. Il est bon d'établir au début une bonne entente.

Je m'approchai, et, en essayant de prendre son poing calleux, je lui dis:

—Comment allez-vous, mon chéri?

Il répondit dans un jargon que je ne comprenais pas.

—Est-ce que vous et moi nous serons amis, Hareton? repris-je.

Un juron, et la menace de lancer Throttler sur moi si je ne «décampais» pas, voilà ce que j'eus pour me récompenser de ma persévérance.

—Eh! Throttler, mon garçon, murmura le petit misérable réveillant dans un coin un bouledogue à demi-sauvage. Et maintenant, veux-tu t'en aller? demanda-t-il avec autorité.

Toute effrayée, j'obéis: je m'installai sur le seuil pour attendre l'arrivée des autres. M. Heathcliff continuait à ne pas se faire voir et Joseph, que j'avais suivi à l'écurie et prié de m'accompagner, me répondit qu'il avait autre chose à faire et continua son travail, sans cesser de remuer ses lourdes mâchoires, avec un regard de mépris sur ma toilette et ma contenance.

Je fis le tour de la cour et j'arrivai à une autre porte ou je pris la liberté de frapper, dans l'espoir de voir arriver un domestique plus obligeant. Après un moment, la porte fut ouverte par un homme de haute taille, sans cravate, et d'ailleurs extrêmement mal mis; ses traits étaient cachés sous des masses de cheveux touffus; et ses yeux, eux aussi, étaient comme des fantômes de ceux de Catherine, avec toute leur beauté anéantie.

«Qu'est-ce que vous faites ici, me demanda-t-il en grognant. Qui êtes-vous?

—Mon nom était Isabella Linton, répondis-je, vous m'avez vue auparavant, monsieur, je viens d'épouser M. Heathcliff, et c'est lui qui m'a conduite ici, avec votre permission, je suppose.

—Ainsi, il est revenu? demanda le sauvage, avec des yeux de loup affamé.

—Oui, nous venons d'arriver, mais il m'a laissé à la porte de la cuisine, et quand j'ai voulu entrer, votre petit garçon s'est mis en sentinelle et m'a effrayée avec l'aide d'un bouledogue.

—Le damné vilain a bien fait de tenir sa parole! grommela celui qui devait être désormais mon hôte, explorant de l'œil les ténèbres derrière moi avec l'espoir de découvrir Heathcliff; après quoi, il se laissa aller à un monologue d'exécration et de menaces sur ce qu'il aurait fait si le «démon» l'avait trompé.

J'eus regret d'avoir tenté cette seconde entrée, et je songeais à m'éloigner avant qu'il eût fini ses malédictions; mais il m'en empêcha en me forçant d'entrer et en verrouillant de nouveau la porte. Il y avait un grand feu, et c'était la seule lumière pour éclairer l'énorme pièce dont le plancher était devenu d'un gris sale, de même que tous les plats d'étain qui, dans mon enfance, ne manquaient jamais d'attirer mes regards. Je demandai si je pouvais appeler la servante et me faire conduire dans une chambre à coucher. M. Earnshaw ne répondit pas. Il marchait de long en large avec ses mains dans ses poches, paraissant avoir complètement oublié ma présence; il semblait si profondément absorbé, et son aspect général dénotait tant de misanthropie que je ne pus me décider à le déranger de nouveau.

Vous ne serez pas surprise, Ellen, d'apprendre que je me sentais particulièrement triste dans cette compagnie, à ce foyer inhospitalier. Je songeais qu'à quatre milles de là était ma délicieuse maison, contenant les seuls gens que j'aimais sur la terre, mais que ces quatre milles, je ne pourrais jamais les franchir, comme si c'était un océan qui nous séparait. Je me demandais où je pourrais me tourner pour trouver une consolation; et (mais prenez garde de dire cela à Edgar ou à Catherine) je sentis que mon plus grand chagrin était de ne trouver personne qui veuille ou puisse être mon allié contre Heathcliff. C'est presque avec joie que j'avais songé à notre installation aux Heights; je m'imaginais que cette disposition me permettrait de ne plus vivre seule avec lui; mais lui, il connaissait les gens avec qui nous vivrions, et n'avait pas peur qu'ils se mêlent de nos affaires. Je restais assise et songeais douloureusement. La cloche sonna huit heures, puis neuf heures, et toujours mon compagnon allait de long en large, la tête penchée sur la poitrine, et sans émettre d'autre son qu'un grognement ou un juron de temps à autre. J'écoutais pour découvrir une voix de femme dans la maison, et je m'occupais à de terribles regrets et à d'affreuses prévisions, si bien que je ne pus m'empêcher de soupirer et de pleurer. Earnshaw s'arrêta en face de moi, et parut se rappeler ma présence; et moi, profitant de son attention, je lui dis que j'étais fatiguée de mon voyage, et que je le priais de me conduire vers la servante.

—Mais nous n'en avons aucune, me répondit-il; il faudra que vous vous arrangiez vous-même.

—Mais alors, dites-moi ou je dois dormir? sanglotai-je. J'avais perdu tout respect des convenances, écrasée par la fatigue et le chagrin.

—Joseph vous montrera la chambre d'Heathcliff; ouvrez cette porte, il est là.

J'allais obéir, mais soudain il m'arrêta et ajouta, avec le ton le plus singulier: «Soyez assez bonne pour fermer à clé et pour tirer le verrou, ne l'oubliez pas!

—Bien, dis-je. Mais pourquoi, M. Earnshaw?» Je ne pouvais me faire à l'idée de m'enfermer moi-même dans une chambre avec Heathcliff.

—Regardez ceci, me répondit-il en tirant de son gilet un bizarre pistolet, avec un couteau attaché au canon. Voici un grand tentateur pour un homme désespéré, n'est-ce pas? Chaque nuit, je ne puis résister au désir de monter avec cette arme jusqu'à sa porte. Si jamais je la trouve ouverte, c'en est fait de lui. Je le fais invariablement, même si, à la minute d'avant, je me suis rappelé mille raisons pour m'empêcher de le faire; c'est quelque démon qui me pousse à contrarier mes propres desseins en le tuant.

J'observais curieusement l'arme. Et une idée hideuse me frappa: combien je serais puissante en possédant un tel instrument. Je le pris de sa main, le touchai. L'expression de ma figure pendant cette seconde parut l'étonner: il n'y découvrit pas l'horreur, mais l'envie. Il me retira vite le pistolet des mains, ferma le couteau qui y était attaché, et cacha le tout dans son gilet.

—Il m'est indifférent que vous le lui disiez, fit-il. Mettez-le sur ses gardes, et veillez sur lui. Je vois que vous savez en quels termes nous sommes, puisque son danger ne vous choque pas.

—Qu'est-ce donc que Heathcliff vous a fait? demandai-je. En quoi vous a-t-il nui, pour autoriser cette haine mortelle? Ne serait-il pas plus sage de lui ordonner de quitter la maison?

—Non, tonna Earnshaw; s'il faisait mine de me quitter de nouveau, ce serait un homme mort: persuadez-lui de le faire, si vous voulez le tuer. Faudrait-il donc que je perde tout, sans une chance de le regagner? Faudrait-il qu'Hareton devienne un mendiant? Damnation! Je veux ravoir ce qu'il m'a pris, et je veux avoir aussi son or, et aussi son sang; et c'est l'enfer qui aura son âme.

Vous m'avez souvent parlé, Ellen, des habitudes de votre vieux maître. Évidemment, il est sur la pente de la folie, du moins il y était la nuit dernière. Je frissonnais à l'idée de l'approcher; et il me parut que la maussaderie mal élevée du domestique était agréable en comparaison. Earnshaw avait repris sa promenade songeuse, de sorte que je pus tirer le verrou et m'enfuir dans la cuisine. Joseph était penché sur le feu, en train de mêler quelque chose dans une marmite dont le contenu commençait à bouillir. J'avais faim, je résolus que le repas serait mangeable. Aussi, en criant d'une voix aiguë que je voulais faire moi-même le porridge, je m'installai à la place de Joseph, après avoir enlevé mon chapeau et mon amazone.

—M. Earnshaw, dis-je, m'ordonne de m'arranger moi-même; c'est ce que je vais faire, j'aurais trop peur de mourir de faim en faisant la dame parmi vous.

Indifférente aux lamentations de Joseph, je me mis vivement à l'ouvrage, en soupirant au souvenir d'une période où un tel exercice aurait été de ma part une simple plaisanterie. Ma façon de préparer le porridge sembla indigner le vieux drôle, et son indignation grandit encore lorsque je refusai de boire à même après le petit Hareton à un pot de lait qu'on venait d'apporter.

—Je veux avoir mon souper dans une autre chambre, dis-je; n'avez-vous pas ici d'endroit que vous appeliez un parloir?

—Parloir, répliqua-t-il d'un ton sarcastique, parloir? Non, nous n'avons pas de parloir. Si vous n'aimez pas notre compagnie, il y a celle des maîtres; si vous n'aimez pas celle des maîtres, il y a la nôtre.

—Alors, je vais remonter, répondis-je; montrez-moi une chambre.

Je me servis du lait dans un pot; et je fis mine de monter; Joseph me précéda en grommelant dans l'escalier, et nous montâmes au grenier; il ouvrait une porte, çà et là, pour regarder les appartements qu'il m'offrait.

—Voici une chambre, me dit-il enfin; elle est assez bonne pour qu'on puisse y manger un peu de porridge: il y a dans le coin un tas de blé, c'est très propre; si vous avez peur de salir votre robe de soie, vous n'avez qu'à étendre votre mouchoir.

La chambre était une espèce de trou rempli d'une forte odeur de malt et de grain; divers sacs contenant ces substances étaient empilés à l'entour, laissant au milieu un large espace nu.

—Eh quoi! homme, m'écriai-je, le regardant en face d'un air furieux, ceci n'est pas une place pour dormir! Je désire voir ma chambre à coucher.

—Chambre à coucher? répéta-t-il avec son ton de moquerie. Vous voyez toutes les chambres à coucher qu'il y a ici: voici la mienne.

Il me désigna le second grenier, ne différant du premier que par ce que les murs y étaient plus nus et qu'il y avait un grand lit bas et sans rideaux, avec une couverture rouge au pied.

—Qu'ai-je à faire de la vôtre? répliquai-je. Je suppose que M. Heathcliff ne loge pas au grenier?

—Oh, est-ce celle de M. Heathcliff que vous demandiez? cria-t-il, comme s'il faisait une découverte toute nouvelle. Pourquoi ne pas l'avoir dit tout de suite? Je vous aurais expliqué sur place que c'était justement la seule chose que vous ne pouviez pas voir, car il la tient toujours fermée, et personne n'y entre que lui.

—Vous avez ici une maison admirable, Joseph, ne pus-je m'empêcher de déclarer, et des habitants bien agréables; et je crois bien que l'essence concentrée de tout ce qu'il y a de folie dans le monde a envahi mon cerveau le jour où j'ai réuni mon sort aux leurs. Mais ce n'est pas ce qui m'occupe à présent; il y a d'autres chambres. Pour l'amour du ciel, soyez prompt, et laissez-moi m'installer quelque part!

Il ne me fit pas de réponse, mais s'élança dans l'escalier de bois et fit halte devant un appartement qui me parut bien être le meilleur de la maison, malgré l'état de dégradation où il se trouvait. Je me préparais à entrer et à en prendre possession lorsque mon guide m'annonça que c'était la chambre du maître. Cependant, mon souper s'était refroidi, mon appétit évanoui et ma patience épuisée. J'insistai pour avoir aussitôt un lieu de refuge et des moyens de repos.

—Mais où diable voulez-vous qu'on vous mette? Que le seigneur nous pardonne! Vous avez tout vu excepté la petite chambre d'Hareton. Il n'y a pas un autre appartement dans toute la maison!

Mortellement vexée, je jetai par terre le pot que je tenais et je m'assis au pied de l'escalier, cachant ma tête dans mes mains.

Joseph s'éloigna en grognant vers sa tanière, et emporta la lumière avec lui. Je restai dans l'obscurité. Les réflexions que je fis dans cette triste situation m'amenèrent à voir la nécessité de réprimer mon orgueil et d'étouffer ma colère. Je trouvai un aide inattendu en Throttler, en qui je reconnaissais maintenant un fils de notre vieux Skulker; il avait passé son enfance à la Grange et c'était mon père qui l'avait donné à M. Hindley. Il sembla me reconnaître, frotta son nez contre le mien en manière de salut, puis se hâta de dévorer le porridge, tandis que moi-même sautais de marche en marche, essuyant avec mon mouchoir le lait que j'avais répandu. À peine avions-nous fini notre travail que j'entendis le pas d'Earnshaw dans le passage; le chien se ramassa contre le mur, et moi-même me cachai dans une porte. Mais il paraît que les efforts du chien à éviter la rencontre ne furent pas heureux: car j'entendis quelque chose qui tombait, et un long aboiement de souffrance. Tout de suite après, Joseph monta avec Hareton, pour le coucher. C'était dans la chambre d'Hareton que j'avais trouvé refuge; le vieux en me voyant me dit que je pouvais rester où j'étais, et que l'enfant irait coucher ailleurs, cette nuit là.

Joyeusement, je mis à profit cette nouvelle; et je n'étais pas encore assise dans une chaise auprès du feu que déjà je m'endormis. Mon sommeil fut profond et doux, bien que trop court. Car Heathcliff me réveilla: il venait de rentrer, et me demanda, dans son aimable manière, ce que je faisais là. Je lui expliquai la raison de ma longue attente, et comme quoi il avait la clé de notre chambre dans sa poche. L'adjectif notre parut l'offenser mortellement. Il jura que ce n'était pas la mienne, ne le serait jamais, qu'il aimerait mieux.... Mais je ne puis vous répéter son langage, ni vous décrire sa conduite habituelle: il est ingénieux et infatigable dans son effort à me faire horreur. Quelquefois il m'étonne avec une intensité qui efface mes craintes; mais je vous assure qu'un tigre ou un serpent venimeux ne me produirait pas une terreur égale à celle qu'il me cause. C'est lui qui m'a annoncé la maladie de Catherine, accusant mon frère de l'avoir causée, me promettant que j'aurai à souffrir à la place d'Edgar jusqu'à ce qu'il trouve une prise directe sur lui.

Je le hais, je suis malheureuse, j'ai été folle. Prenez bien garde de souffler un mot de tout cela à qui que ce soit à la Grange. Je vous attendrai tous les jours, ne me faites pas défaut.

ISABELLA.

CHAPITRE XI

Sitôt cette lettre lue, je m'en allai trouver le maître, et je l'informai que sa sœur, arrivée aux Heights, venait de m'envoyer une lettre pour m'exprimer son chagrin de la maladie de Madame Linton, et en même temps son ardent désir de le voir; je lui dis aussi qu'Isabella le priait de lui faire parvenir par mon entremise un gage de son pardon.

—De mon pardon! s'écria Linton, mais je n'ai rien à lui pardonner, Ellen. Vous pouvez aller cette après-midi à Wuthering Heights, si vous voulez, et dire que je ne suis pas irrité, mais affligé de l'avoir perdue; d'autant plus que je ne puis croire qu'elle soit jamais heureuse. Pourtant, il est tout à fait hors de question que j'aille la voir jamais; nous sommes séparés pour la vie; et si elle veut réellement m'obliger, qu'elle persuade au vilain qu'elle a épousé de quitter ce pays.

—Et vous ne voudriez pas lui écrire un petit mot, monsieur? demandai-je d'un ton suppliant.

—Non, répondit-il, c'est inutile. Je n'aurai pas plus de communication avec la famille d'Heathcliff que sa famille à lui avec la mienne.

La froideur de M. Edgar me peina extrêmement; et tout le long du chemin je me demandai comment j'arriverais à répéter ces paroles en leur donnant un air plus cordial. Je crois bien qu'Isabella me guettait depuis le matin; je la vis regarder par la fenêtre, tandis que je remontais le jardin, et je lui fis signe de la tête, mais elle se retira aussitôt comme si elle avait peur d'être remarquée. J'entrai sans frapper. Je ne pouvais pas imaginer une scène aussi lugubre et affreuse que celle que présentait cette maison jadis si gaie! Je dois avouer que si j'avais été à la place de la jeune dame, j'aurais au moins balayé le foyer et essuyé les tables avec un torchon. Mais elle était déjà envahie de l'esprit contagieux de négligence qui l'entourait. Sa jolie figure était blême et hagarde; ses cheveux dépeignés, avec quelques boucles qui pendaient, et d'autres enroulées autour de sa tête. Il est probable qu'elle n'avait pas touché à sa toilette de la veille. Hindley n'était pas là. M. Heathcliff était assis à table, retournant quelques papiers dans son portefeuille, mais dès qu'il me vit il se leva, me demanda d'une façon amicale comment j'allais, et m'offrit une chaise. Il était dans la maison la seule créature qui eut un air décent, jamais même il n'avait eu meilleure apparence. Les circonstances avaient si profondément altéré leurs positions que lui aurait certainement semblé à un étranger un parfait gentleman, et sa femme tout à fait une petite souillon. Elle s'avança vers moi avec empressement, et me tendit une main pour prendre la lettre attendue. Et comme je faisais: non, d'un signe de tête, elle ne me comprit pas, me rejoignit dans un coin où j'étais allée déposer mon bonnet et me pria tout bas de lui donner de suite ce que j'avais apporté. Heathcliff devina le sens de sa manœuvre, et me dit:

—Si, comme c'est certain, vous avez apporté quelque chose pour Isabella, donnez-le-lui. Inutile d'en faire un secret, il n'y a pas de secrets entre nous.

Je crus que le meilleur était de dire tout de suite la vérité: «Je n'ai rien apporté, dis-je. Mon maître m'a chargée de dire à sa sœur qu'elle n'avait à attendre de lui pour le moment ni une lettre ni une visite. Il vous envoie toute son affection, madame, et ses vœux pour votre bonheur, et son pardon pour le chagrin que vous avez causé; mais il pense que désormais sa maison et cette maison-ci doivent arrêter toute communication, attendu qu'il n'en saurait sortir rien de bon.»

Madame Heathcliff eut un léger tremblement des lèvres, mais elle alla aussitôt se rasseoir près de la fenêtre. Son mari, debout sur la pierre du foyer, se mit à me questionner au sujet de Catherine. Je lui dis tout ce que je croyais à propos sur sa maladie, et il sut par d'adroites questions, m'arracher la plupart des faits qui se liaient à l'origine de nos malheurs. Je blâmai Catherine, comme elle le méritait, pour avoir tout pris sur elle-même; et je terminai eu espérant qu'il consentirait à suivre l'exemple de M. Linton et à éviter tous rapports avec sa famille.

—Madame Linton ne fait que recouvrer la santé, dis-je; elle ne sera jamais comme elle a été, mais sa vie lui est rendue; et si vous avez vraiment quelque attachement pour elle, vous éviterez de traverser de nouveau son chemin, bien mieux, vous quitterez tout à fait ce pays, et vous le ferez sans regret quand vous saurez que Catherine Linton est à présent aussi différente de votre ancienne amie Catherine Earnshaw que cette jeune dame l'est de moi-même. Son apparence est grandement changée, son caractère encore davantage; et celui qui est forcé de rester son compagnon n'aura désormais, pour le soutenir dans son affection, que le souvenir de ce qu'elle a été, l'humanité, et un sentiment du devoir.

—Il est tout à fait possible, répliqua Heathcliff en se forçant à paraître calme, tout à fait possible que votre maître n'ait pour le soutenir, rien de plus que l'humanité et le sentiment du devoir: mais est-ce que vous vous imaginez que je vais abandonner Catherine au devoir et à l'humanité de son mari? et est-ce que vous pouvez comparer mes sentiments pour Catherine à ceux de cet homme? Avant que vous ne sortiez d'ici, je veux que vous me promettiez de m'arranger une entrevue avec elle. Que vous y consentiez ou non, je veux la voir. Eh bien, que dites-vous?

—Je dis, M. Heathcliff, que vous ne devez pas le faire, et que jamais vous ne le ferez par mon entremise. Une nouvelle rencontre entre vous et notre maître la tuerait sûrement.

—Avec votre aide, ceci peut être évité; et si un tel événement devait arriver, s'il apportait un ennui de plus à l'existence de Catherine, eh bien, j'y verrais le droit de pousser les choses à l'extrême. Je veux que vous me disiez sincèrement si Catherine souffrirait beaucoup de la perte de son mari: c'est cette peur qui me retient. Et ici vous voyez la différence entre nos sentiments: je l'ai toujours haï d'une haine qui a empoisonné ma vie, mais s'il avait été à ma place, et moi à la sienne, jamais je n'aurais levé la main contre lui: ne me croyez pas, si vous voulez. Jamais je ne l'aurais chassé de la société de Catherine aussi longtemps qu'elle en aurait eu envie. Dès le moment où elle aurait cessé d'en avoir envie, je l'aurais tué, j'aurais arraché son cœur mais jusqu'à ce moment,—et si vous ne me croyez pas, c'est que vous ne me connaissez pas,—je serais mort plutôt que de toucher à un cheveu de sa tête.

—Et pourtant, interrompis-je, vous n'avez aucun scrupule à détruire tout espoir de son parfait retour à la santé, en vous rappelant à elle de nouveau, maintenant qu'elle vous a presque oublié, et en la jetant dans un nouveau tumulte de discorde et de détresse!

—Vous supposez qu'elle m'a presque oublié? O Nelly! Vous savez que ce n'est pas vrai, vous savez aussi bien que moi que, pour une pensée qu'elle donne à Linton, il y en a mille pour moi. Dans la période la plus misérable de ma vie, j'ai eu une idée de cette espèce: elle m'a hanté l'été dernier, lorsque je suis revenu ici, mais maintenant, il ne faudrait pas moins que son assurance expresse pour m'y faire croire de nouveau. Et alors, Linton ne serait plus rien, ni Hindley, ni tous les rêves que j'ai jamais rêvés. Deux mots comprendraient tout mon avenir: la mort et l'enfer; car si je perdais Catherine, l'existence serait un enfer. Oui, j'étais fou d'imaginer un moment qu'elle appréciait l'affection d'Edgar Linton plus que la mienne. Quand même il l'aimerait avec toutes les puissances de son être mesquin, il ne l'aimerait pas autant en quatre-vingts ans que moi en un jour. Et le cœur de Catherine est aussi profond que le mien: il serait aussi facile d'admettre que la mer puisse tenir dans ce pot, que de le croire capable de concentrer sur lui toute l'affection de sa femme. Fi! c'est à peine s'il lui est un peu plus cher que son chien ou son cheval. Il n'est pas en lui d'être aimé comme moi; comment peut-elle aimer en lui ce qu'il n'a pas?

—Catherine et Edgar s'aiment autant qu'on peut s'aimer, s'écria vivement Isabella. Personne n'a le droit de parler de cette façon, et je ne puis entendre déprécier mon frère sans protester.

—Votre frère vous aime énormément aussi, vous, n'est-ce pas? observa Heathcliff d'un ton dédaigneux. Il vous abandonne à vous-même dans le monde avec une aisance surprenante.

—Il ne sait pas ce que je souffre, répondit-elle, je ne le lui ai pas dit.

—Alors vous lui avez dit quelque chose, vous avez écrit, n'est-ce pas?

—J'ai écrit pour dire que j'étais mariée, vous avez vu la lettre.

—Et rien depuis?

—Non.

—Ma jeune dame ne semble pas avoir profité à changer de position, dis-je. Évidemment il lui manque l'amour de quelqu'un; de qui, je le devine; mais peut être ne dois-je pas le dire.

—Et moi je devine que c'est le sien, dit Heathcliff; elle devient une pure souillon; elle est fatiguée d'avoir essayé de me plaire trop tôt. Vous me croiriez à peine: mais le matin même de notre mariage elle pleurait pour retourner chez elle. Mais n'importe, pour n'être pas très propre, elle n'en conviendra que mieux à cette maison; et j'aurai bien soin de l'empêcher de me faire honte en se montrant au dehors.

—Mais monsieur, dis-je, j'espère que vous prendrez en considération que Madame Heathcliff a l'habitude d'être soignée et servie, et qu'elle a été élevée comme une fille unique à qui chacun était prêt à obéir. Il faut que vous lui permettiez d'avoir une fille pour s'occuper de ses affaires, et que vous la traitiez avec bonté. Quelle que soit votre idée de M. Edgar, pour ce qui est d'elle, vous ne pouvez pas douter qu'elle n'ait une grande puissance d'affection: car sans cela elle n'aurait pas abandonné les élégances, et les commodités, et les amitiés de son ancienne maison pour se fixer de plein gré avec vous dans un désert comme celui-ci.

—Elle a abandonné tout cela sous le coup d'une illusion, me répondit-il; elle se figurait que j'étais un héros de roman, et elle attendait de mon dévouement chevaleresque des indulgences sans limites. Je puis à peine la regarder comme une créature raisonnable, tant elle a persisté à se former une idée fabuleuse de mon caractère, et à agir en conséquence. Mais je crois qu'enfin elle commence à me connaître; je n'aperçois plus les petits sourires et les grimaces qui m'exaspéraient d'abord, ni cette incapacité absolue de croire que je parlais sérieusement, lorsque je lui disais mon opinion sur elle. Il lui a fallu une perspicacité merveilleuse pour découvrir que je ne l'aimais pas. J'ai cru pour un temps que nulle leçon ne le lui apprendrait! Et maintenant encore à peine si elle l'a appris; car ce matin elle m'a annoncé comme une nouvelle à sensation que j'avais réussi à me faire haïr d'elle. Est-ce vrai, au moins, et puis-je me fier à votre assertion, Isabella? Êtes-vous sûre de me haïr? Si je vous laisse seule une demi-journée, ne reviendrez-vous pas vers moi avec des soupirs et des cajoleries? Je crois qu'elle aurait préféré que j'eusse l'air tendre, devant vous, Nelly: cela blesse sa vanité que l'on sache les choses comme elles sont. Mais il m'est égal que l'on sache que toute la passion a été d'un côté, je n'ai jamais dit un mensonge là-dessus. Elle ne peut pas m'accuser de lui avoir une seule fois témoigné une douceur trompeuse. La première chose qu'elle me vit faire en sortant de la Grange, fut de pendre son petit chien; et lorsqu'elle voulut plaider pour lui, je lui répondis que je souhaitais de voir pendus tous les êtres qui lui appartenaient, excepté un: et je crois qu'elle a pris cette exception pour elle-même. Mais aucune brutalité ne pouvait la dégoûter; je suppose qu'elle a une admiration innée pour la brutalité, à la condition que sa précieuse personne soit à l'abri de l'injure. Eh bien, n'était-ce pas le dernier mot de l'absurdité, de l'idiotie, pour cette pitoyable, vile et basse créature, de rêver que je puisse l'aimer? Dites à vôtre maître, Nelly, que dans toute ma vie, je n'ai jamais rencontré un être aussi abject qu'elle. Elle dépare même le nom de Linton, et souvent j'ai dû m'arrêter faute d'invention dans l'expérience que je faisais de ce qu'elle pouvait supporter. Mais dites-lui aussi, pour mettre à l'aise son cœur de frère et de maître, que je me maintiens strictement dans les limites de la loi. J'ai toujours évité de donner à sa sœur le droit de réclamer une séparation; et, ce qui est mieux, elle ne serait reconnaissante à personne de nous séparer. D'ailleurs, si elle voulait s'en aller, elle le pourrait; le tort que méfait sa présence dépasse le plaisir que je trouve à la tourmenter.

—M. Heathcliff, dis-je, ceci est le discours d'un égaré; votre femme sans doute est convaincue que vous êtes fou, et c'est pour cette raison qu'elle vous a supporté jusqu'à présent; mais maintenant que vous dites qu'elle peut partir, sûrement elle profitera de la permission. Vous n'êtes pas assez ensorcelée, madame, n'est-ce pas, pour rester avec lui de votre gré?

—Prenez garde, Ellen! répondit Isabella, les yeux allumés de haine. Ne croyez pas un seul mot de ce qu'il dit. C'est un démon menteur, un monstre, et non un être humain. Il m'a déjà dit auparavant que je pouvais le quitter, et je l'ai essayé, mais jamais je n'oserais recommencer. Seulement, Ellen, promettez-moi que vous ne rapporterez pas un mot de son infâme discours à Edgar ou à Catherine. Ce qu'il désire, c'est d'amener Edgar au désespoir; il dit qu'il s'est marié avec moi pour obtenir du pouvoir sur lui; et il ne l'obtiendra pas, je préfère mourir. J'espère, je demande qu'il oublie sa diabolique prudence, et qu'il me tue. Le seul plaisir que j'imagine est de mourir ou de le voir mort.

—Bien, cela suffit pour aujourd'hui, dit Heathcliff. Si vous êtes appelée devant une cour de justice, vous vous rappellerez ce langage, Nelly! Non, vous n'êtes pas en état de vous garder vous-même, Isabella, et comme je suis votre protecteur légal, il faut que je vous retienne sous ma garde, si déplaisante que soit cette obligation. À présent, montez là-haut, j'ai quelque chose à dire à Ellen Dean en particulier. Ceci n'est pas le chemin: là-haut, je vous dis! Eh, c'est par ici qu'on monte là-haut, enfant!

Il la saisit et la jeta hors de la chambre; puis il revint vers moi, murmurant: «Je n'ai pas de pitié, pas de pitié! Plus les vers se débattent, plus j'ai envie de les écraser.»

—Comprenez-vous ce que signifie le mot de pitié? dis-je, me hâtant de reprendre mon bonnet; en avez-vous jamais senti l'ombre, dans la vie?

—Laissez cela sur la table, interrompit Heathcliff en apercevant mon intention de partir. Vous n'allez pas vous en aller encore. Venez maintenant ici, Nelly: il faut ou que je vous persuade ou que je vous contraigne à m'aider dans l'accomplissement de mon désir de voir Catherine, et cela sans délai. Je vous jure que je ne médite aucune mal; je n'entends causer aucun trouble, ni exaspérer ou insulter M. Linton. Je tiens seulement à entendre de la bouche de Catherine comment elle se trouve et pourquoi elle a été malade, et à savoir si je ne puis pas faire quelque chose pour elle. La nuit dernière, je suis resté six heures dans le jardin de la Grange, et j'y reviendrai cette nuit; et toutes les nuits, et tous les jours, je rôderai autour de la maison jusqu'à ce que je trouve une occasion d'entrer. Si Edgar Linton me rencontre, je n'hésiterai pas à le jeter par terre, et à le battre suffisamment pour être assuré qu'il me laissera tranquille pendant mon séjour dans sa maison. Si les domestiques me résistent, je les menacerai avec ces pistolets! Mais ne vaudrait-il pas mieux m'empêcher d'entrer en contact avec eux, ou avec leur maître? Et vous le pourriez si facilement! Je vous préviendrais sitôt arrivé, vous me laisseriez entrer en cachette dès qu'elle serait seule, et vous nous surveilleriez jusqu'à mon départ, la conscience tout à fait calme, avec l'idée d'empêcher un malheur.

Je protestai contre l'idée de jouer ce rôle de trahison dans la maison où j'étais employée; et j'insistai en outre sur la façon cruelle et égoïste dont il détruisait, pour sa satisfaction personnelle, la tranquillité de Madame Linton. «L'incident le plus banal l'agite péniblement, dis-je, elle est tout nerfs, et je suis sûre qu'elle ne pourrait pas supporter la surprise de vous voir. Ne persistez pas, monsieur; ou bien je serai forcée d'informer mon maître de vos desseins; et il prendra ses mesures pour mettre sa maison et ceux qui l'habitent à l'abri de telles intrusions.»

—Dans ce cas, je prendrai moi-même mes mesures pour vous mettre à l'abri, femme! s'écria Heathcliff. Vous ne sortirez pas de Wuthering Heights avant demain matin. C'est pure folie de dire que Catherine ne pourra pas supporter ma vue; et pour ce qui est de la surprendre, c'est justement ce que je ne veux pas; il faut que vous la prépariez, que vous lui demandiez si je puis venir. Vous dîtes qu'elle ne mentionne jamais mon nom et qu'on ne lui en fait jamais mention. À qui parlerait-elle de moi, puisque je suis un sujet maudit dans la maison? Elle croit que vous êtes tous des espions pour le compte de son mari. Oh! je suis sûr qu'elle est en enfer parmi vous. Je devine par son silence tout ce qu'elle doit sentir. Vous dites qu'elle est souvent inquiète et anxieuse; est-ce une preuve de tranquillité? Vous dites que son esprit est dérangé: comment par le diable pourrait-il en être autrement, dans sa terrible solitude? Et cette insipide, cette chétive créature qui la soigne par devoir et par humanité! Par pitié et par charité! Il pourrait aussi bien planter un chêne dans un pot de fleurs et s'attendre à le voir pousser, que de croire qu'il la rendra à la santé et à la force avec ses misérables soins. Réglons l'affaire tout de suite: voulez-vous rester ici et que je me fraye un chemin vers Catherine par dessus Linton et sa valetaille? Ou bien voulez-vous être mon amie, et faire ce que je vous demande? Décidez, car je vois pas de raison pour hésiter une minute si vous persistez dans votre méchante sottise obstinée.

—Eh bien, M. Lockwood, j'ai raisonné et je me suis plainte, et cinquante fois je lui ai refusé; mais à la longue il m'a forcée à consentir. Je me suis engagée à porter une lettre de lui à ma maîtresse; et au cas où celle-ci donnerait son consentement, je lui promis de l'avertir de la prochaine absence de Linton pour qu'il puisse venir; moi-même ne serais pas là, ni aucun des domestiques. Était-ce bien ou mal? Je crains que ce n'ait été mal, malgré les avantages apparents. J'ai pensé qu'en cédant je préviendrais une autre explosion; j'ai pensé aussi que cela pourrait créer une crise favorable dans la maladie mentale de Catherine: et puis je me rappelais de quelle dure façon M. Edgar m'avait défendu de lui faire des rapports; enfin j'essayais de calmer toutes mes vives inquiétudes en me répétant que cette trahison, si la chose méritait un nom aussi sévère, serait la dernière. Pourtant, mon retour fut plus triste que ne l'avait été mon voyage; et j'eus bien des hésitations avant de prendre sur moi de mettre le billet dans la main de Madame Linton.

...—Mais voici Kenneth; je vais descendre et lui dire à quel point vous êtes mieux. Mon histoire est comme on dit chez nous, et peut attendre jusqu'à un autre jour.

—Sèche et lugubre! pensais-je, tandis que la brave femme descendait pour recevoir le médecin; et pas précisément celle que j'aurais voulue pour m'amuser. Mais n'importe, je goûterai jusqu'au bout l'amère tisane de Madame Dean; et tout d'abord je veux savoir ce qu'il en est de la fascination qui brille dans les yeux de Catherine. Ce serait vraiment curieux si je devenais amoureux de cette jeune personne, et si la fille recommençait l'histoire de la mère.

CHAPITRE XII

Encore une semaine passée, et tous les jours je me rapproche davantage, de la santé et du printemps! J'ai maintenant entendu toute l'histoire de mon voisin, en différentes séances, dès que ma ménagère pouvait se distraire d'occupations plus importantes. Je vais continuer le récit dans ses propres termes, seulement un peu condensé. Elle est, somme toute, une excellente conteuse, et je ne me crois pas capable d'améliorer son style.

—Le soir même de ma visite aux Heights, reprit-elle, je savais bien que M. Heathcliff était aux alentours de la Grange; et j'évitais de sortir parce que je portais encore sa lettre dans ma poche, et ne voulais pas être menacée ou tracassée davantage. Ne pouvant deviner l'impression qu'en aurait Catherine, je m'étais résolue à ne pas la lui remettre avant que mon maître ne fût sorti pour quelque course; et la conséquence fut que je ne pus la lui remettre avant trois jours. Le quatrième jour était un dimanche, et je profitai du départ de toute la maison pour l'église pour porter ma lettre dans la chambre de ma maîtresse. Il n'y avait qu'un domestique et moi; et, contrairement à l'habitude, je laissai les portes ouvertes; puis sachant qui allait venir, et voulant tenir ma promesse, je dis à mon compagnon que la maîtresse désirait beaucoup avoir des oranges, et qu'il devait courir au village pour en acheter. Il partit et je montai.

Madame Linton était assise, suivant son habitude, dans le retrait de la fenêtre ouverte; elle était vêtue d'un peignoir blanc avec un léger châle sur ses épaules. Sa chevelure longue et épaisse avait été en partie coupée au début de sa maladie, et maintenant elle la portait simplement peignée en petites tresses sur les tempes et le cou. Comme je l'avais dit à Heathcliff, son apparence était changée; mais quand elle était calme, ses traits acquéraient une beauté surnaturelle. L'éclat de ses yeux avait été remplacée par une douceur rêveuse et mélancolique; ils ne donnaient plus l'impression de regarder partout alentour, mais semblaient toujours portés au-delà, bien loin au-delà—vous auriez dit hors du monde. Et puis la pâleur de sa face, qui avait cessé depuis peu d'être hagarde, et l'expression particulière qui venait de son état mental, tout cela, tout en rappelant douloureusement les causes qui le faisaient naître, tout cela ajoutait à l'intérêt touchant qu'elle éveillait; et tout cela, pour moi du moins, réfutait toutes les preuves d'une convalescence, et la montrait comme un être condamné à périr.

Un livre était ouvert devant elle, sur le rebord de la fenêtre, et un vent à peine perceptible agitait par intervalles ses pages. Je crois que c'était Linton qui l'avait mis là; car jamais elle n'essayait de se divertir en lisant, ou en s'occupant de quelque façon, et souvent il passait des heures à essayer d'attirer son attention sur un sujet qui jadis l'avait amusée. Elle se rendait bien compte des intentions de son mari, et dans ses meilleures humeurs, elle supportait tranquillement ces efforts, témoignant seulement de leur inutilité par un soupir de fatigue, jusqu'à ce qu'enfin elle l'arrêtait, par un sourire et un baiser pleins de mélancolie. D'autres fois, elle se détournait vivement, cachait son visage dans ses mains, ou même le repoussait avec colère; et alors, il avait bien soin de la laisser seule, étant assuré de ne lui faire aucun bien.

Les cloches de la chapelle de Gimmerton sonnaient encore, et le courant rapide et plein du ruisseau dans la vallée arrivait aux oreilles comme une caresse, remplaçant doucement le murmure du feuillage qui, l'été, ne manquait pas d'entourer la Grange de sa légère musique. À Wuthering Heights aussi, on entendait ce bruit du ruisseau, dans les jours tranquilles qui suivaient une grande averse, ou une saison de pluie obstinée. Et c'est seulement à Wuthering Heights que Catherine pensait en l'écoutant, si du moins elle pensait ou écoutait en aucune façon; car elle avait ce regard vague et lointain dont je vous ai parlé, et ne semblait reconnaître les choses ni par l'oreille ni par les yeux.

—Voici une lettre pour vous, madame Linton, dis-je, mettant doucement le papier dans la main qui reposait sur son genou. Il faut que vous la lisiez tout de suite, parce qu'on attend une réponse. Dois-je briser le cachet?

—Oui, répondit-elle, sans changer la direction de se yeux.

Je l'ouvris; c'était un très court billet.

—Maintenant, dis-je, lisez-le.

Elle retira sa main et le laissa tomber. Je le lui remis entre les doigts, et j'attendis qu'il lui plût d'y jeter les yeux; mais comme le temps se passait sans qu'elle eut l'air d'y faire attention:

—Voulez-vous que je vous le lise, madame, dis-je? c'est de M. Heathcliff. Elle tressaillit, un souvenir passa vaguement dans son regard, et je vis qu'elle luttait pour ressaisir ses idées. Elle souleva la lettre et sembla la parcourir; et lorsqu'elle arriva à la signature, elle eut un soupir; et pourtant je vis qu'elle ne s'était rendu aucun compte de son contenu; car, quand je lui demandai la réponse, elle se contenta de me montrer le nom et de me regarder avec une anxiété triste et curieuse.

—Eh bien, il désire vous voir, dis-je, devinant qu'elle cherchait un interprète; il est maintenant dans le jardin, et s'impatiente de savoir quelle réponse je lui apporterai.

Tandis que je parlais, je remarquai un grand chien étendu sur l'herbe au soleil; je le vis lever l'oreille comme s'il allait aboyer, puis l'abaisser, et annoncer par un mouvement de sa queue l'approche de quelqu'un qu'il ne considérait pas comme un étranger. Madame Linton se pencha en avant et écouta, retenant son souffle. La minute d'après, un pas traversa le corridor; la maison ouverte était pour Heathcliff une chose trop tentante pour qu'il eût pu s'empêcher d'y entrer; probablement il avait supposé que je voulais ne pas tenir ma promesse, et s'était ainsi résolu à se fier à son audace. Avec une anxiété croissante, Catherine regardait vers l'entrée de sa chambre. Comme il n'avait pas trouvé de suite l'appartement où nous étions, elle me fit signe de le faire entrer, mais déjà il avait trouvé avant que je n'arrive à la porte, et en un moment il était près d'elle, et la tenait embrassée.

Il ne dit pas un mot, et ne lâcha pas son étreinte pendant cinq minutes, et pendant ce temps il lui donna plus de baisers qu'il n'en avait jamais donnés, j'en suis sûre, dans toute sa vie jusque là; mais c'était ma maîtresse qui lui avait donné le premier baiser, et je voyais clairement qu'il ne pouvait se résigner à la regarder au visage. Dès l'instant où il l'avait aperçue, il avait été comme moi frappé de la certitude qu'il n'y avait aucun espoir pour elle de recouvrer la santé, qu'elle était condamnée à mourir.

—Oh Cathy! Oh, ma vie! Comment pourrai-je le supporter?

Ce fut la première phrase qu'il dit, et sur un ton qu'il ne cherchait pas à déguiser, son désespoir; puis il la fixa d'un air si sérieux que je crus que l'intensité même de son regard le ferait pleurer; mais ses yeux brûlaient d'angoisse et restaient secs.

—Eh quoi? demanda Catherine, s'appuyant de nouveau au dos de son fauteuil, et répondant à son regard, le sourcil tout d'un coup froncé; son humeur ne cessait pas de changer au cours des caprices les plus divers. Vous et Edgar, vous avez brisé mon cœur, Heathcliff. Et tous les deux vous venez pour vous plaindre de la chose devant moi, comme si c'était de vous qu'il y avait à avoir pitié. Je n'aurai pas pitié de vous, pour ce qui est de moi, vous m'avez tuée, et vous l'avez fait exprès, je pense. Comme vous êtes fort! Combien d'années comptez-vous vivre encore après que je serai morte?

Heathcliff s'était agenouillé pour l'embrasser; il essaya de se relever, mais elle saisit ses cheveux et le retint agenouillé.

—Je voudrais pouvoir vous tenir ainsi jusqu'à ce que nous soyons morts l'un et l'autre, dit-elle amèrement. Je ne me soucie pas de vos souffrances. Qu'importe que vous souffriez? Est-ce que je ne souffre pas, moi? Allez-vous m'oubliez? Allez-vous être heureux quand je serai dans la terre? Direz-vous, dans vingt ans d'ici: «Ceci est le tombeau de Catherine Earnshaw. Je l'ai aimée autrefois et j'ai souffert de la perdre, mais c'est fini. J'en ai aimé bien d'autres depuis; mes enfants me sont plus chers qu'elle ne l'a été, et quand je mourrai, au lieu de me réjouir d'aller vers elle, je m'affligerai d'être forcé de les quitter.» Direz-vous cela, Heathcliff?

—Ne me torturez pas alors que je suis aussi fou que vous! cria-t-il, relevant brusquement la tête et grinçant des dents.

Tous deux formaient pour un spectateur indifférent tableau étrange et terrible. Catherine pensait sans doute que le ciel serait pour elle une terre d'exil, si, avec son corps mortel, elle perdait aussi son caractère moral. Sur ses joues pâles brillait une lumière sauvage et vindicative; ses lèvres étaient décolorées et ses yeux brillants; et elle gardait dans ses doigts fermés quelques boucles des cheveux qu'elle venait d'étreindre. Son compagnon, se soulevant d'une main, de l'autre lui avait pris le bras;

et la douceur qu'il y mettait était si peu proportionnée à celle qu'exigeait sa condition, que je vis qu'il avait laissé quatre marques bleues très distinctes sur la chair de Catherine.

—Êtes-vous possédée d'un démon, poursuivit-il furieusement, pour me parler de cette façon alors que vous êtes mourante? Songez-vous que toutes ces paroles s'enfonceront dans mon souvenir et me rongeront toujours davantage après que vous m'aurez quitté. Vous savez bien que vous mentez en disant que je vous ai tuée: vous savez, Catherine, que je ne pourrai jamais vous oublier. Ne suffit-il pas à votre infernal égoïsme de songer que, pendant que vous-même reposerez en paix, je me tordrai dans les tourments de l'enfer?

—Je ne reposerai pas en paix, gémit Catherine, rappelée à un sentiment de faiblesse physique par les battements violents et inégaux de son cœur, battements que l'on pouvait voir et entendre dans l'excès de son agitation. Elle ne dit pas un mot de plus jusqu'à la fin de la crise; alors elle reprit un ton plus doux:

—Je ne vous souhaite pas de plus grands tourments que les miens, Heathcliff. Je désire seulement que nous ne nous séparions jamais; et si une de mes paroles vous revient plus tard pour vous désoler, songez que sous la terre je ressens la même désolation, et pardonnez-moi pour l'amour de moi! Venez ici et remettez-vous à genoux! Vous ne m'avez jamais fait de mal dans votre vie. Mais si maintenant vous vous fâchez, cela sera pire à vous rappeler que mes dures paroles! Ne voulez-vous pas revenir de nouveau vous mettre ici? Venez.

Heathcliff s'avança vers le dos de son fauteuil et s'y appuya, mais sans laisser voir sa figure, qui était livide d'émotion. Elle se retourna pour le regarder, mais lui, se détournant tout d'un coup, marcha vers la cheminée où il se tint sans rien dire, nous montrant le dos. Madame Linton le suivait d'un regard soupçonneux, chaque mouvement éveillait en elle un nouveau sentiment. Après une pause prolongée, elle reprit, s'adressant à moi, avec un ton de désappointement indigné:

—Oh, vous voyez, Nelly, il ne voudrait pas se relâcher un moment pour m'empêcher de mourir! Voilà comment je suis aimée! Eh bien, n'importe. Ceci n'est pas mon Heathcliff. Je continuerai à aimer le mien et à le prendre avec moi: il est dans mon âme. Et, ajouta-t-elle d'un air rêveur, la chose qui me tourmente le plus, c'est, après tout, cette sombre prison. Je suis fatiguée d'être enfermée ici. Il me tarde de m'échapper vers ce monde glorieux, et d'y être toujours; d'y être réellement, au lieu de le voir confusément à travers des larmes et de soupirer vers lui d'entre les murs d'un cœur malade. Nelly, vous pensez que vous êtes mieux et que vous êtes plus heureuse que moi, avec votre force et votre santé; vous me plaignez, mais bientôt cela va changer. C'est moi qui vous plaindrai. Je serai incomparablement au-delà et au-dessus de vous tous. Je m'étonne qu'il ne soit pas près de moi!

Et elle continua, s'adressant à elle-même: «Je pensais qu'il le désirait. Heathcliff, chère âme, vous ne devriez pas être de mauvaise humeur à présent. Venez avec moi, Heathcliff!»

Dans son empressement, elle se leva et s'appuya sur le bras du fauteuil. Alors il se retourna vers elle, et je vis qu'il avait l'air absolument désespéré. Ses yeux, larges et humides, finirent pas se fixer obstinément sur elle; sa poitrine se soulevait convulsivement. Un instant ils se tinrent ainsi à distance; et puis de quelle façon ils se rejoignirent, je pus à peine le voir, mais Catherine fit un saut, et il la saisit, et ils furent unis dans un embrassement dont je crus bien que ma maîtresse ne sortirait pas vivante; en fait, il me semblait qu'elle avait perdu tout sentiment. Il se jeta sur le siège le plus voisin, et comme je m'approchais précipitamment pour voir si elle ne s'était pas évanouie, il grinça des dents contre moi, écuma comme un chien enragé, et la serra contre lui avec une jalousie rapace. Il ne semblait plus être une créature de notre espèce; il ne comprenait pas ce que je lui disais, de sorte que je me tins là en silence, cruellement embarrassée.

Un mouvement de Catherine me rassura un peu; elle leva la main pour l'embrasser et pour rapprocher sa joue de la sienne; lui de son côté la couvrait de caresses folles, lui disant:

—Vous m'apprenez maintenant combien cruelle, cruelle et fausse vous avez été. Pourquoi m'avez-vous méprisé? Pourquoi avez-vous trahi votre cœur, Cathy? Je n'ai pas un mot pour vous soulager, et vous le méritez. Vous vous êtes tuée vous-même. Oui, vous pouvez m'embrasser et pleurer, et appeler mes baisers et mes larmes; ils vous brûleront, ils vous damneront. Vous m'aimiez, alors quel droit aviez-vous de m'abandonner? Quel droit, répondez-moi, pour le misérable caprice que vous avez ressenti envers Linton? Alors que ni la misère et la dégradation, ni la mort, ni rien de ce que Dieu ou Satan auraient pu nous infliger ne nous auraient séparés, vous, de votre plein gré, vous l'avez fait. Ce n'est pas moi qui ai brisé votre cœur, c'est vous-même. Et c'est tant pis pour moi si je suis fort. Ai-je besoin de vivre? Quelle espèce de vie me restera-t-il lorsque vous... Oh Dieu! Aimeriez-vous à vivre avec votre âme dans la tombe?

—Laissez-moi seule, laissez-moi seule! sanglota Catherine. Si j'ai eu des torts, c'est d'eux que je meurs. Cela suffit! Vous m'avez abandonnée aussi, et je ne vous ai pas fait de reproches! Je vous pardonne, pardonnez-moi!

—Il est difficile de pardonner quand on voit ces yeux et que l'on tâte ces mains décharnées, répondit-il. Embrassez-moi de nouveau et ne me laissez pas voir vos yeux. Je vous pardonne ce que vous m'avez fait à moi. J'aime *mon* meurtrier, mais *le vôtre*, comment le puis-je?

Ils se turent, leurs visages, appuyés l'un sur l'autre, et mouillés chacun des larmes de l'autre. Du moins je suppose que tous deux pleuraient, car il me sembla que dans une occasion comme celle-là, Heathcliff lui-même pouvait pleurer.

Pendant ce temps, je me sentais très mal à l'aise, car l'après-midi s'avançait, l'homme que j'avais envoyé au village était revenu de sa course, et je pouvais distinguer, dans la vallée, la foule qui déjà sortait de la chapelle de Gimmerton.

—Le service est fini, annonçai-je, mon maître sera ici dans une demi-heure.

Heathcliff grogna un juron et serra plus étroitement contre lui Catherine, qui restait immobile.

Bientôt j'aperçus un groupe de domestiques avançant dans le sentier du côté de la cuisine. M. Linton n'était pas loin derrière eux, il ouvrit la porte lui-même et entra lentement, sans doute pour jouir le plus longtemps possible de l'aimable après-midi et de cette brise aussi douce qu'un vent d'été.

—Le voici arrivé! m'écriai-je. Pour l'amour de Dieu, hâtez-vous de descendre! Vous ne rencontrerez personne sur le grand escalier. Hâtez-vous, et restez parmi les arbres jusqu'à ce qu'il soit bien entré.

—Il faut que je parte, Cathy, dit Heathcliff, cherchant à se détacher des bras de sa compagne. Mais si je vis, je vous verrai encore une fois avant votre sommeil. Je ne m'éloignerai pas à cinq yards de votre fenêtre.

—Vous ne devez pas partir, répondit-elle, le retenant aussi solidement que sa force le permettait, vous ne partirez pas, je vous le dis.

—Pour une heure seulement?

—Pas pour une minute.

—Il le faut. Linton va être ici dans un instant, persista le visiteur alarmé.

Il s'était levé et il commençait à se délivrer violemment de ses mains, mais elle s'attacha plus fortement à lui; il y avait dans sa figure une résolution folle.

—Non! cria-t-elle, oh ne partez pas, ne partez pas! C'est la dernière fois! Edgar ne nous fera pas de mal. Heathcliff, je mourrai, je mourrai!

—Au diable, le voilà! cria Heathcliff retombant sur son siège. Silence, ma chérie, ne dis rien! Ne dis rien, Catherine, je vais rester. S'il pouvait me tuer ici, je mourrais avec une bénédiction sur mes lèvres.

Et les voilà embrassés de nouveau. J'entendis mon maître monter les escaliers, une sueur froide parut à mon front: j'étais terrifiée.

—Voulez-vous donc écouter ses bavardages? dis-je passionnément. Elle ne sait pas ce qu'elle dit. Voulez-vous la perdre parce qu'elle n'a pas assez d'esprit pour céder elle-même? Relevez-vous! Vous pouvez vous délivrer à l'instant. Ceci est l'action la plus diabolique que vous ayez jamais commise. Nous sommes tous perdus, maître, maîtresse et servante.

Je me tordais les mains, et je pleurais; et M. Linton hâtait le pas en entendant le bruit. Pourtant, au milieu de mon agitation j'étais sincèrement heureuse d'observer que les bras de Catherine s'étaient relâchés et que sa tête pendait sur ses épaules.

—Elle est évanouie ou morte, pensais-je, et c'est tant mieux, mieux vaut qu'elle soit morte, plutôt que d'être un fardeau et une cause de malheurs pour tout le monde.

Blanc d'étonnement et de rage, Edgar s'élança vers son hôte inattendu. Ce qu'il voulait faire, je ne puis le dire; mais l'autre arrêta du premier coup toute démonstration en plaçant dans ses bras la forme inanimée de Catherine.

—Regardez ceci, dit-il, et si vous n'êtes pas un démon, secourez-la d'abord, puis vous pourrez me parler. Il entra dans le parloir et s'assit. M. Linton fit appel à moi et, avec une extrême difficulté, nous parvînmes à ranimer la jeune dame. Mais elle était toute égarée; elle soupirait, gémissait, et ne reconnaissait personne. Edgar, dans son anxiété pour elle, oublia l'ami détesté. Et moi, à la première occasion, j'allai le supplier de partir, lui affirmant que Catherine allait mieux et que je lui ferais savoir dans la matinée comment elle avait passé la nuit.

—Je ne refuse pas de sortir de la maison, me répondit-il, mais je resterai dans le jardin, et vous, Nelly, n'oubliez pas de tenir votre parole demain. Je serai là, sous ces mélèzes. Rappelez-vous votre promesse, ou bien je fais de nouveau une visite ici, que Linton y soit ou non.

À travers la porte entr'ouverte il jeta un rapide coup d'œil dans la chambre, et, s'étant assuré que ce que je disais était vrai, il délivra la maison de sa fatale présence.

CHAPITRE XIII

C'est ce jour là vers minuit que naquit la Catherine que vous avez vue à Wuthering Heights: elle est venue au monde à sept mois, toute chétive, et, deux heures après, la mère est morte, sans avoir repris assez conscience d'elle-même pour regretter Heathcliff ou pour reconnaître Edgar.

Un grand supplément de chagrin, je crois, était pour lui de se voir laissé sans un héritier. Je pensais à cela avec grand regret, tandis que je regardais la petite orpheline et je reprochais mentalement au vieux Linton d'avoir laissé sa fortune à sa petite fille et non à son fils. Quel enfant mal accueilli c'était, la pauvre créature! Elle aurait pu crier jusqu'à en mourir sans que personne y prit garde pendant ces premières heures de sa vie. Plus tard il est vrai nous rachetâmes cette négligence, mais les débuts de sa vie ont été aussi mornes et sans amitié que le sera probablement sa fin.

Le matin suivant, pendant qu'il faisait au dehors brillant et gai, le soleil entra doucement à travers les persiennes de la chambre silencieuse, et éclaira le lit d'une tendre lumière. Edgar Linton était là, la tête posée sur l'oreiller et les yeux fermés. Ses traits jeunes et beaux étaient presque aussi morts que ceux de la forme étendue près de lui; mais son immobilité à lui était celle de l'épuisement après l'angoisse, celle de Catherine exprimait une paix parfaite. Son front était sans rides, ses paupières fermées, ses lèvres portaient l'expression d'un sourire: un ange ne pourrait pas être plus beau. Et je prenais ma part du calme infini où je la voyais; jamais mon esprit n'avait été dans une disposition plus sainte que pendant que je considérais cette tranquille image du repos divin. Je répétais instinctivement les paroles qu'elle avait dites quelques heures auparavant: «Infiniment au-delà et au-dessus de nous tous! Qu'il soit encore sur la terre ou qu'il soit dans le ciel, son esprit habite maintenant avec Dieu.»

Je ne sais pas si c'est un trait qui m'est particulier, mais je suis presque toujours heureuse quand je veille dans la chambre d'un mort, pourvu que je n'aie pas à côté de moi quelqu'un qui se lamente et se désespère. J'y vois un repos que ni la terre ni l'enfer ne peuvent briser, et je sens une certitude d'un monde infini et sans ombre, où la vie est éternelle en durée, où l'amour est complet et la joie parfaite. Je vis à cette occasion combien il y avait d'égoïsme, même dans un amour comme celui de M. Linton, cet amour qui le faisait se désespérer si vivement de cette délivrance bénie de Catherine. À coup sûr, si l'on songeait à l'existence agitée et impatiente qu'elle avait menée, on pouvait se demander si elle avait mérité, pour finir, un refuge de paix. On pouvait en douter dans les moments de la froide réflexion, mais non pas là, en présence de son corps; ce corps affirmait son entière tranquillité, et semblait attester qu'un repos pareil était échu à l'âme qui l'avait habité.

Le maître semblait dormir; peu de temps après le lever du soleil, je quittai la chambre et sortis à l'air pur et rafraîchissant; les domestiques pensèrent que je voulais secouer l'engourdissement de ma veille prolongée; en réalité, je voulais surtout voir M. Heathcliff. S'il était resté toute la nuit parmi les mélèzes, il n'avait pu rien entendre du bruit qui s'était fait à la Grange, à moins peut-être qu'il n'ait perçu le galop du messager envoyé à Gimmerton. S'il s'était rapproché de la maison, le mouvement des lumières et le bruit des portes ouvertes et refermées devait l'avoir averti que tout n'était pas en ordre à l'intérieur. Je désirais, et en même temps craignais de le rencontrer. Je sentais qu'il fallait dire la terrible nouvelle, et j'avais hâte d'en avoir fini; mais comment le faire, je ne le savais pas. Il était là, appuyé contre un vieux frêne, son chapeau à terre, et ses cheveux tout humides de la rosée qui s'était amassée sur les branches pleines de bourgeons, et qui tombait à petits coups autour de lui. Il avait dû rester longtemps debout dans cette position, car je vis un couple de merles qui passaient et repassaient à peine à trois pieds lui, occupés à faire leur nid, et ne faisant pas plus attention à sa présence que s'il était une bûche. À mon approche, ils s'envolèrent; lui leva les yeux vers moi:

—Elle est morte, me dit-il; je ne vous ai pas attendue pour l'apprendre; enlevez votre mouchoir, ne pleurnichez pas devant moi! Que le diable vous emporte tous! Elle n'a pas besoin de vos larmes.

Je pleurais autant pour lui que pour elle; il nous arrive de prendre en pitié des créatures qui ne connaissent la pitié ni pour eux ni pour d'autres. Tout de suite en apercevant son visage, j'avais compris qu'il connaissait la catastrophe; et comme ses lèvres remuaient et que ses yeux étaient baissés, l'idée folle m'avait prise que son cœur s'était humilié et qu'il priait.

—Oui, elle est morte, répondis-je, étouffant mes sanglots et séchant mes joues. Elle est, j'espère, allée au ciel, où chacun de nous peut aller la rejoindre si nous y faisons attention autant qu'il le faut, et si nous abandonnons les voies mauvaises pour suivre le bien.

—Est-ce donc qu'elle a pris les mesures qu'il convenait, elle aussi? demanda Heathcliff, essayant de railler. Est-elle morte comme une sainte? Allons, donnez-moi la véritable histoire de la chose. Comment, est-ce que...

Il essaya de prononcer le nom, mais ne put y parvenir; et, comprimant ses lèvres, il eut un combat silencieux avec son agonie intérieure, tout en continuant à défier ma sympathie par un regard immobile et féroce. Comment est-elle morte? reprit-il enfin, obligé, malgré son endurcissement, de chercher un appui derrière lui, car, après l'effort, il tremblait jusqu'au bout des doigts.

Pauvre malheureux, pensais-je; vous avez un cœur et des nerfs tout comme les autres hommes! Pourquoi prenez-vous ce soin à les cacher? Votre orgueil ne parviendra pas à aveugler Dieu.

—Elle est morte aussi tranquillement qu'un agneau, répondis-je tout haut. Elle a poussé un soupir, puis s'est redressée comme un enfant qui se réveille, et s'est remise à dormir. Cinq minutes après, j'ai senti un petit battement de son cœur, et c'était fini.

—Et a-t-elle... a-t-elle fait mention de moi? demanda-t-il, mais en hésitant, et comme s'il craignait que ma réponse à cette question ne lui révélât des détails qu'il ne pourrait pas supporter d'apprendre.

—Elle n'a pas une seule fois repris ses sens et n'a reconnu personne depuis l'instant où vous l'avez quittée. Maintenant elle repose avec un doux sourire sur ses traits, et ses dernières idées ont erré vers les anciens jours de bonheur. Sa vie s'en est allée dans un rêve charmant; puisse-t-elle s'éveiller aussi agréablement dans l'autre monde.

—Puisse-t-elle s'éveiller dans les tourments! s'écria-t-il avec une véhémence terrible, frappant du pied, et tombé dans un paroxysme soudain d'irrésistible passion. Eh quoi, elle est une menteuse jusqu'au bout! Où est-elle? Pas ici, pas dans le ciel, pas disparue; où? Oh, vous m'avez dit que vous ne vous souciiez pas de mes souffrances! Et moi je fais une prière, je la répète jusqu'à ce que ma langue s'engourdisse: Catherine Earnshaw, puissiez-vous ne pas trouver le repos aussi longtemps que je serai en vie! Vous m'avez dit que je vous ai tuée: hantez-moi, alors! Ceux que l'on a tués hantent leurs meurtriers, je crois. Je sais que des fantômes de morts ont erré sur la terre. Soyez toujours avec moi, prenez n'importe quelle forme, rendez-moi fou! Seulement ne me laissez pas dans cet abime, où je ne peux pas vous trouver. Oh! Dieu! c'est impossible! Je ne peux pas vivre sans ma vie! Je ne peux pas vivre sans mon âme!

Il frappa sa tête contre le tronc noueux de l'arbre, et, relevant ses yeux, il hurla, non comme un homme, mais comme une bête sauvage qu'on conduit à la mort. Je remarquai des taches de sang sur l'écorce de l'arbre, et je vis que sa main et son front en portaient aussi; très probablement la scène que je venais de voir était une répétition d'autres qui avaient eu lieu pendant la nuit. Je me trouvais répugnée plutôt qu'apitoyée; pourtant, il m'en coûtait de le quitter ainsi. Mais dans le moment où il reprit assez conscience de lui-même pour s'apercevoir que je le voyais, il me cria de m'éloigner et j'obéis. Je compris qu'il n'était pas de mon pouvoir de le calmer ou de le consoler.

Les funérailles de Madame Linton furent fixées au vendredi qui suivit sa mort; jusque là, son cercueil resta découvert, dans le grand salon, jonché de fleurs et de feuilles. C'est là que Linton passa ses jours et ses nuits, veillant la morte sans prendre aucun repos; et (circonstance que j'étais seule à connaître) Heathcliff, lui aussi, les passa sans dormir, caché dans le jardin. Je n'eus aucune communication avec lui; mais je me rendais bien compte qu'il ferait tout son possible pour entrer, et le soir du mardi, pendant que mon maître épuisé s'était vu forcé de se retirer pour quelques heures, j'ouvris l'une des fenêtres, émue de sa persévérance, et voulant lui donner une chance d'adresser un dernier adieu à l'image pâlie de son idole. Il ne manqua pas de profiter de cette occasion, mais il le fit très brièvement, et avec tant de prudence que nul bruit ne vint trahir son passage. En vérité, moi-même ne m'en serais pas aperçue si je n'avais trouvé la draperie dérangée autour du visage de la morte, et si je n'avais ramassé sur le plancher une boucle de cheveux blonds, attachés par un fil d'argent: cheveux qui provenaient d'un médaillon suspendu au cou de Catherine. Heathcliff avait ouvert le médaillon et jeté les cheveux de Linton qui y étaient contenus, les remplaçant par une boucle brune de ses cheveux à lui. J'enroulai ensemble les deux boucles et les renfermai toutes deux.

M. Earnshaw fut naturellement invité aux obsèques de sa sœur; il n'envoya pas d'excuse, mais ne vint pas, de sorte que, à l'exception de son mari, le cortège funèbre fut uniquement composé de fermiers et de domestiques. Isabella n'avait pas été invitée.

À la grande surprise des gens du village, Catherine ne fut enterrée ni dans la chapelle de famille des Linton, ni auprès des tombes de sa famille à elle; son tombeau fut creusé sur un tertre vert dans un coin du cimetière, à un endroit où le mur est si bas que la bruyère et l'airelle de la lande ont fini par l'envahir, et que la poussière de la tombe la cache presque en entier. Son mari repose maintenant au même endroit; ils n'ont l'un et l'autre qu'une simple pierre debout, et à leurs pieds une plaque grise, pour marquer la place de leurs corps.

CHAPITRE XIV

Ce même vendredi marqua pour tout un mois la fin des beaux jours. Dans la soirée le temps changea; le vent souffla du sud au nord-est, apportant d'abord la pluie, puis le grésil et la neige. Le lendemain matin, personne ne se serait douté qu'il y avait eu trois semaines de bel été; les primevères, les safrans étaient cachés sous la neige, les alouettes ne chantaient plus, et les jeunes feuilles des arbres étaient battues et noircies. Et combien lugubre, froide et déplaisante se traîna cette journée! Mon maître restait dans sa chambre; je m'étais installée dans le parloir solitaire, que j'avais converti en nursery: et je me tenais là, assise avec une petite poupée vivante et gémissante sur mes genoux, la berçant de temps à autre, ou bien regardant les flocons qui continuaient à tomber et qui bloquaient la fenêtre sans rideaux. Tout d'un coup la porte s'ouvrit et quelqu'un entra tout essoufflé et qui riait. Ma colère, pour un instant, fut plus grande que mon étonnement. Je supposai que c'était l'une des servantes, et je lui criai de cesser de rire.

—Finissez, finissez donc; comment avez-vous le courage de montrer votre gaieté ici? Que dirait M, Linton s'il vous entendait.

—Excusez-moi, me répondit une voix familière, mais je sais qu'Edgar est dans son lit et je ne peux pas me retenir.

Là-dessus, mon interlocutrice s'avança vers le feu, toute tremblante et portant la main à son côté.

—J'ai couru tout le long du chemin depuis Wuthering Heights, poursuivit-elle après une pause. Impossible de compter le nombre des chutes que j'ai faites. Oh! j'ai mal partout. Ne vous inquiétez pas, je vous expliquerai la chose dès que j'en aurai la force; mais ayez tout de suite l'obligeance de descendre et de commander une voiture pour me conduire à Gimmerton et de dire à une servante de prendre quelques vêtements dans ma garde-robe.

La visiteuse était Madame Heathcliff. Son apparence n'avait rien qui expliquât son rire. Ses cheveux ruisselaient sur ses épaules dégouttant de neige et d'eau. Elle portait son costume de jeune fille, qui convenait mieux, à son âge qu'à sa position, un petit manteau avec les manches courtes, et elle avait la tête et le cou nus. Le manteau était de soie fine, et la pluie l'avait collé à son corps; ses pieds avaient pour les protéger des petites pantoufles très minces. Joignez à tout cela une profonde entaille sous l'une des oreilles, entaille que le froid seul empêchait de saigner abondamment, une figure pâle, toute pleine de traces de coups, et un corps à peine en état de se porter, et vous comprendrez que ma première frayeur ne fut pas diminuée quand j'eus le loisir de l'examiner.

—Ma chère jeune dame, m'écriai-je, je ne sortirai pas d'ici et n'entendrai rien avant que vous ayez enlevé chacun de vos vêtements et mis à leur place des effets secs; et comme certainement vous ne pouvez pas aller cette nuit à Gimmerton, il est inutile de commander la voiture.

—Il faut absolument que j'y aille, dit-elle, à pied ou à cheval; mais je consens volontiers à m'habiller plus décemment. Ah! voyez comme cette neige me descend maintenant dans le cou!

Elle insista pour que je fasse comme elle voulait, et c'est seulement après que le cocher eut reçu l'ordre de se tenir prêt, et une servante d'empaqueter quelques effets indispensables, c'est alors seulement qu'elle m'autorisa à panser sa plaie et à l'aider à se changer.

—Et maintenant, Ellen, me dit-elle, lorsque j'eus fini et qu'elle se trouva assise près du feu avec une tasse de thé devant elle, asseyez-vous en face de moi et mettez à l'écart le baby de la pauvre Catherine, je ne veux pas le voir. Ne croyez pas que je ne me soucie pas de Catherine, parce que je me suis comportée si follement quand je suis entrée. J'ai pleuré, aussi, et amèrement; personne n'a eu autant que moi de raisons pour pleurer. Nous nous sommes séparées fâchées, vous vous rappelez, et je ne puis me le pardonner; mais il m'était impossible de sympathiser même sur ce point avec lui, cette bête brute. Oh! donnez-moi le tisonnier! Voici la dernière chose de lui que j'aie sur moi.» Elle fit glisser la bague d'or de son doigt et la jeta sur le plancher. «Je veux l'écraser, poursuivit-elle en la frappant avec un dépit enfantin, et puis je veux la brûler.» Et elle prit l'objet tout tordu et le jeta dans les charbons. Voilà, il pourra en acheter une autre s'il me rattrape de nouveau! Il serait capable de venir me chercher ici, pour exaspérer Edgar. Je n'ose pas rester, de crainte que cette idée ne passe dans sa tête maudite. Et puis Edgar n'a pas été bon pour moi, n'est-ce pas? Je ne veux pas venir implorer son assistance, ni lui apporter encore de nouveaux ennuis. La nécessité seule m'a forcée à chercher un abri ici; et encore si je n'avais pas su que je ne risquais pas de le rencontrer, je me serais arrêtée à la cuisine, je me serais lavé la figure, je me serais chauffée, je vous aurais fait dire de m'apporter ce dont j'avais besoin, et je serais partie n'importe où, ailleurs, hors de l'atteinte de ce monstre, de ce démon incarné. Ah! il était dans une telle rage! S'il m'avait attrapée! C'est bien dommage que Earnshaw ne soit pas son égal en force, je ne me serais pas sauvée avant de l'avoir vu démolir, si Hindley avait été capable de le faire.

—Allons, miss, interrompis-je, ne parlez pas si vite, vous allez défaire le mouchoir mouillé que j'ai mis autour de votre figure et l'entaille va saigner de nouveau. Buvez votre thé et prenez haleine, et cessez de rire: le rire est tristement hors de propos sous ce toit, et aussi dans votre condition.

—C'est vrai, reprit-elle. Écoutez donc cet enfant, il ne cesse pas de gémir: éloignez-le de moi pendant une heure, je ne puis rester ici plus longtemps.

—Je sonnai et remis l'enfant à une servante; puis je lui demandai ce qui l'avait portée à s'échapper de Wuthering Heights dans de telles conditions, et où elle avait l'intention d'aller, puisqu'elle refusait de rester avec moi.

—Je devrais et je voudrais rester, me répondit-elle, pour consoler Edgar et pour prendre soin de l'enfant, et aussi parce que la Grange est ma maison, en droit. Mais je vous dis qu'il ne m'y laisserait pas! Croyez-vous qu'il supporterait de me voir devenir grasse et gaie, et de songer que nous sommes tranquilles ici, sans prendre aussitôt la résolution d'empoisonner notre bonheur?

«Or, j'ai maintenant la satisfaction d'être sûre qu'il me déteste au point qu'il souffre sérieusement à me voir ou à m'entendre. L'aversion que je lui inspire est assez forte pour que je sois sûre qu'il ne me poursuivra pas à travers l'Angleterre si je parviens à m'échapper; il faut donc que je m'enfuie bien loin d'ici. Je suis revenue de mon premier désir d'être tuée par lui; je voudrais plutôt qu'il se tuât lui-même. Il a fait tout ce qu'il fallait pour éteindre mon amour, et ainsi je suis à mon aise. Je peux encore me rappeler combien je l'ai aimé, et je peux m'imaginer que je l'aimerais encore si... mais non, non. Si même il m'avait adorée, sa nature diabolique se serait montrée en quelque façon. Il faut que Catherine ait eu un goût bien pervers pour l'estimer, le connaissant si bien! Le monstre, s'il pouvait être effacé de la création aussi bien que de mon souvenir!»

—Taisez-vous, dis-je, il est cependant une créature humaine! Soyez plus charitable, il y a encore des hommes plus méchants.

—Il n'est pas une créature humaine, et n'a aucun droit à ma charité. Je lui ai donné mon cœur, il l'a pris et blessé à mort, puis me l'a rejeté. C'est avec le cœur que l'on sent, Ellen, et puisqu'il a détruit mon cœur, je n'ai plus le pouvoir de rien sentir pour lui.

«Et je ne le voudrais pas, quand même il en hurlerait à son jour de mort, et quand même il pleurerait des larmes de sang pour sa Catherine. Non certes, je ne le voudrais pas».

Et ici Isabella se mit à pleurer, mais aussitôt, essuyant ses larmes, elle reprit:

—Vous m'avez demandé ce qui m'a enfin obligée à fuir? C'est que je suis parvenue à exciter sa fureur à un degré plus grand encore que celui de sa méchanceté. Il s'est excité jusqu'à oublier la prudence diabolique dont il se vantait et il a procédé à une violence meurtrière. Le plaisir que j'ai éprouvé à me voir capable de l'exaspérer a réveillé enfin mon instinct de conservation; et si jamais je retombe entre ses mains, je lui ménage une vengeance à sa taille.

«Hier, comme vous savez, M. Earnshaw devait venir à l'enterrement. Dans cette intention, il se tint relativement sobre; mais la conséquence en fut que ce changement d'habitude lui donna des humeurs noires, et qu'au lieu d'aller à l'église, il s'assit près du feu et se mit à avaler des potées de gin et de brandy.

«Heathcliff—je frissonne rien qu'à le nommer—avait été un étranger pour la maison depuis dimanche jusqu'à ce matin. Si ce sont les anges qui l'ont nourri, ou son parent de l'enfer, je ne puis le dire, mais il y a près d'une semaine qu'il n'a pas mangé avec nous. Il revenait parfois le soir et montait dans sa chambre, où il s'enfermait au verrou—comme si quelqu'un rêvait de désirer sa compagnie!—et là il faisait on ne sait quelles prières, adressées sans doute au démon, jusqu'à ce que sa voix s'enrouait dans son gosier. Alors il se relevait et descendait de nouveau tout droit vers la Grange. Je m'étonne qu'Edgar n'ait pas envoyé chercher un constable et ne l'ait pas fait arrêter. Pour moi, si chagrinée que je fusse au sujet de Catherine, il m'était impossible de ne pas regarder cette période de délivrance de mon oppression comme des jours de fête.

«J'avais recouvré assez de force d'esprit pour écouter sans pleurer les éternelles leçons de Joseph, et pour me mouvoir à travers la maison avec plus de liberté. Ce Joseph et le petit Hareton sont les plus détestables compagnons qu'il y ait au monde. J'aimais mieux être assise avec Hindley, à écouter ses terribles discours, qu'avec le «petit maître» et son odieux précepteur, le sinistre vieillard. Quand Heathcliff était dans la maison, j'étais souvent forcée de rechercher leur société dans la cuisine ou de mourir de froid parmi les chambres humides et inhabitées. Mais quand il n'était pas là, comme c'était le cas cette semaine, j'installais une table et une chaise à un coin du foyer dans la grande chambre, sans nul souci de ce que faisait M. Earnshaw, qui d'ailleurs n'intervenait jamais dans mes arrangements. Il est maintenant plus tranquille qu'il n'avait l'habitude de l'être, pourvu seulement qu'on ne le provoque pas, plus abattu et moins furieux. Joseph affirme que c'est un homme changé, que le Seigneur a touché son cœur, et qu'il est sauvé «comme par le feu». J'ai vainement cherché à découvrir des signes de ce changement favorable, mais ce n'est pas mon affaire.

«Hier soir, j'étais assise dans mon coin à lire quelques vieux livres, et je restai ainsi jusque vers minuit. Il me semblait si affreux de remonter me coucher pendant que cette neige sauvage soufflait au dehors, et que mes pensées me ramenaient sans cesse vers le cimetière et la tombe nouvellement creusée. J'osais à peine lever les yeux de la page que je lisais, sûre que j'étais d'y voir aussitôt apparaître cette mélancolique scène. Hindley était assis en face de moi, la tête appuyée sur sa main, peut-être méditait-il sur le même sujet. Il avait cessé de boire avec tant d'excès, et pendant deux ou trois heures il n'eut ni un mouvement ni une parole. Il n'y avait pas d'autre bruit dans la maison que le hurlement du vent contre les fenêtres, le craquement des charbons dans le feu, et le cliquetis de l'éteignoir avec lequel de temps à autre je mouchais la chandelle. Hareton et Joseph devaient probablement dormir dans leur lit. En un mot, il faisait très triste, et tout en lisant je soupirais, car il me semblait que toute la joie s'était évanouie du monde pour n'y jamais rentrer.

«Le cruel silence fut enfin interrompu par le bruit du loquet de la cuisine. Heathcliff était revenu de sa veillée plus tôt que de coutume, à cause sans doute de l'orage soudain. La porte de la cuisine avait été verrouillée en dedans, et nous l'entendîmes faire le tour pour rentrer par l'autre porte. Je me levai, et j'imagine que mes traits portaient clairement l'expression de mes sentiments, car mon compagnon, qui avait tenu ses yeux fixés sur la porte, se retourna pour me regarder.

—Je vais le retenir dehors cinq minutes, s'écria-t-il, vous y consentez?

—Ah! si c'est pour moi, vous pouvez le laisser dehors toute la nuit, répondis-je. Mettez la clé dans la serrure et tirez le verrou.

«Earnshaw le fit, avant que son hôte fut arrivé devant la porte, puis il revint vers moi, installa son fauteuil de l'autre côté de ma table et s'y appuya, cherchant dans mes yeux une sympathie pour la haine brûlante qui étincelait dans les siens. Comme il avait à la fois le regard et les sentiments d'un meurtrier, il ne put découvrir en moi la sympathie qu'il cherchait, mais il en vit assez pour l'encourager à parler.

—Vous et moi, dit-il, nous avons un grand compte à régler avec cet homme-là. Si nous n'étions pas des lâches, nous pourrions nous arranger pour l'acquitter. Êtes-vous aussi douce que votre frère? Voulez-vous endurer jusqu'au bout sans essayer une seule fois de rendre ce qu'on vous fait?

—Je suis déjà lasse d'endurer, répondis-je, et j'accueillerais avec joie une façon de rendre qui ne retomberait pas sur moi-même, mais la ruse et la violence sont des lancés à deux pointes; elles blessent ceux qui y ont recours plus encore que leurs ennemis.

—La ruse et la violence sont un juste retour pour la ruse et la violence! cria Hindley. Madame Heathcliff, je ne vous demande de rien faire que de rester tranquille et d'être muette. Dites-moi maintenant, le pouvez-vous? Je suis sûr que vous auriez autant de plaisir que moi à voir finir l'existence de ce démon. Il sera votre mort si vous ne le dominez, et il sera ma ruine. Que le diable emporte le maudit vilain! Il frappe à la porte comme s'il était déjà le maître ici. Promettez-moi de vous taire, et avant trois minutes, vous êtes délivrée.

«Il prit sur sa poitrine l'objet dont je vous ai parlé dans ma lettre, et se prépara à éteindre la chandelle, mais je l'écartai de lui, et je saisis son bras.

—Je ne me tairai pas, dis-je, vous ne devez pas le toucher. Laissez la porte fermée et restez tranquille.

—Non, j'ai formé ma résolution, et, par Dieu, je l'exécuterai! cria cet être désespéré. Je vous rendrai ce service en dépit de vous-même, et je ferai justice à Hareton! Et vous ne devez pas vous troubler la tête pour me protéger. Catherine est morte, personne au monde ne me regrettera ou n'aura honte si je me coupe la gorge en cet instant, et il est temps de faire une fin.

«Je ne pouvais songer à lutter, non plus qu'à raisonner, avec lui: autant aurait valu lutter avec un ours ou raisonner avec un fou. La seule ressource qui me restait fut de courir vers une fenêtre et de prévenir la victime projetée du sort qui l'attendait.

—Vous feriez mieux de chercher abri quelque autre part cette nuit! m'écriai-je d'un ton un peu triomphant. M. Earnshaw est résolu à vous tuer si vous persistez à vouloir entrer.

—Vous feriez mieux d'ouvrir la porte, vous... répondit-il, m'appelant d'une expression élégante que vous me dispenserez de répéter.

—Je ne me mêlerai pas de l'affaire, répondis-je, entrez et soyez tué si cela vous plaît, j'ai fait mon devoir.

«Là-dessus, je refermai la fenêtre et revins tranquillement prendre ma place près du feu. Earnshaw jura furieusement contre moi, m'affirmant que j'aimais encore le vilain et m'appelant de toutes sortes de noms pour me faire honte de la bassesse d'esprit que je montrais. Et moi, dans le secret de mon cœur, je songeais quelle bénédiction ce serait pour lui si Heathcliff pouvait le mettre hors de cette vie de misères, et quelle bénédiction ce serait pour moi s'il envoyait Heathcliff vers le séjour qui lui revient de droit. Pendant que je nourrissais ces réflexions, la croisée qui était derrière moi fut jetée sur le sol par un coup de Heathcliff, dont je vis paraître dans l'espace vide la noire figure. Les grilles de la fenêtre étaient trop rapprochées pour lui permettre de passer l'épaule, et je souriais, me croyant en sûreté. Ses cheveux et ses vêtements étaient blancs de neige, et ses dents aiguës de cannibale, aiguisées encore par le froid et la colère, brillaient dans l'obscurité.

—Isabella, laissez-moi entrer, ou bien vous vous en repentirez, hurla-t-il.

—Je ne puis pas commettre un meurtre, répondis-je; M. Hindley se tient en sentinelle avec un couteau et un pistolet chargé.

—Laissez-moi entrer par la porte de la cuisine.

—Hindley y sera avant moi, répondis-je. Et puis quel pauvre amour est le vôtre, qui ne peut pas supporter une averse de neige! Aussi longtemps qu'a brillé la lune de l'été, vous nous avez laissés en paix dans nos lits, mais dès le premier souffle du vent d'hiver, il faut déjà que vous vous abritiez. Heathcliff, si j'étais de vous, j'irais m'étendre sur le tombeau de Catherine, et je m'y laisserais mourir comme un chien fidèle. Le monde à présent ne vaut sûrement pas la peine que vous y viviez, n'est-ce pas? Vous m'avez clairement persuadé que Catherine était l'unique joie de votre vie; je ne puis imaginer comment vous avez l'idée de lui survivre.

—Il est là, n'est-ce pas? cria Hindley, courant à la fenêtre. Si je puis passer mon arme, je vais l'attraper.

«J'ai peur, Ellen, que vous me trouviez méchante, mais vous ne savez pas tout, donc ne me jugez pas. Pour rien au monde je n'aurais prêté la main à un attentat sur sa vie, mais de désirer qu'il fut mort, je ne pouvais m'en empêcher; aussi fus-je affreusement désappointée et terrifiée des conséquences de mon provocant discours, lorsque je vis Heathcliff se jeter sur l'arme d'Earnshaw, et la lui arracher des mains. Le pistolet partit, et le couteau qui y était attaché s'enfonça dans le poing même d'Earnshaw. Heathcliff l'en retira par force, coupant la chair sur son passage, et le mit tout sanglant dans sa poche. Alors il prit une pierre, en frappa la grille qui séparait les deux croisées, et sauta dans la maison. Son adversaire était tombé par terre, évanoui sous la douleur excessive et le flot de sang qui coulait d'une artère. Le ruffian le foula aux pieds et frappa à plusieurs reprises sa tête contre les dalles, me retenant d'une main pour m'empêcher d'appeler Joseph. Par une force surnaturelle d'empire sur soi, il s'abstint d'achever sa victime, et quand il fut essoufflé, il s'arrêta, traîna sur le banc de bois le corps, qui paraissait inanimé. Puis il déchira la manche de la veste d'Earnshaw et lia la blessure avec une rudesse brutale, ne cessant pas de jurer. Me sentant libre, je courus aussitôt chercher le vieux domestique, qui finit par comprendre mon hâtif récit, et se précipita au bas de l'escalier. Qu'est-ce qu'il y a à faire maintenant? répétait-il.

—Il y a ceci, tonna Heathcliff, que votre maître est fou, et que s'il vit encore un mois de plus, je renverrai dans un asile.

—Et ainsi vous avez commis le meurtre sur lui! s'écria Joseph, levant ses mains et ses yeux en signe d'horreur. Si jamais j'ai vu un spectacle comme celui-ci! Puisse le Seigneur!...

«Heathcliff le poussa et le fit tomber à genoux au milieu du sang, qu'il lui ordonna d'essuyer; mais lui, au lieu de faire rien de pareil, il joignit ses mains et commença une prière dont les phrases bizarres me firent rire. J'étais dans une condition d'esprit à n'être choquée de rien; j'étais aussi désespérée et aussi indifférente que sont, à ce que l'on dit, les malfaiteurs au pied de la potence.

—Ah! je vous avais oubliée! me dit mon tyran. C'est vous qui allez faire cela. «Allons, à terre! Et vous conspirez avec lui contre moi, n'est-ce pas, vipère? Là, voilà de l'ouvrage pour vous!» Il me secoua jusqu'à faire craquer mes dents et me jeta à côté de Joseph qui, ayant terminé à la hâte ses prières, se leva, jurant qu'il allait partir tout de suite pour la Grange. M. Linton était un magistrat, et quand bien même il aurait perdu cinquante femmes, il ne pouvait manquer de venir faire une enquête. Joseph paraissait si obstiné dans sa résolution que Heathcliff jugea utile d'obtenir de mes lèvres le récit de ce qui s'était passé. Il se tint sur moi, me posant, avec un regard plein de malveillance, des questions auxquelles je répondais à contre-cœur. Il fallut beaucoup de peine pour persuader au vieux Joseph que Heathcliff n'était pas l'agresseur. Et comme M. Earnshaw donna bientôt à entendre qu'il était encore vivant, Joseph s'empressa de lui administrer une dose de brandy, qui ne tarda pas à rendre au blessé le mouvement et la conscience. Heathcliff, ayant constaté que son adversaire ne se doutait pas du traitement qu'il avait reçu pendant son évanouissement, se contenta de lui déclarer qu'il avait été ivre jusqu'au délire. Il lui dit qu'il n'attacherait pas d'autre importance à son atroce conduite, mais l'engagea à aller se coucher. À ma grande joie, lui-même nous quitta, après nous avoir donné ce judicieux conseil, et Hindley s'étendit sur la pierre du foyer. Je rentrai moi-même dans ma chambre, m'étonnant d'avoir pu échapper à si peu de frais.

«Ce matin, en descendant, environ une demi-heure avant midi, je trouvai M. Earnshaw assis auprès du feu, malade à mourir, tandis que son mauvais génie, presque aussi décharné et minable, s'appuyait contre la cheminée. Ni l'un ni l'autre ne paraissaient avoir envie de manger, de sorte que, après avoir attendu que tout fût froid sur la table, je commençai seule. Rien ne m'empêcha de manger à mon aise; et de temps à autre, en apercevant mes compagnons silencieux, j'éprouvais un certain sentiment de satisfaction et de supériorité à découvrir en moi le calme d'une conscience tranquille. Quand j'eus fini, je pris la liberté tout à fait exceptionnelle de me rapprocher du feu, de faire le tour du siège d'Earnshaw, et de m'agenouiller dans un coin à côté de lui.

«Heathcliff ne s'inquiéta pas de mes mouvements et je pus le considérer aussi librement que si son corps avait été changé en pierre. Son front, qui m'était autrefois apparu si viril et que je trouve maintenant si diabolique, était voilé d'un nuage lourd; ses yeux noirs étaient presque éteints par l'insomnie et peut-être aussi par les larmes; ses lèvres avaient perdu leur ricanement féroce et étaient marquées d'une expression d'indicible tristesse. S'il s'était agi de tout autre que de lui, je me serais couvert la figure en présence d'une telle douleur. Mais dans son cas, j'en étais heureuse; et pour ignoble que cela paraisse d'insulter un ennemi malheureux, je ne pouvais manquer la chance de le piquer. Sa faiblesse était le seul moment où il m'était permis de goûter le plaisir de rendre le mal pour le mal. Hindley voulut avoir de l'eau; je lui en tendis un verre et lui demandai comment il se trouvait.

—Pas aussi mal que je le voudrais, répondit-il, mais sans parler de mon bras, chaque pouce de mon corps est aussi malade que si j'avais lutté avec une légion de diablotins.

—Oui, cela n'a rien d'étonnant, lis-je alors. Catherine aimait à dire qu'elle se tenait entre vous et la douleur corporelle et qu'il y avait certaines personnes qui éviteraient de vous blesser par crainte de l'offenser. Il est heureux que les morts ne se relèvent pas de leurs tombeaux, sans quoi, la nuit dernière, elle aurait assisté à une scène bien répugnante! N'êtes-vous pas blessé et brisé partout sur la poitrine et aux épaules?

—Je ne puis dire, répondit-il, mais que prétendez-vous? A-t-il osé me frapper quand j'étais à terre?

—Il a marché sur vous, il vous a battu et vous a secoué contre les dalles, répondis-je tout bas; et sa bouche était impatiente de vous déchirer avec ses dents, et cela parce qu'il n'est homme qu'à demi, et, pour le reste, démon.

«M. Earnshaw se prit comme moi à considérer notre ennemi commun, qui, absorbé dans son angoisse, semblait insensible à tout autour de lui.

—Oh, si seulement Dieu voulait me donner la force de l'étrangler dans ma dernière agonie, c'est avec joie que j'irais en enfer! grommelait le misérable Hindley, faisant des efforts pour se relever, dans son impatience, et retombant désespéré avec la certitude de son infériorité.

—Non, il suffit qu'il ait tué l'un de vous, fis-je observer très haut. À la Grange, chacun sait que votre sœur vivrait encore sans M. Heathcliff. Après tout, il vaut encore mieux être haï qu'aimé par lui. Quand je me rappelle combien nous étions heureux, combien Catherine était heureuse avant son retour, je me sens obligée à maudire ce jour fatal.

«Très probablement Heathcliff fit plus d'attention à la vérité de ce que je venais de dire qu'à la personne qui l'avait dit. Son attention fut excitée, car ses yeux se remplirent de larmes et il tira de sa poitrine de profonds soupirs. Je le regardais en face avec un rire de dédain. Ses yeux, ces deux fenêtres d'enter, brillèrent un moment de mon côté, mais avec quelque chose de si noyé et de si amorti que je n'eus pas peur de me risquer à un nouveau rire.

—Allez-vous-en dans votre chambre et éloignez-vous de ma vue, dit Heathcliff.

«C'est du moins ce que je devinai qu'il dit, car ses paroles étaient à peine compréhensibles.

—Je vous demande pardon, repris-je, mais j'aimais Catherine moi aussi, et son frère réclame des secours que pour l'amour d'elle je veux lui donner. Maintenant qu'elle est morte, je la revois en Hindley. Hindley a exactement les mêmes yeux, et....

—Allez-vous-en, misérable idiote, avant que je ne vous batte à mort! cria-t-il en faisant un mouvement.

—Mais alors, poursuivis-je, me tenant prête à m'enfuir, si la pauvre Catherine avait eu confiance en vous et si elle avait pris le titre ridicule, méprisable et dégradant de Madame Heathcliff, elle aurait elle aussi présenté bientôt un tableau semblable, elle n'aurait pas supporté en silence votre abominable conduite, sa haine et son dégoût auraient trouvé une voix.

«Le dossier du banc et la personne d'Earnshaw s'interposaient entre lui et moi, de sorte que, au lieu d'essayer de m'atteindre, il prit sur la table un couteau et me le jeta à la tête. Je reçus le coup derrière l'oreille, mais je rejetai le couteau, courus vers la porte et lui adressai une phrase qui, j'espère, dut entrer plus avant que n'avait fait son projectile. La dernière vue que j'ai eue de lui a été un élan furieux qu'il a pris et où il a été arrêté par l'étreinte de Hindley, si bien que tous deux sont tombés sur le sol, empêtrés l'un dans l'autre. Dans ma course à travers la cuisine, j'ordonnai à Joseph d'aller rejoindre son maître, je secouai Hareton occupé à jouer dans le corridor, et, heureuse comme une âme échappée du Purgatoire, je sautais, je volais tout le long du sentier; et fâchée de ses détours, je finis par couper court à travers la lande, guidée par la lumière de la Grange. Et certes je préférerais être condamnée à un éternel séjour dans les régions infernales qu'à un séjour seulement d'une nuit de plus sous le toit de Wuthering Heights.»

Isabella cessa de parler et prit une tasse de thé; puis elle se leva, m'ordonna de lui mettre son bonnet et un grand châle que j'avais apporté, puis, sourde à ma prière de rester encore une heure, elle monta sur une chaise, baisa les portraits d'Edgar et de Catherine, et, après m'avoir embrassée à mon tour, descendit vers la voiture, accompagnée par Fanny qui aboyait de joie d'avoir retrouvé sa maîtresse. Elle partit et jamais plus elle ne devait revoir ces environs; mais une correspondance en règle s'établit entre elle et mon maître dès que les affaires furent mieux fixées. Je crois qu'elle est allée demeurer dans le sud, près de Londres, et que c'est là que lui est né un fils, quelques mois après son évasion. Cet enfant fut baptisé Linton, et dès les premières fois qu'elle en parla, elle nous le représenta comme une créature maladive et irritable.

M. Heathcliff, me rencontrant un jour dans le village, me demanda où elle habitait. Je refusai de le lui dire. Il répliqua que ma précaution était vaine, mais qu'Isabella devait bien se garder de venir chez son frère et que celui-ci, s'il tenait à la conserver, devait la détourner de venir chez lui. Malgré mon refus de lui donner aucune information, il découvrit, par quelque autre domestique, à la fois le lieu de son séjour et l'existence de l'enfant. Pourtant, il ne fit rien pour la tourmenter, en raison sans doute de son aversion pour elle. Il me demandait souvent des nouvelles de l'enfant quand il me rencontrait; lorsqu'il apprit le prénom qu'on lui avait donné, il ricana un sourire et me dit:

—Ils veulent donc que je le haïsse aussi, n'est-ce pas?

—Je ne crois pas qu'ils désirent que vous sachiez quelque chose à son sujet, répondis-je.

—Mais je saurai l'avoir quand j'en aurai besoin, reprit Heathcliff, ils peuvent y compter.

Par bonheur, la mère mourut avant que ce moment n'arrivât: c'était environ treize ans après la mort de Catherine, et le petit Linton avait alors un peu plus de douze ans.

Le jour qui suivit la visite inattendue d'Isabella, je ne trouvai pas l'occasion de parler à mon maître; il évitait toute conversation et semblait hors d'état de discuter quoi que ce soit. Quand je pus me faire entendre de lui, je vis qu'il avait plaisir à apprendre que sa sœur avait abandonné son mari. Il détestait ce dernier avec une intensité que l'on n'aurait jamais attendue d'une nature si douce.

Ce sentiment se joignit à son chagrin pour le transformer en un parfait ermite. Il évitait le village en toute occasion et passait une vie entièrement recluse dans les limites de son parc et de ses terres, vie variée seulement par de solitaires promenades sur la lande et des visites au tombeau de sa femme, généralement le soir, ou le matin de très bonne heure, pour être sûr de ne rencontrer personne. Mais il était trop bon pour être longtemps tout à fait malheureux. Il n'avait pas prié, lui, pour être hanté par l'âme de Catherine! Le temps lui apporta la résignation, et une mélancolie plus douce que la joie vulgaire. Il se rappelait la mémoire de la morte avec un amour ardent et tendre et il aspirait avec confiance vers un monde meilleur où il ne doutait pas qu'elle ne fût allée.

Dans la vie réelle, il trouva également une consolation et des affections. Je vous ai dit que pendant les premiers jours il semblait indifférent à la petite chose que sa femme lui avait laissée en partant: cette froideur se fondit aussi vite que la neige en avril, et avant que sa fille ne put balbutier une parole ou faire un pas, l'enfant régnait déjà en tyran sur son cœur. Elle s'appelait Catherine, mais jamais son père ne la nommait de son nom en entier, de même qu'il n'avait jamais voulu abréger le prénom de la première Catherine, probablement parce que Heathcliff avait l'habitude de le faire. La petite était toujours appelée Cathy: cela la distinguait pour lui de sa mère, et pourtant la rattachait à elle.

La fin de Hindley Earnshaw fut telle qu'on pouvait l'attendre; elle suivit de six mois à peine celle de sa sœur. Nous autres à la Grange, jamais nous n'avons très bien su quel a été son état pendant ces six mois; tout ce que j'ai appris, je l'ai su lorsqu'il m'a fallu aller aider aux préparatifs des funérailles. M. Kenneth arriva le premier annoncer l'événement à mon maître.

—Eh bien, Nelly, me dit-il un matin, entrant à cheval dans notre cour, de trop bonne heure pour que je n'en fusse pas alarmée; c'est à votre tour et au mien d'être en deuil à présent. Devinez-vous qui est mort?

—Et qui donc? demandai-je inquiète.

—Devinez, me répondit-il en descendant et en attachant la bride de son cheval à un crochet près de la porte. Et préparez le coin de votre tablier, je suis certain que vous en aurez besoin.

—Ce n'est pas M. Heathcliff, à coup sûr? m'écriai-je.

—Eh quoi! auriez-vous des larmes pour lui? Non, Heathcliff est un jeune gaillard, il a l'air tout fleuri aujourd'hui. Je viens justement de le voir. Il engraisse rapidement depuis qu'il a perdu sa moitié.

—Qui est-ce alors, M. Kenneth? répétai-je avec impatience.

—Hindley Earnshaw! Votre vieil ami Hindley, mon méchant compère, bien que depuis longtemps il soit devenu trop sauvage pour moi. Là! Je vous avais bien dit qu'il y aurait des larmes! Mais égayez-vous. Il est mort fidèle à son caractère, ivre comme un lord. Pauvre garçon, j'en suis bien affligé aussi. On ne peut pas s'empêcher de regretter un vieux compagnon, bien qu'il m'ait souvent joué les plus vilains tours. Il avait à peine trente ans, votre âge tout juste; qui aurait pensé que vous étiez nés la même année?

J'avoue que ce coup fut plus grand pour moi que celui même de la mort de Madame Linton: d'anciens souvenirs remontaient en foule à mon cœur. Je m'assis sur le seuil et je pleurai cruellement, incapable de conduire moi-même M. Kenneth auprès de mon maître. Je ne pouvais m'empêcher de me demander si le pauvre homme était mort de mort naturelle, et cette idée me tourmentait si obstinément que je résolus de demander la permission d'aller à Wuthering Heights et d'aider aux préparatifs de l'enterrement. M. Linton eut beaucoup de répugnance à consentir, mais je sus lui exposer avec éloquence dans quelles conditions misérables devait se trouver le cadavre et je lui dis que mon vieux maître et frère de lait avait bien droit à mes services. Je lui rappelai en outre que le petit Hareton était le neveu de sa femme et que, en l'absence de toute parenté plus proche, c'est lui qui aurait à prendre le rôle de tuteur, qu'il aurait aussi à s'enquérir de l'état de la propriété et de toutes les affaires de son beau-frère. Il était hors d'état en ce moment de s'occuper de tout cela, mais il m'ordonna d'en parler à son avocat et pour finir, il me permit d'aller aux Heights. Son avocat avait été aussi celui d'Earnshaw; j'allai tout de suite le voir à Gimmerton et lui demandai de m'accompagner. Mais il secoua la tête, me dit qu'il fallait laisser Heathcliff seul, et que, quand on connaîtrait la vraie situation, Hareton se trouverait aussi pauvre qu'un mendiant.

—Son père est mort très endetté, toute sa propriété est hypothéquée et la seule chance qui reste à son héritier naturel, est de toucher assez le cœur du créancier pour que celui-ci soit amené à user de douceur avec lui.

En arrivant aux Heights, j'expliquai que j'étais venue pour veiller à ce que tout se fit convenablement, et Joseph, qui avait l'air suffisamment éploré, se montra heureux de ma venue. M. Heathcliff dit qu'il ne voyait pas qu'on eût besoin de moi, mais que je pouvais rester et régler les funérailles, si cela me plaisait.

—En bonne justice, le corps de ce fou devrait être enterré dans le carrefour sans cérémonie d'aucune sorte. Comme il m'est arrivé de le perdre de vue dix minutes, hier après-midi, il a profité de cet intervalle pour verrouiller contre moi les deux portes et il a passé toute la nuit à boire pour se faire mourir. Ce matin, l'entendant ronfler comme un cheval, nous sommes entrés et nous l'avons trouvé ici, couché sur le banc: on aurait pu l'écorcher et le scalper sans le réveiller. J'ai envoyé chercher Kenneth, mais avant qu'il ne fût venu, la bête était changée en charogne. Non seulement il était mort, mais déjà il était froid et raide et vous comprenez qu'il n'eut pas été utile de se donner plus de peine à son endroit.

J'insistai pour que les funérailles fussent décentes. M. Heathcliff me dit que en cela encore je pouvais agir à ma guise; seulement il me rappela que l'argent pour toute cette affaire sortirait de sa poche à lui. Il conservait une attitude indifférente, n'indiquant ni joie ni chagrin; si l'on pouvait y lire quelque chose, c'était comme une vague satisfaction d'avoir proprement achevé une besogne difficile. Une fois, en vérité, je remarquai dans sa mine quelque chose comme du triomphe: ce fut à l'instant où l'on emportait le cercueil hors de la maison. Il avait eu l'hypocrisie de s'habiller en deuil et avant de suivre le cortège avec Hareton, il fit monter sur la table le petit malheureux et lui murmura avec un accent particulier:

—Et maintenant, mon brave garçon, vous êtes à moi. Et nous verrons bien si un arbre ne devient pas aussi tordu qu'un autre, quand c'est toujours le même vent qui souffle sur les deux.

La naïve petite créature prit plaisir à ce discours; il joua avec les favoris de Heathcliff et lui tapota la joue. Mais moi, qui avais deviné ce que le drôle voulait dire, je fis sèchement observer qu'il fallait que l'enfant retournât avec moi à Thrushcross Grange.

—Il n'y a rien au monde, dis-je à Heathcliff, qui soit moins à vous que lui.

—Est-ce aussi l'avis de Linton? demanda-t-il.

—Sans doute, c'est lui qui m'a ordonné de prendre l'enfant avec moi.

—Eh bien, dit le drôle, nous ne discuterons pas la question maintenant. Mais j'ai une envie de me faire la main en dressant un jeune garçon; ainsi donc, déclarez à votre maître que s'il veut m'enlever celui-ci, il faudra que je le remplace par mon propre fils. Je ne m'engage pas à laisser partir Hareton sans discussion, mais vous pouvez être tout à fait sûrs que, s'il part, je ferai venir l'autre. «Ayez bien soin de dire cela à votre maître.»

Cette menace suffisait pour nous lier les mains. Edgar Linton, à qui je la rapportai, ne parla plus d'intervenir.

L'hôte nouvellement venu était maintenant le maître de Wuthering Heights.

Il prouva à l'attorney, qui le prouva à son tour à M. Linton, que Earnshaw avait engagé jusqu'au moindre yard de ses terres pour avoir de quoi subvenir à sa manie de jeu, et que tout cela se trouvait engagé entre ses mains à lui, Heathcliff. De cette façon, Hareton, qui aurait dû être le premier gentleman du voisinage, fut condamné à une dépendance absolue vis-à-vis de l'ennemi invétéré de son père, et c'est ainsi qu'il vit dans la maison comme un domestique, privé même de l'avantage de toucher des gages, et tout à fait incapable de se faire droit à lui-même, à cause de son manque de relations, et de l'ignorance ou il est du tort qu'on lui a fait.

DEUXIÈME PARTIE

CHAPITRE PREMIER

Les douze années qui suivirent cette période, continua Madame Dean, furent les plus heureuses de ma vie: mes plus grands ennuis pendant ces années furent ceux que me causèrent les petites indispositions de la jeune Catherine, indispositions que tout enfant, riche ou pauvre, ne peut manquer de connaître. Pour le reste, dès son sixième mois elle était poussée comme un petit mélèze, et deux ans ne s'étaient pas écoulés depuis la mort de Madame Linton qu'elle pouvait déjà marcher et parler à sa façon. Elle était la créature la plus séduisante qui jamais ait apporté l'éclat du soleil dans une maison désolée: une réelle beauté de figure avec les jolis yeux noirs des Earnshaw, mais le teint clair et les petits traits et les blonds cheveux bouclés des Linton. Son caractère était hautain, mais nullement dur, et son cœur était extrêmement sensible dans ses affections. Par sa capacité d'intense attachement, elle rappelait sa mère; pourtant elle ne lui ressemblait pas, car elle pouvait être douce comme une colombe. Elle avait une voix caressante et une expression pensive, ses colères n'étaient jamais furieuses, son amour, avait autant de tendresse que de profondeur. Il faut bien avouer cependant qu'elle avait quelques défauts, avec toutes ces qualités: ainsi un penchant à être insolente, et cette humeur capricieuse qui ne manque jamais de naître chez les enfants trop gâtés, qu'ils soient d'ailleurs bons ou méchants. Lorsqu'il arrivait à un domestique de la vexer, c'était toujours: «je le dirai à papa», et si son père la blâmait, même d'un regard, on avait une affaire terrible. Je ne crois pas qu'il lui ait jamais adressé un mot un peu dur. Il s'était seul chargé de toute son éducation, et en avait fait un amusement. Elle, de son côté, curieuse et d'esprit vif, ne pouvait manquer d'être une bonne écolière: elle apprenait rapidement et faisait honneur à ses leçons.

Jusqu'à treize ans, jamais elle n'avait dépassé seule les limites du parc. En de rares occasions, M. Linton l'avait prise avec lui à un mille ou deux de sa maison, mais il ne la confiait à personne autre. Gimmerton était pour elle un nom vide de sens, la chapelle était le seul édifice dont elle se fut approchée et où elle fût entrée, en outre de sa propre maison. Wuthering Heights et M. Heathcliff n'existaient pas pour elle, elle vivait dans une parfaite réclusion et semblait en être parfaitement heureuse.

Je vous ai dit que Madame Heathcliff avait vécu à peu près une douzaine d'années après qu'elle avait quitté son mari. Sa famille était d'une constitution délicate, ni elle ni Edgar n'avaient la rude santé que vous rencontrerez généralement dans ces régions. Ce que fut sa dernière maladie, je ne le sais pas, mais je conjecture que ce fut la même dont son frère est mort, une espèce de fièvre, lente au début, mais incurable et mortelle. Elle écrivit à son frère pour l'informer de l'issue probable d'une maladie dont elle souffrait depuis quatre mois, et pour le prier de ne pas refuser de venir la voir, car elle avait bien des choses à régler, et elle désirait lui faire ses adieux et laisser le petit Linton en sûreté entre ses mains. Elle espérait que Linton pourrait rester avec lui comme il était resté avec elle, son père n'ayant sans doute aucun désir de se charger de son entretien ni de son éducation. Mon maître n'hésita pas un instant à se rendre à sa demande. Pour désagréable qu'il lui fût d'ordinaire de quitter sa maison, il partit aussitôt, recommandant Catherine à toute ma vigilance.

Trois semaines après, une lettre encadrée de noir vint nous annoncer le jour du retour de M. Edgar. Isabella était morte, il m'ordonnait de préparer une robe de deuil pour sa fille, et de tout arranger pour recevoir son jeune neveu. Catherine sauta de joie à l'idée de revoir son père, et se livra aussi aux plus brillantes prévisions sur les innombrables qualités de son cousin. Enfin ce fut le soir tant attendu de l'arrivée. Dès le matin, l'enfant s'était occupée à mettre en ordre ses petites affaires: et maintenant, vêtue de sa nouvelle robe noire, (la pauvre créature ne pouvait guère s'affliger beaucoup de la mort de sa tante) elle ne cessait pas de m'agacer pour me forcer à me promener avec elle tout le long de la propriété, jusqu'à ce que nous voyions arriver son père.

—Linton a six mois de moins que moi, observait-elle, tandis que nous errions lentement à l'ombre des arbres. Comme ce sera charmant de l'avoir pour compagnon de jeu! Tante Isabella a envoyé à papa une belle boucle des cheveux de son fils: ils étaient plus clairs que les miens et tout aussi fins. Je les ai soigneusement gardés dans une petite boîte de verre et j'ai souvent songé au plaisir que j'aurais à voir la tête dont ils provenaient. Oh! je suis heureuse! Et papa, le cher, cher papa! Venez, Ellen, courons, venez vite!

Elle courait, revenait, courait de nouveau, faisait ainsi plusieurs tours avant que mon pas tranquille ne fût arrivé à la porte du parc. Alors elle s'asseyait sur le petit banc plein d'herbe, et là, elle essayait d'attendre patiemment. Mais c'était impossible, elle ne pouvait pas rester une minute en repos.

—Comme ils sont longs, criait-elle; ah! je vois de la poussière sur le chemin, c'est eux qui viennent! Quand donc seront-ils ici? Ne pouvons-nous pas sortir un peu, rien que la moitié d'un mille, Ellen? Ne le refusez pas, seulement jusqu'à ce bouquet d'arbres, au tournant.

Je refusai obstinément; enfin son impatience trouva son terme, nous vîmes s'approcher la voiture des voyageurs. Miss Cathy se mit à crier et à étendre les bras dès qu'elle aperçut par la portière la figure de son père. Lui-même ne mit pas moins d'empressement à descendre vers elle, et longtemps ils n'eurent de pensées que l'un pour l'autre. Pendant qu'ils échangeaient leurs caresses, je jetai un regard à l'intérieur de la voiture pour voir le petit Linton. Il était endormi dans un coin, enveloppé dans un chaud manteau de fourrures comme si on avait été en hiver. C'était un garçon pâle, chétif et efféminé, que l'on aurait pu prendre pour le frère plus jeune de mon maître, tant la ressemblance était forte; mais il y avait dans son aspect quelque chose d'une maussaderie maladive que jamais Edgar n'avait eue. Ce dernier s'aperçut de ma curiosité, et, après m'avoir serré la main, il me dit de refermer la portière et de ne pas déranger l'enfant, que le voyage avait fatigué. Cathy aurait bien voulu le voir à son tour, mais son père lui dit de venir, et ils marchèrent ensemble à travers le parc, pendant que je courais en avant prévenir les domestiques.

—Et maintenant, chérie, dit M. Linton à sa fille, lorsqu'ils s'arrêtèrent au bas des marches de la maison, sachez que votre cousin n'est pas fort ni gai comme vous, et rappelez-vous qu'il vient de perdre sa mère: ne vous attendez donc pas à le voir tout de suite jouer et courir avec vous, et ne le fatiguez pas en lui parlant beaucoup; laissez-le tranquille au moins ce soir, voulez-vous?

—Oui, oui, papa, répondit Catherine, mais je veux le voir, et il n'a pas une seule fois regardé à la portière.

La voiture s'arrêta. L'enfant fut réveillé et porté à terre par son oncle.

—Voici votre cousine Cathy, Linton, dit mon maître, mettant l'une dans l'autre les mains des enfants. Elle vous aime déjà, mais ayez bien soin de ne pas la chagriner en pleurant, ce soir. Essayez maintenant d'être gai. Le voyage est fini et vous n'avez pas autre chose à faire qu'à vous reposer et à vous amuser à votre aise.

—Alors, laissez-moi aller au lit! répondit l'enfant, peu soucieux des saluts de Catherine, et mettant ses doigts dans ses yeux pour essuyer des larmes toutes prêtes.

—Allons, allons, voilà un brave enfant! murmurai-je pendant que je le faisais entrer. Vous allez la faire pleurer aussi; voyez combien elle a de chagrin pour vous.

Je ne sais pas si c'était par compassion pour lui, mais sa cousine faisait une aussi triste figure que lui-même en revenant vers son père. Tous trois montèrent dans la bibliothèque, où le thé était déjà servi. Je retirai le bonnet et le manteau de l'enfant et je l'installai sur une chaise près de la table; mais il ne fut pas plus tôt assis qu'il se mit à pleurer de nouveau. Mon maître lui demanda ce qu'il avait.

—Je ne peux pas rester assis sur une chaise, sanglota l'enfant.

—Alors, allez vous mettre sur le sofa, et Ellen vous apportera du thé, répondit patiemment son oncle.

J'eus le sentiment qu'il avait été très éprouvé pendant le voyage par la société de cet enfant inquiet et souffreteux, qui, à ce moment, se releva lentement de sa chaise et s'étendit sur le canapé. Cathy vint placer à côté de lui un tabouret, où elle s'assit avec sa tasse. D'abord elle ne dit rien. Mais cela ne pouvait durer, et bientôt elle se mit à caresser les cheveux de son petit cousin, et à baiser ses joues et à lui offrir du thé dans sa soucoupe comme à un bébé. Ceci lui plut, car il n'était guère autre chose qu'un bébé; il sécha ses yeux et ses traits s'éclairèrent dans un faible sourire.

—Oh! cela ira très bien, me dit le maître après les avoir observés une minute; très bien, si seulement nous pouvons le garder, Ellen. La compagnie d'un enfant de son âge ne peut tarder à lui inspirer un nouvel esprit; et à désirer d'être fort, il finira par le devenir.

—Oui, si nous pouvons le garder, pensai-je en moi-même, et j'eus le triste pressentiment qu'il n'y avait guère à l'espérer. Fallait-il donc que cet être chétif allât vivre à Wuthering Heights? Entre son père et Hareton, quelle compagnie et quelle instruction il allait trouver! Mes pressentiments se réalisèrent bientôt, plus tôt que je n'aurais pensé. Le thé fini, j'avais fait monter les enfants, et après que Linton s'était endormi (car il ne voulut pas me laisser le quitter avant qu'il fût endormi), j'étais redescendue. Je me tenais près de la table dans le salon, préparant une bougie pour M. Edgar, lorsqu'une servante arriva de la cuisine m'informer que le domestique de M. Heathcliff, Joseph, était à la porte et désirait parler au maître. «Je vais d'abord lui demander ce qu'il veut, dis-je toute tremblante. Une heure bien invraisemblable pour déranger les gens, et au moment même où ils reviennent d'un long voyage! Je ne crois pas que le maître puisse le voir aujourd'hui.

Cependant, Joseph avait traversé la cuisine et se présentait maintenant à l'entrée du salon. Il était vêtu de ses habits du dimanche, avec sa figure la plus solennelle et la plus aigre et, tenant d'une main son chapeau, de l'autre son bâton, il était en train de se nettoyer les pieds sur le paillasson.

—Bonsoir, Joseph, dis-je froidement. Quelle affaire vous amène ici ce soir?

—C'est à M. Linton que je dois parler, répondit-il, en m'écartant dédaigneusement de la main.

—M. Linton se prépare à aller au lit, à moins que vous n'ayez quelque chose de très particulier à lui dire, je suis sûre qu'il ne pourra pas vous entendre maintenant. Vous ferez mieux de vous asseoir ici et de me confier votre message.

—Où est sa chambre? poursuivit le personnage, examinant la rangée des portes fermées.

Je vis bien qu'il était décidé à refuser ma médiation: très à contre-cœur, j'entrai dans la bibliothèque, et j'annonçai cet intempestif visiteur, conseillant à M. Linton de l'ajourner au lendemain. Mais M. Linton n'eut pas le temps de m'y autoriser, car Joseph était monté derrière moi, et, se précipitant dans l'appartement, s'était planté au bout de la table, ses deux poings serrés sur la tête de sa canne. D'une voix très haute, comme s'il s'attendait à de l'opposition, il commença:

—Heathcliff m'a envoyé chercher son garçon, et je ne dois pas revenir sans lui.

Edgar Linton resta une minute sans parler. Une expression d'extrême chagrin envahit ses traits; il aurait eu pitié de l'enfant par lui seul, quand même il ne se serait pas rappelé les frayeurs et les espoirs d'Isabella, et ses vœux inquiets pour son fils, et la façon dont elle l'avait recommandé à ses soins. La perspective de livrer l'enfant le peinait amèrement, et il cherchait dans son cœur un moyen de l'éviter. Mais aucun projet ne s'offrit à lui. Il savait que de manifester le moindre désir de le garder n'aurait fait que rendre plus péremptoire la réclamation d'Heathcliff. Il ne lui restait qu'à se résigner. Pourtant, il ne voulut pas réveiller l'enfant de son sommeil.

—Dites à M. Heathcliff, répondit-il d'un ton calme, que son fils ira demain à Wuthering Heights. Il est au lit et trop fatigué à cette heure pour faire encore une telle course. Vous pouvez lui dire aussi que la mère de Linton a désiré qu'il restât sous ma garde et que, du moins à présent, sa santé est très précaire.

—Non, dit Joseph, prenant un air d'autorité, non, cela ne signifie rien. Heathcliff ne tient aucun compte de la mère ni de vous non plus; il veut avoir son garçon, et il faut que je le prenne tout de suite.

—Vous ne le prendrez pas ce soir, répondit Linton avec décision. Descendez aussitôt et allez répéter à votre maître ce que je vous ai dit. Ellen, montrez-lui le chemin. Allez.

Et, poussant du bras le vieillard indigné, il en débarrassa la chambre, puis ferma la porte.

—Très bien, cria Joseph, se retirant lentement. Demain, Heathcliff viendra lui-même, et vous le mettrez dehors si vous l'osez.

CHAPITRE II

Pour empêcher cette menace de se réaliser, M. Linton m'ordonna, le lendemain matin, de conduire l'enfant chez son père sur le poney de Catherine, et il me dit: «Comme nous n'aurons aucune influence sur sa destinée, bonne ou mauvaise, il ne faut pas que vous disiez à ma fille où il est allé. Il est impossible désormais qu'elle ait des relations avec lui et il vaut mieux qu'elle ne sache pas qu'il est dans le voisinage, car alors elle n'aurait plus de repos et ne songerait qu'à faire visite aux Heights. Vous lui direz simplement que le père de son cousin l'a envoyé chercher en hâte et que nous avons dû le laisser partir.»

L'enfant parut très fâché d'être réveillé à cinq heures du matin, et surpris d'apprendre qu'il lui fallait se préparer à un nouveau voyage; mais j'adoucis la chose en lui disant qu'il allait passer quelque temps avec son père qui, dans son impatience de le voir, n'avait pu se résigner à attendre qu'il fût entièrement reposé.

—Mon père? s'écria Linton, singulièrement embarrassé, maman ne m'a jamais dit que j'avais un père. Où demeure-t-il? J'aimerais mieux rester ici avec mon oncle.

—Il demeure tout près d'ici, répondis-je, tout juste derrière ces collines, si près que vous pourrez venir ici à pied quand vous serez en train. Et vous devez être heureux de rentrer dans votre maison et de voir votre père. Il faut que vous essayiez de l'aimer comme vous aimiez votre mère et alors lui aussi vous aimera.

—Mais pourquoi n'ai-je pas entendu parler de lui auparavant? Pourquoi maman et lui ne vivaient-ils pas ensemble, comme tout le monde?

—Ses affaires le retenaient dans le Nord, répondis-je, tandis que votre mère était forcée par sa santé à résider dans le Midi.

—Et pourquoi maman ne m'a-t-elle jamais parlé de lui? Elle m'a souvent parlé de mon oncle, et il y a longtemps que j'ai appris à l'aimer. Mais comment ferai-je pour aimer papa? Je ne le connais pas.

—Oh! dis-je, tous les enfants aiment leurs parents. Votre mère aura sans doute pensé que si elle vous parlait trop souvent de votre père, vous auriez le désir d'être avec lui. Mais hâtons-nous, une promenade à cheval par une si belle matinée est bien préférable à une heure de sommeil de plus.

—Et, est-ce qu'elle viendra avec nous, la petite fille que j'ai vue hier?

—Pas à présent, répondis-je.

—Et mon oncle?

—Non plus, c'est moi qui vous conduirai.

Je fis de mon mieux pour le convaincre du mal qu'il y aurait à montrer de la répugnance pour rencontrer son père; mais il refusa obstinément de faire sa toilette, et j'eus à appeler mon maître pour m'aider à le tirer hors du lit. Enfin la pauvre créature fut mise sur pied, avec toutes sortes d'espérances trompeuses sur la courte durée de son séjour chez son père. Un lui promit que MM. Edgar et Cathy iraient lui faire visite, et maintes autres choses que j'inventais et lui répétais tout le long de la route. La pure beauté de l'air, l'éclat du soleil, la douceur du cheval, finirent après un instant par triompher de sa mauvaise humeur. Il se mit à me questionner sur sa nouvelle maison et ses habitants.

—Est-ce que Wuthering Heights est un endroit aussi agréable que Thrushcross-Grange? me demanda-t-il en se retournant pour jeter un dernier regard sur la vallée, d'où montait un léger brouillard estompant de laine blanche le bleu du ciel.

—Les Heights ne sont pas si entourés d'arbres, ni tout à fait si grands, répondis-je, mais on a une très belle vue du pays, et puis l'air est plus sain pour vous, plus frais et plus sec. Il est possible que dans les premiers temps, la maison vous paraisse vieille et sombre, malgré que ce soit une maison respectable, la meilleure après la Grange dans toute la contrée. Et puis vous aurez de si belles courses à faire sur la lande! Hareton Earnshaw, qui est le cousin de Miss Cathy et par suite un peu le vôtre, vous montrera les endroits les plus agréables. Quand le temps sera beau, vous pourrez apporter un livre et étudier dans un vert retrait; et puis, de temps à autre, votre oncle viendra faire une promenade avec vous; il lui arrive souvent de se promener sur ces collines.

—Et comme quoi est-il, mon père? demanda-t-il. Est-il aussi jeune et aussi beau que mon oncle?

—Il est aussi jeune, mais il a les cheveux et les yeux noirs, et l'air plus sombre; il est aussi plus grand et plus fort. Il est possible, que d'abord il ne vous paraisse pas si doux et si bon, parce que ses manières sont tout autres; mais rappelez-vous d'être franc et cordial avec lui, et naturellement il vous aimera mieux qu'aucun oncle, puisque vous êtes son fils.

—Les cheveux et les yeux noirs? murmurait Linton. Je ne puis me l'imaginer. Alors, je ne suis pas comme lui, n'est-ce pas?

—Pas beaucoup, répondis-je.

Et en moi-même, je songeais qu'il aurait fallu répondre: «pas du tout», et je considérais avec regret le teint pâle et les formes frêles de mon compagnon, et ses grands yeux languides, les yeux de sa mère, mais privés de tout ce qu'il y avait chez Isabella de brillant esprit, sauf lorsque, par instants, une impression maladive venait animer le regard de l'enfant.

—Comme c'est étrange, qu'il ne soit jamais venu nous voir, maman et moi! poursuivait Linton. M'a-t-il jamais vu? S'il m'a vu, c'est quand j'étais tout enfant. Je ne me rappelle pas une seule chose de lui!

—Hé, Master Linton, dis-je, trois cents milles sont une grande distance, et dix ans n'ont pas pour une personne d'âge la longueur qu'ils ont pour vous. Il est probable que M. Heathcliff se proposait de venir tous les étés, mais sans jamais trouver une occasion convenable, et maintenant, il est trop tard. Ne le troublez pas de questions sur ce sujet, cela le fâcherait sans profit.

L'enfant fut tout occupé à ses propres pensées jusqu'au terme du voyage. Lorsque nous nous arrêtâmes devant la porte du jardin, je le regardai pour saisir ses impressions. Il observait avec une attention solennelle le fronton sculpté, et les fenêtres et les buissons de groseilles, et les sapins tordus; après quoi il secoua la tête, comme si ses sentiments intimes désapprouvaient tout à fait l'apparence extérieure de son nouveau séjour. Mais il eut le sens d'ajourner ses plaintes, avec l'espoir que l'intérieur pourrait apporter une compensation. Avant qu'il fût descendu de cheval, j'allai ouvrir la porte; il était six heures et demie; la famille venait de finir de déjeuner et la servante était occupée à desservir la table. Joseph se tenait debout auprès de la chaise de son maître et lui racontait quelque chose sur un cheval boiteux. Hareton se préparait à aller faire les foins.

—Holà, Nelly! dit M. Heathcliff en m'apercevant, je craignais d'avoir à descendre moi-même à la Grange pour aller chercher ce qui m'appartient; mais vous me l'avez apporté, n'est-ce pas?

Il se leva et alla vers la porte: Hareton et Joseph le suivirent, tout allumés de curiosité. Le pauvre Linton jetait sur ces trois figures un regard épouvanté.

—À coup sûr, dit Joseph, après une grave inspection, il vous ressemble, maître, et voilà votre garçon.

Heathcliff poussa un rire de mépris.

—Dieu! quelle beauté! Quelle aimable et charmante créature! s'écria-t-il; on me l'aura nourri de limaçons et de petit lait, n'est-ce pas, Nelly? Que le diable m'emporte, c'est pire que je ne pensais, et le diable sait que je ne m'attendais pas à grand'chose!

Je fis descendre de cheval, puis entrer dans la maison, l'enfant tremblant et égaré. Il ne comprenait pas tout à fait la signification du discours de son père, ou bien ne se rendait pas compte qu'il en était l'objet; en vérité, il n'était pas encore certain que cet étranger sarcastique et dur fût son père. Mais il se serra contre moi avec un tremblement croissant; et comme M. Heathcliff avait pris un siège et l'avait appelé vers lui, il cacha son visage sur mon épaule et se mit à pleurer.

—Allons, allons, dit Heathcliff, étendant la main vers lui et l'attirant vivement entre ses genoux, puis le prenant par le menton. Pas de ces folies! Nous n'allons pas vous faire mal, Linton: c'est votre nom, n'est-ce pas? Ah! vous êtes bien entièrement l'enfant de votre mère! Où est ma part en vous, petit poulet pleurnichard?

Il enleva le bonnet de l'enfant, et, rejeta en arrière ses épaisses boucles blondes; puis il tâta les maigres bras et les petits doigts de son fils qui, pendant cet examen, cessa de pleurer, et leva ses grands yeux bleus sur son examinateur.

—Me connaissez-vous? demanda Heathcliff, après avoir constaté que tous les membres de l'enfant étaient également faibles et frêles.

—Non, dit Linton avec une peur vague.

—Non! Quelle honte que votre mère n'ait jamais cherché à éveiller votre pitié filiale envers moi! Eh bien, apprenez que vous êtes mon fils; et votre mère était une méchante coquine de vous laisser dans l'ignorance du sort de votre père. Allons, ne reculez pas et ne rougissez pas de cette façon, malgré que ce soit toujours une façon de montrer que vous avez du sang rouge. Soyez un bon garçon, et nous nous entendrons. Nelly, si vous êtes fatiguée, vous pouvez vous asseoir, sinon retournez à la Grange. Je devine bien que vous aurez à y rapporter tout ce que vous avez entendu et vu, et le plus tôt sera le mieux.

—Eh bien, répondis-je, j'espère que vous serez bon pour l'enfant, M. Heathcliff, faute de quoi vous ne le garderez pas longtemps; et il est le seul parent que vous ayez désormais dans le monde, ne l'oubliez pas.

—Je serai très bon pour lui, soyez sans crainte, dit-il en riant. Seulement, j'entends que personne autre ne soit bon pour lui, je veux avoir le monopole de ses affections. Et pour inaugurer mes bons procédés, Joseph, apporter à cet enfant quelque chose pour déjeuner. Hareton, infernal veau, allez à votre ouvrage! Oui, Nelly, ajouta-t-il, quand ils furent partis, mon fils est l'héritier présomptif de la Grange, et je ne veux pas qu'il meure avant d'être assuré d'avoir sa succession. De plus, il est à moi, et je veux avoir le triomphe de voir mon descendant maître de leurs biens. C'est la seule considération qui pourra me faire supporter ce petit drôle: car je le méprise pour lui-même et je le hais pour les souvenirs qu'il fait revivre. Mais cette considération suffit: mon enfant sera aussi en sûreté chez moi, et élevé aussi soigneusement, que celui de votre maître chez lui. J'ai une chambre là-haut, toute prête pour lui, dans le style le plus élégant. J'ai aussi engagé un tuteur, qui doit venir trois fois par semaine, de vingt milles d'ici, pour lui enseigner ce qu'il voudra apprendre. J'ai ordonné à Hareton de lui obéir. En fait, j'ai arrangé toutes choses pour préserver en lui le supérieur et le gentleman. Je regrette seulement qu'il mérite si peu tout ce dérangement: si je pouvais désirer quelque bonheur dans ce monde, c'était de trouver en lui un digne objet de fierté, et je suis amèrement désappointé avec ce petit misérable tout pâlot et tout geignant.

Pendant qu'il parlait, Joseph revint avec un plat de porridge au lait, et le plaça devant Linton, qui considéra cette nourriture domestique avec un regard d'aversion et déclara qu'il ne pouvait pas le manger. Je vis que le vieux domestique partageait pleinement le mépris de son maître pour l'enfant, mais qu'il se trouvait obligé de garder pour lui son sentiment, à cause du désir d'Heathcliff de voir son fils respecté de ses inférieurs.

—Vous ne pouvez pas le manger? répéta-t-il, regardant en face le petit Linton, et baissant la voix pour ne pas être entendu. Mais Master Hareton n'a jamais mangé autre chose quand il était petit; et ce qui était assez bon pour lui doit être assez bon pour vous, il me semble.

—Je n'en mangerai pas, répondit Linton d'un ton hargneux. Enlevez cela d'ici.

Joseph prit le plat avec un geste indigné et vint nous l'apporter.—Y a-t-il quelque chose de mauvais dans cette nourriture? demanda-t-il en la présentant à Heathcliff.

—Et qu'est-ce qu'il y aurait de mauvais?

—Ah! fit Joseph, c'est que ce garçon a le goût difficile et dit qu'il ne peut pas en manger. Mais sa mère était comme lui.

—Ne me parlez pas de sa mère, dit le maître d'un ton lâché; donnez-lui quelque chose qu'il puisse manger, voilà tout.

—Quelle est sa nourriture ordinaire, Nelly?

J'indiquai du lait chaud ou du thé; et des ordres furent donnés en conséquence à la servante.

—Allons, me dis-je, l'égoïsme de son père contribuera du moins à lui rendre la vie confortable. Heathcliff se rend compte de la constitution délicate de l'enfant et de la nécessité de le bien traiter. M. Edgar sera consolé en apprenant que les choses ont pris cette tournure.

Comme je n'avais pas d'excuse pour rester plus longtemps, je sortis, me glissant hors de la chambre, pendant que Linton était occupé à repousser timidement les avances d'un gros chien de berger. Mais le garçon était trop en alerte pour ne pas me voir, et comme je fermais la porte, je l'entendis pleurer en répétant avec frénésie:

—Ne me quittez pas!—Je ne veux pas rester ici! je ne veux pas rester ici!

J'entendis alors que l'on soulevait, puis qu'on laissait retomber le loquet; on se refusait à le laisser sortir. Je montai sur le cheval et le mis au trot. Ainsi se termina ma courte surveillance.

CHAPITRE III

Nous eûmes bien de l'embarras avec Cathy ce jour là; elle s'était levée toute joyeuse, impatiente de rejoindre son cousin; et lorsqu'elle apprit son départ, elle eut des larmes et des lamentations si passionnées qu'Edgar lui-même fut obligé, pour la calmer, d'affirmer que Linton ne tarderait pas à revenir: «Si seulement je puis l'obtenir» ajouta-t-il, et c'était ce qu'il n'espérait guère. Cette promesse ne put la rassurer tout à fait; mais le temps eu plus de pouvoir; et la jeune fille, tout en demandant parfois à son père quand Linton reviendrait, finit par oublier complètement ses traits.

Toutes les fois que j'avais l'occasion de rencontrer à Gimmerton la servante de Wuthering Heights, je lui demandais comment allait l'enfant, car il vivait aussi retiré que Catherine elle-même, et jamais on ne le voyait. J'appris de cette femme qu'il continuait à être de faible santé et de fatigante compagnie. M. Heathcliff semblait le prendre sans cesse davantage en aversion, tout en se donnant quelque peine pour cacher son sentiment; il avait delà répugnance pour le son de sa voix, et ne pouvait se résoudre à rester dans une même chambre avec lui. Rarement le père et l'enfant se parlaient. Linton apprenait ses leçons et passait ses soirées dans un petit appartement qu'on avait appelé le parloir; le reste de la journée il ne sortait pas de son lit, ayant toujours des toux, et des rhumes, et des douleurs de toutes sortes.

—Et jamais je n'ai connu une créature si peu courageuse, ajouta la femme, ni si préoccupée d'elle-même. «Si je laisse la fenêtre ouverte un peu tard dans la soirée, il se plaint, comme si un souffle d'air devait le tuer. Il demande à avoir du feu au milieu de l'été; et la fumée de la pipe de Joseph est du poison pour lui; et il faut toujours qu'il ait des sucreries et des friandises, et toujours du lait, sans s'occuper de ce qui reste pour nous. Il est là, enveloppé dans son manteau de fourrures et assis dans son fauteuil près du feu, à grignoter; et si, par compassion, Hareton vient l'amuser—car Hareton est d'une nature rude, mais pas méchant—ils ne manquent pas de se séparer bientôt, l'un avec des jurons et l'autre avec des larmes. Je crois que, si ce n'était pas son fils, le maître autoriserait volontiers Earnshaw à le battre; et je suis sûre qu'il serait capable de le mettre à la porte s'il connaissait seulement la moitié des commodités dont il s'entoure. Mais, sans doute pour ne pas courir le danger d'en être tenté, jamais il n'entre dans le parloir; et si le petit Linton fait des manières devant lui, il l'envoie aussitôt dans sa chambre.»

Je devinai, d'après ces paroles, que le manque de toute sympathie avait rendu le jeune Heathcliff égoïste et désagréable, à supposer qu'il ne l'ait pas été de naissance; et ainsi mon intérêt pour lui décrût, malgré que je continuasse à plaindre son sort, et à regretter qu'on ne l'eût pas laissé avec nous. M. Edgar m'encourageait à obtenir des renseignements: il pensait beaucoup à son neveu et aurait couru de grands risques pour le voir. Il me dit une fois de demander à la servante si le petit Linton allait jamais à Gimmerton. Mais la servante me répondit qu'il n'y était allé que deux fois, à cheval, en compagnie de son père, et que les deux fois il s'était plaint d'être tout courbaturé pendant les jours qui avaient suivi. Deux ans après l'arrivée du petit, cette servante quitta la maison et fut remplacée par une autre que je ne connais pas.

La vie se poursuivit à la Grange, de la même gentille façon qu'autrefois, jusqu'à ce que Miss Cathy eut seize ans. Nous ne fêtions jamais l'anniversaire de sa naissance, parce que c'était aussi l'anniversaire de la mort de ma défunte maîtresse. Son père ne manquait jamais de passer cette journée seul, dans la bibliothèque; le soir tombant, il allait jusqu'au cimetière de Gimmerton, et souvent prolongeait son absence au-delà de minuit. Catherine se trouvait donc ce jour-là abandonnée à elle-même. Le 20 mars fut, cette année-là une admirable journée de printemps. Après que son père se fut retiré, la jeune fille descendit, habillée pour sortir, et me demanda de faire avec elle une promenade sur la lande; M. Linton l'y avait autorisée, pourvu que la promenade fut courte et ne dépassât pas une heure.

—Ainsi, hâtez-vous, Ellen, me cria-t-elle. Je sais où je veux aller: il y a un endroit où s'est fixée toute une colonie d'oiseaux, et je veux voir s'ils ont fait leurs petits.

—Mais cela doit être très loin, répondis-je.

—Non, du tout, j'y suis allée avec papa.

Je mis mon bonnet et sortis, sans plus songer à la chose. Elle sautait devant moi, puis retournait me rejoindre, et de nouveau s'élançait en avant comme un jeune lévrier. Moi-même étais toute heureuse à écouter chanter les alouettes, et à jouir de la douce chaleur du soleil, et à considérer ma délicieuse petite amie, avec ses boucles dorées volant sur ses épaules, et ses joues brillantes comme des roses sauvages, et ses yeux tout rayonnants de plaisir parfait. Elle était véritablement comme un ange, dans ce temps-là.

—Eh bien, lui dis-je, où donc sont vos oiseaux, miss Cathy? Nous devrions y être arrivées et nous sommes déjà très loin du parc.

—Oh, un petit peu plus loin, un tout petit peu plus loin, Ellen! me répondait-elle. Vous n'avez qu'à monter cette petite colline, et avant que vous ne soyez arrivée de l'autre côté, j'aurai fait lever les oiseaux.

Mais il y avait tant de collines à grimper que je finis par me sentir fatiguée, et lui dis de nous arrêter et de revenir à la maison. Mais elle, qui s'était avancée très loin de moi, soit qu'elle n'ait pas pu ou pas voulu m'entendre, elle continua à courir en avant, et je fus forcée de la suivre. Enfin elle disparut dans un creux, et avant que j'eusse pu la revoir, elle était au moins à deux milles plus près de Wuthering Heights que de sa maison; et je vis la jeune fille arrêtée par deux personnes dont l'une me parut devoir être M. Heathcliff lui-même.

Cathy avait été prise sur le fait de ravager, ou tout au moins d'explorer, les nids des grouses. Les Heights étaient la propriété d'Heathcliff, et celui-ci réprimandait la jeune fille.

—Je n'en ai ni trouvé ni pris un seul, disait celle-ci au moment où je m'approchais. Je n'avais aucune intention d'en prendre, mais papa m'avait dit qu'il y en avait une quantité ici, et je voulais seulement voir les œufs.

Heathcliff me regarda avec un sourire méchant, laissant voir qu'il savait à qui il avait à faire; après quoi il demanda à la jeune fille qui était son papa.

—M. Linton de Thrushcross-Grange, répondit-elle. Et je suppose que vous ne m'auriez pas parlé de cette façon si vous aviez su qui j'étais.

—Ainsi vous supposez que monsieur votre papa est hautement estimé et respecté? fit Heathcliff d'un ton sarcastique.

—Et vous, qui êtes-vous? demanda Catherine, le considérant curieusement. Et cet homme-ci, est-ce votre fils?

Elle désigna Hareton que les années n'avaient fait que rendre plus grand et plus fort, sans lui rien enlever de sa gaucherie et de sa rudesse.

—Miss Cathy, interrompis-je, il y aura bientôt trois heures que nous sommes sorties, au lieu d'une, il faut que nous rentrions.

—Non, cet homme n'est pas mon fils, répondit-il après m'avoir écarté de la main. Mais j'ai un fils que vous avez, je crois, déjà vu. Et bien que votre nourrice soit si pressée, je crois que vous et elle ne vous trouverez pas mal d'un peu de repos. Ne voulez-vous pas traverser ce coin de bruyères et entrer un instant dans ma maison? Vous pouvez être sûres d'y être bienvenues.

Je murmurai à Catherine qu'elle ne devait en aucune façon accepter cette proposition.

—Et pourquoi? demanda-t-elle tout haut. Je suis fatiguée de courir et le terrain est trop mouillé de rosée pour que je puisse m'asseoir ici. Allons-y, Ellen. Et puis cet homme dit que j'ai vu son fils. Je suppose qu'il se trompe; mais je devine ou il demeure: dans cette ferme que l'on voit en revenant de Pennistone Crags, n'est-ce pas?

—Oui, en effet. Allons Nelly, taisez-vous! Hareton, allez en avant avec la fille, et vous, Nelly, vous allez marcher avec moi.

—Non, je ne veux pas qu'elle entre chez vous! m'écriai-je, m'efforçant de délivrer mon bras qu'il avait saisi. Mais la jeune fille était déjà presque aux pierres de la porte, courant à toute volée. Le compagnon qu'on lui avait désigné n'avait pas eu la prétention de l'escorter et, arrivé à la route, il l'avait quittée.

—M. Heathcliff, dis-je, ceci est très mal, car vous savez bien que ce n'est pas dans une bonne intention. Maintenant elle va voir Linton, et tout raconter aussitôt que nous serons revenus, et c'est sur moi que retombera tout le blâme.

—Je tiens à ce qu'elle voie Linton, répondit-il; il a justement meilleure apparence tous ces jours-ci, et il ne lui arrive pas souvent d'être en état d'être vu. Et puis, nous aurons vite fait de lui persuader de tenir la visite secrète; où est le mal là-dedans!

—Le mal est que son père va me détester s'il apprend que je lui ai permis d'entrer dans votre maison, et puis je suis convaincue que vous avez un mauvais dessein en l'encourageant à entrer chez vous.

—Mon dessein, répondit-il, est aussi honnête que possible. Le voici d'ailleurs en entier, Nelly: c'est que les deux cousins puissent devenir amoureux l'un de l'autre et se marier. Vous voyez que j'agis généreusement envers votre maître; sa fille n'a rien en vue, et, si elle seconde mes désirs, elle deviendra tout de suite mon héritière en commun avec Linton.

—Mais si Linton meurt, répondis-je—et sa vie est bien peu sûre—Catherine sera l'héritière.

—Non, nullement. Il n'y a aucune clause dans le testament qui l'établisse. La propriété de mon fils me reviendra à moi, mais, pour prévenir les querelles, je désire leur union, et je suis résolu à la faire.

—Et moi, je suis résolue à ne laisser jamais ma maîtresse s'approcher de nouveau de votre maison! répliquai-je, au moment où nous arrivions à la porte, où Miss Cathy nous attendait.

Heathcliff m'ordonna de rester tranquille, et, nous précédant dans le sentier, alla nous ouvrir la porte. Catherine le regarda à plusieurs reprises, comme si elle n'arrivait pas à savoir ce qu'elle devait penser de lui. Mais lui ne manquait pas de sourire lorsqu'il rencontrait son regard, et d'adoucir sa voix en lui parlant. J'eus même la folie de m'imaginer que la mémoire de sa mère pourrait le désarmer en sa faveur et l'empêcher de lui faire du tort. Linton se tenait debout près du foyer; il venait de rentrer d'une promenade dans les champs, car il avait encore le bonnet sur la tête, et était en train de demander à Joseph des bottines plus sèches. L'âge l'avait fait grandir: il allait avoir seize ans dans quelques mois. Ses traits étaient restés jolis, ses yeux et son teint étaient devenus plus brillants qu'auparavant, mais d'un éclat tout passager, et dû seulement à la bonne influence de l'air et du soleil.

—Eh bien, qui est-ce? demanda M. Heathcliff, se tournant vers Cathy. Pouvez-vous le dire à présent?

—Votre fils? dit-elle, après les avoir considérés l'un et l'autre.

—Oui, oui, répondit-il; mais est-ce la première fois que vous le voyez? Songez-y! Ah! Vous avez la mémoire courte. Linton, ne vous rappelez-vous pas votre cousine, que vous teniez tant à revoir quand vous êtes arrivé ici?

—Quoi, Linton! s'écria-t-elle à ce nom, toute allumée de joyeuse surprise. Est-ce le petit Linton? Mais il est plus grand que moi! Êtes-vous Linton?

Le jeune homme s'avança et se fit reconnaître: elle l'embrassa avec ardeur, et tous deux furent surpris des changements que le temps leur avait apportés. Catherine avait alors atteint toute la taille qu'elle a aujourd'hui, ses formes étaient à la fois pleines et élancées, ses membres élastiques comme l'acier, et son aspect général étincelait de santé et de vie. Quant à Linton, ses regards et ses mouvements étaient languides; ses formes bien grêles, mais il y avait dans ses manières une grâce qui adoucissait ces défauts et les empêchait de déplaire. Après avoir échangé avec lui de nombreuses marques d'affection, sa cousine s'avança vers M. Heathcliff, qui restait près de la porte, paraissant tout occupé à regarder au dehors, mais en réalité n'ayant d'attention que pour les observer.

—Mais alors, vous êtes mon oncle! s'écria-t-elle. Il me semblait bien que je vous aimais, bien que vous fussiez d'humeur désagréable. Pourquoi ne venez-vous pas faire visite à la Grange avec Linton? De vivre tant d'années si près l'un de l'autre et de ne jamais se voir, c'est bien étrange. Pourquoi avez-vous fait cela?

Elle s'était levée sur le bout des pieds pour l'embrasser.

—Je suis allé à la Grange une fois ou deux avant que vous ne fussiez née, répondit Heathcliff. Et maintenant, au diable; si vous avez des baisers à dépenser, donnez-les à Linton; sur moi ils sont perdus.

—Méchante Ellen! s'écria Catherine, se retournant vers moi avec ses caresses. Méchante Ellen d'avoir essayé de m'empêcher d'entrer! Mais désormais je ferai cette promenade tous les matins: je le puis, n'est-ce pas, mon oncle? Et de temps en temps j'amènerai papa. Ne serez-vous pas heureux de nous voir?

—Naturellement, répondit l'oncle avec une grimace mal contenue et qui témoignait de son aversion pour les deux visiteurs proposés. Mais attendez, poursuivit-il en se retournant vers Cathy: il vaut mieux que je vous dise la chose tout de suite. M. Linton a un préjugé contre moi. Il nous est arrivé jadis de nous quereller très durement; et si vous lui parlez de venir ici, il ne manquera pas de vous interdire aussitôt toute visite. Si donc vous avez quelque souci de voir votre cousin, à l'avenir, il faut que vous n'en disiez pas un mot: venez si vous voulez, mais n'en parlez pas.

—Et pourquoi vous êtes-vous querellés? demanda Catherine un peu abattue.

—Il me jugeait trop pauvre pour épouser sa sœur, et il fut fâché quand je l'eus obtenue; son orgueil était blessé et jamais il ne me le pardonnera.

—Cela est mal, dit la jeune fille, et il faudra qu'un jour je le lui dise. Mais Linton et moi n'avons aucune part dans votre querelle. Si c'est ainsi; je ne viendrai pas ici, mais il faudra que Linton vienne à la Grange.

—Ce sera trop loin pour moi, murmura son cousin; de faire quatre milles à pied me tuerait. Non, mais vous, Miss Catherine, venez ici de temps à autre, pas tous les matins, mais une ou deux fois par semaine.

Le père lança à son fils un regard d'amer mépris.

—J'ai bien peur, Nelly, d'en être pour ma peine, murmura-t-il. Miss Catherine, comme le drôle l'appelle, finira par découvrir ce qu'il vaut et par l'envoyer au diable. Ah! si ç'avait été Hareton! Savez-vous que vingt fois par jour j'envie Hareton, si dégradé qu'il soit? J'aurais adoré ce garçon s'il n'avait pas été ce qu'il est. Mais je crois que celui-là est à l'abri de l'amour de votre jeune dame. Et pour ce misérable avorton, nous comptons que ça ne durera guère passé dix-huit ans. Oh! l'insipide créature! Il est tout occupé à sécher ses pieds, et ne daigne même pas la regarder!... Linton!

—Oui, père, répondit l'enfant.

—N'avez-vous rien à montrer à votre cousine dans les environs, pas même un lapin ou un nid de belettes? Conduisez-la dans le jardin avant de changer de souliers, et puis dans l'étable pour voir votre cheval.

—Cela ne vous serait-il pas plus agréable de vous asseoir ici? demanda Linton à Catherine, d'un ton qui exprimait bien sa répugnance à se mouvoir de nouveau.

—Je ne sais pas, répondit-elle en jetant un regard sur la porte, comme si sa nature même l'entraînait à agir.

Lui, resta assis et se rapprocha du feu. Heathcliff se leva, alla dans la cuisine, puis dans la cour, appelant Hareton. Hareton répondit, et tous deux rentrèrent dans la maison. Le jeune homme était allé se laver, comme en témoignaient l'éclat de ses joues et l'humidité de ses cheveux.

—Oh! je veux vous le demander à vous, mon oncle, cria Miss Cathy. Ce garçon n'est pas mon parent, n'est-ce pas?

—Si fait, répondit-il, c'est le neveu de votre mère. Ne vous plaît-il pas?

Catherine avait une expression bizarre, en continuant à le regarder.

—N'est-ce pas un joli garçon? poursuivit Heathcliff.

L'impertinente demoiselle se dressa sur ses pieds et murmura quelque chose à l'oreille de son oncle. Celui-ci se mit à rire, et Hareton s'assombrit; je compris qu'il était très sensible aux manques d'égards qu'il soupçonnait, et qu'il avait une vague notion de son infériorité. Mais son maître ou gardien le rasséréna en s'écriant:

—Vous serez le favori parmi nous, Hareton, elle dit que vous êtes un...

—Quoi donc?

—Enfin quelque chose de très flatteur. Allez faire avec elle le tour de la ferme. Et rappelez-vous de vous conduire comme un gentleman; pas de mauvaises paroles, n'est-ce pas? Et quand la jeune dame ne vous regardera pas, ne la dévisagez pas, pour vous cacher ensuite la figure dès qu'elle tournera les yeux sur vous. Quand vous parlerez, parlez lentement, et sortez vos mains de vos poches. Allez, et amusez-la de votre mieux.

Le couple sorti, Heathcliff le considéra par la fenêtre. Earnshaw tenait constamment sa figure détournée et semblait considérer, avec la curiosité d'un étranger ou d'un artiste, le paysage environnant. Catherine le regardait à la dérobée, d'un regard qui n'exprimait pas une bien vive admiration. Après quoi elle se mettait en devoir de chercher une source d'amusement autour d'elle, et sautillait gaiement en fredonnant une chanson.

—J'ai lié sa langue, me dit Heathcliff. Il ne risquera pas une seule syllabe de toute la promenade. Nelly, vous vous rappelez ce que j'étais à son âge, ou plutôt quand j'avais quelques années de moins que lui. M'avez-vous vu un air si stupide?

—Oh! bien pire, répondis-je, parce qu'avec cela vous étiez plus maussade.

—Ce garçon me fait bien du plaisir, poursuivit-il, songeant tout haut. Il a réalisé mon attente. S'il était un sot de naissance, mon plaisir aurait été moindre de moitié. Mais il n'est pas sot, et je peux sympathiser avec tous ses sentiments, les ayant éprouvés moi-même. Je sais par exemple exactement ce qu'il souffre en cet instant et ce n'est rien en comparaison de ce qu'il aura encore à souffrir. Et jamais il ne sera capable de sortir de son abîme de grossièreté et d'ignorance. Je l'ai enchaîné de plus près que sa canaille de père n'avait fait pour moi, je l'ai fait descendre plus bas, car je lui ai fait trouver son orgueil dans son abrutissement. Je lui ai appris à mépriser comme mesquin et misérable tout ce qui était au-dessus de l'animalité. Ne pensez-vous pas que Hindley serait fier de son fils s'il pouvait le voir, presque aussi fier que je le suis du mien? La différence est seulement que l'un est de l'or employé comme pierre de pavage, tandis que l'autre est du plomb poli pour singer l'argent. Mais le meilleur de tout cela est que Hareton m'adore. Vous avouerez qu'en cela j'ai enfoncé Hindley! Si cet animal défunt pouvait se lever de son tombeau et me reprocher mes torts envers son enfant, j'aurais l'amusement de voir le susdit enfant le repousser, et s'indigner de ce qu'il ose s'en prendre au seul ami qu'il ait sur la terre!

Cependant notre jeune compagnon, qui était assis trop loin de nous pour pouvoir nous entendre, commença à manifester des symptômes d'embarras, comme s'il se repentait d'avoir refusé la société de Catherine par peur d'une petite fatigue. Son père remarqua les regards qu'il lançait à la fenêtre, et la façon hésitante dont il étendait la main pour prendre son chapeau.

—Levez-vous, paresseux! lui cria-t-il d'un ton qu'il voulait cordial. Courez après eux! Ils sont tout juste au coin, près de la ruche.

Linton recueillit ses forces et sortit. Au même moment, par la fenêtre ouverte, j'entendis que Cathy demandait à son peu sociable compagnon ce que signifiait l'inscription au-dessus de la porte. Hareton leva la tête, puis la secoua comme un véritable clown.

—C'est quelque maudite écriture, répondit-il; je ne puis la lire.

—Vous ne pouvez la lire! s'écria Catherine. Je le peux moi, c'est de l'anglais, mais je voudrais savoir pourquoi c'est ici.

Linton se mit à ricaner. Ce fut la première manifestation de gaieté que je vis chez lui.

—Il ne sait pas ses lettres, dit-il à sa cousine; auriez-vous pu croire à l'existence d'un pareil âne?

—A-t-il perdu les sens, demanda sérieusement Miss Cathy, ou bien est-il idiot? Voilà deux fois que je le questionne, et chaque fois il a un air si stupide qu'il ne paraît pas me comprendre. En tout cas j'ai, moi, bien de la peine à le comprendre.

Linton renouvela son rire, et jeta un regard de sarcasme sur Hareton, qui, à coup sûr, ne paraissait pas dans ce moment tout à fait dénué de compréhension.

—C'est une pure affaire de paresse, observa Linton; n'est-ce pas vrai, Earnshaw? Ma cousine se figure que vous êtes idiot. Vous voyez maintenant quelle est la conséquence de votre mépris pour les livres! Avez-vous remarqué, Catherine, sa terrible façon de prononcer?

—Eh bien, et où diable est le mal? grommela Hareton, qui faisait moins d'embarras pour répondre à son compagnon de tous les jours.

—Quel besoin avez-vous, de faire intervenir le diable dans cette phrase? ricana Linton. Papa vous a dit d'éviter les mauvaises paroles, et vous ne pouvez pas ouvrir la bouche sans en lâcher une. Essayez donc un peu de vous conduire comme un gentleman.

—Si tu n'étais pas une fille, plutôt qu'un garçon, je te jetterais à terre à l'instant, misérable avorton! répliqua le jeune homme furieux, se retirant la figure brûlée de rage et de douleur; il avait conscience d'être insulté et ne savait comment y répondre.

M. Heathcliff, qui avait entendu comme moi cette conversation, sourit en voyant s'éloigner Hareton; mais il y eut ensuite dans son regard une répugnance singulière pour le couple bavard, qui continuait à causer près de la porte. Linton exposait, avec assez d'animation, les fautes et les défauts d'Hareton, racontant toutes sortes d'anecdotes à l'appui; et la jeune fille s'amusait de ses railleuses et méprisantes paroles, sans prendre garde à la méchanceté d'âme qu'elles témoignaient. Je commençais à détester Linton plus qu'à le plaindre, et à excuser son père en quelque façon du peu de cas qu'il faisait de lui.

Nous restâmes ainsi jusqu'à l'après-midi, car il m'avait été impossible de faire partir plus tôt Miss Catherine; mais, par bonheur, mon maître n'avait pas quitté son appartement et ne savait rien de notre absence prolongée. Pendant que nous rentrions à la maison, j'aurais voulu expliquer à la jeune fille le caractère des gens que nous venions de quitter; mais elle s'était fourré dans la tête que j'avais des préventions contre eux.

—Ah! ah! criait-elle, vous prenez le parti de papa, Ellen, vous êtes partiale, sans cela vous ne m'auriez pas entretenue tant d'années dans l'idée que Linton demeurait très loin d'ici. Je suis très fâchée; mais j'ai tant de plaisir, que je ne puis le faire voir. «Seulement, je veux que vous vous taisiez au sujet de mon oncle; rappelez-vous qu'il est mon oncle et je vais gronder papa pour s'être querellé avec lui.»

Je dus renoncer à essayer de la convaincre de son erreur. Ce soir là, elle ne dit rien de sa visite, parce qu'elle ne vit pas M. Linton. Mais le jour suivant, tout fut dévoilé, à mon grand chagrin, encore que, dans ma tristesse, j'eusse la joie de penser que M. Linton porterait mieux que moi le fardeau d'avoir à diriger et à prévenir sa fille. Mais il était trop timide pour lui fournir des raisons satisfaisantes, dans la défense qu'il lui faisait d'entrer en relation avec les Heights, et Catherine ne se contentait pas à moins d'excellentes raisons.

—Papa, s'écria-t-elle dès le matin en l'embrassant, devinez qui j'ai vu hier dans ma promenade sur la lande! Ah! papa, vous avez tressailli, vous avez senti que vous aviez eu tort, n'est-ce pas! Mais écoutez, j'ai vu... mais écoutez et vous allez voir comment j'ai découvert la chose. Et Ellen, qui est liguée avec vous et qui me défendait toujours d'espérer le retour de Linton!

Elle raconta fidèlement l'excursion et ses conséquences; et mon maître, tout en jetant de temps à autre vers moi un regard de reproche, n'ouvrit pas la bouche jusqu'à ce qu'elle eût fini son récit. Alors, il la tira vers lui et lui demanda si elle savait pourquoi il lui avait caché le voisinage de Linton. Pouvait-elle penser que c'était pour la priver d'un plaisir inoffensif?

—Mais, c'est parce que vous n'aimez pas M. Heathcliff, répondit-elle.

—Alors vous croyez que j'ai plus de souci de mes propres sentiments que des vôtres, Cathy? Non, ce n'est pas parce que je déteste M. Heathcliff, c'est parce que M. Heathcliff me déteste et que c'est un homme diabolique, trouvant son plaisir à blesser ou à ruiner ceux qu'il déteste, dès qu'ils lui en fournissent la moindre occasion. Je savais que vous ne pouviez pas rester en relations avec votre cousin sans entrer en contact avec lui. Et comme je savais qu'il vous détesterait à cause de moi, j'ai pris mes précautions, dans votre intérêt, pour que vous ne puissiez pas revoir Linton. J'avais l'intention de vous expliquer cela un jour, quand vous seriez plus âgée, mais maintenant je regrette d'avoir tant tardé.

—Mais M. Heathcliff a été tout à fait cordial, papa! fit observer Catherine, qui n'avait pas l'air convaincue. Lui, n'a fait aucune objection à ce que nous nous voyions. Il m'a dit que je pourrais venir dans sa maison tant que je voudrais, seulement que je ne devais pas vous le dire, parce que vous vous étiez querellé avec lui et que vous ne pouviez pas lui pardonner son mariage avec ma tante Isabella. Et c'est vrai, c'est vous même qu'il faut blâmer dans cette affaire. Lui, il consent à nous laisser enfin devenir amis, Linton et moi, et vous, vous le refusez.

Voyant qu'il n'y avait pas à espérer d'être cru sur parole, mon maître esquissa rapidement à sa fille la conduite d'Heathcliff à l'égard d'Isabella, et la manière dont Wuthering Heights était devenu sa propriété. Il ne pouvait supporter de parler longtemps sur ce sujet, éprouvant toujours pour son ancien ennemi la même horreur et la même haine, depuis la mort de Madame Linton. Il songeait toujours que, sans lui, sa femme vivrait encore, et c'est ainsi qu'à ses yeux Heathcliff paraissait comme un meurtrier. Miss Cathy, qui ne connaissait d'autres mauvaises actions que ses petites désobéissances, injustices ou colères, dont elle ne manquait jamais de se repentir le lendemain, fut atterrée de cette noirceur d'âme qui pouvait couver une vengeance pendant des années et poursuivre obstinément ses plans sans l'ombre d'un remords. Elle parut si profondément impressionnée et choquée de ce nouvel aspect de la nature humaine, que M. Edgar jugea inutile de poursuivre ce sujet; il se contenta d'ajouter qu'il lui expliquerait plus tard pourquoi il voulait qu'elle évitât la maison et la famille de cet homme, lui disant de reprendre son ancienne vie, en attendant, et de ne plus songer à son aventure de ce jour là.

Catherine embrassa son père et s'assit tranquillement pendant une heure ou deux, suivant l'habitude, pour travailler à ses leçons; puis, elle accompagna son père dans la visite qu'il fit à ses terres, et toute la journée se passa comme d'habitude; mais le soir, quand elle se fut retirée dans sa chambre et que j'allai l'aider à se déshabiller, je la trouvai agenouillée et pleurant au bord de son lit.

—Oh! fi! le vilain enfant, m'écriai-je. S'il vous était jamais arrivé d'avoir un chagrin réel, vous auriez honte de perdre une seule larme pour cette petite contrariété. On voit bien que vous n'avez jamais eu l'ombre d'une vraie douleur. Supposez pour une minute que votre père et moi nous sommes morts et que vous êtes seule au monde: qu'est-ce que vous éprouverez alors? Comparez l'occasion présente avec une affliction comme celle là et soyez reconnaissante aux amis que vous avez, au lieu d'en souhaiter de nouveaux.

—Ce n'est pas pour moi que je pleure, Ellen, c'est pour lui. Il s'attendait à me revoir demain et il va être si désappointé! il m'attendra et je ne viendrai pas!

—Quelle folie! croyez-vous qu'il pense autant à vous que vous pensez à lui? N'a-t-il pas la compagnie d'Hareton? Personne au monde ne pleurerait de perdre une connaissance à peine entrevue deux fois. Linton devinera ce qui en est et ne se souciera pas davantage de vous.

—Mais ne puis-je pas lui écrire une note pour lui dire pourquoi je ne peux pas venir? demanda-t-elle, se dressant debout. Je voudrais seulement lui envoyer ces livres que j'ai promis de lui prêter? Il a tant désiré les avoir.

—Non, en vérité, non, répondis-je, d'un ton décidé. Il n'aurait qu'à vous répondre et cela n'aurait plus de fin. Non, Miss Catherine, il faut que vos relations cessent tout à fait; papa le veut et je veillerai à ce qu'il en soit ainsi.

—Mais pourtant, une simple petite note? reprit la jeune fille d'un air suppliant.

—Silence, l'interrompis-je, et allez au lit.

Elle me jeta un regard si maussade que je voulus d'abord ne pas l'embrasser comme je faisais tous les soirs; j'arrangeai son lit et refermai sa porte; mais bientôt j'eus un repentir, et revins doucement sur mes pas. Voilà que je trouve la jeune fille debout à sa table avec une feuille de papier blanc devant elle et un crayon à la main, sans qu'elle ait eu le temps de se cacher assez vite pour me cacher ce qu'elle faisait.

—Vous ne trouverez personne pour porter cela, Catherine, dis-je, si vous l'écrivez; et maintenant je vais éteindre votre bougie.

C'est ce que je fis, malgré une tape sur la main que me donna Catherine et un cri de «méchante créature!» qu'elle m'octroya. Après quoi je la quittai dans une de ses pires humeurs. La lettre fut terminée et portée à sa destination par un laitier qui venait du village; mais je n'appris cela que longtemps après. Les semaines se passèrent et Cathy reprit son humeur habituelle; elle aimait seulement désormais à se dérober dans les coins; et souvent, lorsque je m'approchais d'elle tout d'un coup pendant qu'elle lisait, elle tressaillait et fermait le livre, pour m'empêcher de le voir; et parfois je découvrais des coins de feuillets de papier sortant d'entre les pages. Elle imagina aussi de descendre de sa chambre très tôt le matin et de rôder autour de la cuisine comme si elle attendait l'arrivée de quelque chose. Dans un cabinet de la bibliothèque, elle avait un petit tiroir où elle fourrageait pendant des heures et dont elle avait toujours soin d'emporter la clé avec elle.

Un jour, pendant qu'elle examinait ce tiroir, j'observai moi-même que les jouets et les bibelots qu'il avait contenus en dernier lieu avaient été remplacés par des paquets de papiers pliés. Cette découverte excitant ma curiosité et mes soupçons, je décidai de connaître les mystérieux trésors de Catherine. Le soir, dès que la jeune fille et son père furent bien installés en haut, je cherchai et trouvai sans peine parmi les clés une clé qui allât à la serrure du tiroir. Je pris dans mon tablier tout ce qui s'y trouvait et l'emportai dans ma chambre pour l'examiner à loisir. Quoi que j'eusse pu soupçonner, je fus surprise de découvrir que ces papiers formaient une énorme correspondance,—presque journalière évidemment,—écrite par Linton Heathcliff en réponse à des lettres de Catherine. Les premières étaient embarrassées et courtes; mais par degrés, elles cédaient la place à de très abondantes lettres d'amour, folles, comme il convenait à l'âge de leur auteur, mais avec des touches çà et là qui me parurent empruntées. J'en gardai autant qu'il me parut nécessaire, les liai dans un mouchoir et les mis de côté, après quoi je refermai le tiroir vide.

Le lendemain, suivant son habitude, ma jeune dame descendit de très bonne heure et vint à la cuisine. Je la vis s'avancer vers la porte lorsqu'arriva un certain petit garçon chargé d'emporter le lait, et je vis qu'elle mettait quelque chose dans la poche de sa jaquette et qu'elle en retirait quelque chose. Je fis le tour par le jardin et guettai le passage du messager. Celui-ci eut la fâcheuse idée de lutter pour défendre ce qu'il portait, de sorte que tout le lait se trouva répandu par terre; mais je parvins à lui arracher la lettre, et après l'avoir menacé des plus sérieuses conséquences s'il persévérait, je restai sous le mur, à parcourir la composition amoureuse de Miss Cathy, qui me parut plus simple et plus éloquente que celles de son cousin. Je rentrai pensive à la maison. Comme la journée était humide et que la jeune fille ne pouvait s'amuser à errer dans le parc, sitôt son travail fini, je la vis aller vers le tiroir. Son père était assis à la table avec un livre; moi de mon côté, je m'étais mise à arranger les franges d'un rideau, sans perdre des yeux la jeune fille. Jamais un oiseau trouvant vide à son retour le nid qu'il avait laissé plein de ses joyeux petits, jamais il n'exprima un désespoir plus complet par ses cris et ses battements d'ailes, que Miss Cathy par son seul «oh!» et le changement de ses traits. M. Linton leva la tête.

—Qu'est-ce que c'est, ma chérie, vous êtes vous blessée? dit-il, lui donnant à entendre par le ton de sa voix que du moins ce n'était pas lui qui avait découvert la cachette.

—Non, papa, murmura-t-elle I Ellen, Ellen! venez avec moi dans ma chambre, je suis malade.

J'obéis et la suivis.

—Oh, Ellen! C'est vous qui les avez prises! s'écria-t-elle aussitôt que nous fûmes seules, en se mettant à genoux. Oh! rendez-les moi et jamais, jamais je ne recommencerai. Ne le dites pas à papa. Vous ne l'avez pas dit à papa, Ellen, n'est-ce pas? J'ai été très méchante, mais je ne le serai plus.

Je restai grave et sévère, et lui ordonnai de se relever.

—Ainsi, m'écriai-je, Miss Cathy, vous êtes allée assez loin, il me semble et vous avez vraiment de quoi être honteuse. Ah! vous avez là de beaux morceaux à étudier pendant vos heures de loisir; cela vaudrait la peine d'être imprimé. Et que supposez-vous que pensera votre père quand je lui montrerai ces lettres; car vous n'imaginez pas que je garderai cachés vos ridicules secrets. Fi! Et c'est évidemment vous qui avez commencé, car lui, j'en suis sûre, n'en aurait pas eu l'idée.

—Non, non, sanglota Catherine, dont le cœur se brisait; jamais je n'ai eu l'idée de l'aimer avant que...

—De l'aimer! m'écriai-je, en mettant à ce mot tout le mépris que je pouvais. Dé l'aimer! A-t-on jamais entendu rien de pareil. C'est comme si je disais que j'aime le meunier, qui vient une fois par an chercher le grain. Un bel amour, en vérité! Un garçon que vous avez vu deux fois, et pas plus de quatre heures en tout. Voilà le paquet; je vais aller le porter à votre père dans la bibliothèque et nous verrons ce qu'il pense de cet amour!

Elle s'élança pour reprendre ses précieuses lettres, mais je les tins au-dessus de ma tête. Alors elle se mit à me supplier avec frénésie de les brûler, de faire tout plutôt que de les montrer. Et comme, en effet, j'étais aussi disposée à rire qu'à gronder, considérant tout cela comme de petites folies d'enfants, je fini par céder et lui dis:

—Si je consens à les brûler, me promettez-vous de ne plus jamais envoyer ni recevoir une lettre, ni un livre, ni des boucles de cheveux, ni des bagues, ni des jouets?

—Jamais nous ne nous envoyons de jouets! cria Catherine, blessée dans sa fierté.

—Alors, ni quoi que ce soit, ma jeune dame. Si vous ne voulez pas me le promettre, je descends chez votre père.

—Je vous le promets! Ellen, fit-elle en s'attachant à ma robe. Oh! jetez les dans le feu, vite, vite.

Mais quand je m'approchai du feu pour leur préparer une place, le sacrifice lui parut trop cruel. Elle me conjura de lui en garder une ou deux.

Je dénouai le mouchoir et jetai les lettres dans le feu.

—Je veux en avoir une, méchante sorcière! cria-t-elle, plongeant sa main dans le feu pour en retirer quelques fragments à demi-consumés.

—Très bien, et moi je veux en avoir aussi quelques-unes pour montrer à votre père, répondis-je, reprenant ce qui restait des lettres et me dirigeant vers la porte.

Alors elle rejeta au feu les feuilles noircies et me pressa de hâter le sacrifice. Quand ce fut fini, je secouai les cendres, les enterrai sous un seau de charbon; et elle, sans rien dire, se retira dans sa chambre. Je descendis dire à mon maître que la crise de la jeune dame était presque passée, mais que je jugeais qu'il valait mieux pour elle rester quelque temps étendue. Elle refusa de dîner, mais elle descendit pour le thé, pâle et les yeux rouges, mais en somme paraissant tout à fait soumise. Le lendemain matin, je répondis à la lettre de Linton par une petite note ou j'avais mis: «Master Heathcliff est prié de ne plus envoyer de communications à Miss Linton, celle-ci étant dans l'impossibilité de les recevoir.» Et depuis lors le petit garçon vint à la ferme les poches vides.

CHAPITRE IV

L'été s'enfuit et la première partie de l'automne. C'était déjà passé la Saint Michel, mais la moisson était tardive, cette année-là, et beaucoup de nos champs n'avaient pas encore été débarrassés de leur blé. M. Linton et sa fille aimaient à se promener parmi les moissonneurs; et comme ils restaient jusqu'à la nuit et que les soirées étaient fraîches et humides, mon maître prit un mauvais rhume qui se fixa obstinément dans sa poitrine et le confina dans la maison pour tout l'hiver, presque sans interruption.

La pauvre Cathy, toute remuée de son petit roman, était devenue plus triste et plus maussade lorsqu'elle avait dû y renoncer. Son père insistait pour qu'elle lût moins et prit plus d'exercice. Comme il ne pouvait lui tenir compagnie, je crus de mon devoir de le remplacer autant que possible auprès d'elle; mais c'est à peine si je pouvais économiser une heure ou deux sur mes nombreuses occupations pour l'accompagner, et puis je savais que ma société lui était bien moins agréable que celle de son père.

Une après-midi d'octobre ou du début de novembre—une après-midi fraîche et humide où le ciel bleu était à demi caché par des nuages gris s'élevant rapidement de l'ouest,—je priai ma jeune dame d'avancer l'heure de sa promenade, l'averse ne pouvant manquer d'arriver. Elle refusa et je dus, à contre-cœur, revêtir un manteau et prendre un parapluie pour l'accompagner dans une petite course jusqu'au bout du parc: c'était la promenade où elle se bornait d'ordinaire quand elle avait l'esprit très abattu, et cela lui arrivait invariablement lorsqu'elle avait deviné que son père allait plus mal. Elle marchait tristement sous le vent froid, sans plus songer à courir ni à sauter. Je cherchais autour de moi quelque moyen de détourner sa pensée vers des choses plus gaies.

—Regardez, Miss, m'écriai-je, désignant du doigt un renfoncement, auprès des racines d'un arbre tout tordu. L'hiver n'est pas encore arrivé ici. Voilà une petite fleur, la dernière de cette multitude de campanules qui coloraient de lilas ce gazon en juillet. Voulez-vous grimper et la cueillir pour la montrer à papa?

Catherine considéra longtemps la fleur solitaire et toute tremblante; puis elle me répondit:

—Non je ne veux pas y toucher; mais comme elle a l'air mélancolique, n'est-ce pas, Ellen?

Elle refusa de courir, de se distraire en aucune façon, de temps à autre, il me parut qu'elle levait ses mains vers son visage, comme pour essuyer des larmes.

—Catherine, pourquoi pleurez-vous? chérie, lui demandai-je en appuyant mon bras sur son épaule. Il ne faut pas pleurer parce que votre père a un rhume; il faut se réjouir de ce que ce ne soit rien de pire.

—Oh! mais ce sera quelque chose de pire, me dit-elle. Et que ferai-je quand papa et vous m'aurez quittée et que je serai toute seule? Je ne puis oublier vos paroles, Ellen; elles me résonnent toujours dans l'oreille. Comme la vie sera changée, comme ce inonde me paraîtra lugubre lorsque papa et vous serez morts!

—Personne ne peut dire si ce n'est pas vous qui mourrez la première, répondis-je. C'est mal de prévoir le malheur. Espérons qu'il se passera des années et des années avant qu'aucun de nous ne meure: votre père est jeune, et moi je suis forte, j'ai à peine quarante-cinq ans. Ma mère a vécu quatre-vingts ans, et s'est bien portée jusqu'au bout.

—Mais ma tante Isabella était plus jeune que papa, me dit la jeune fille en me regardant, avec un espoir timide d'être mieux consolée.

—Votre tante n'a eu ni vous ni moi pour prendre soin d'elle, répondis-je. Elle n'était pas aussi heureuse que M. Linton et n'avait pas autant de raisons pour vivre. Tout ce que vous avez à faire, c'est d'être pleine d'attentions pour votre père, et de l'égayer en vous montrant heureuse à ses yeux, et d'éviter de lui donner de l'anxiété sur aucun sujet. Rappelez-vous cela, Cathy! Je ne vous cache pas que vous pourriez le tuer si vous étiez farouche et indocile, et si vous entreteniez une affection folle pour le fils d'un homme qui voudrait le voir mort.

—Je n'ai souci de rien au monde, excepté de la maladie de papa, me répondit la jeune fille, et tout le reste m'est indifférent en comparaison. Et jamais, jamais, je n'aurai un acte ni une parole pour le vexer. Je l'aime plus que moi-même, Ellen; et je le sais par ceci, que toutes les nuits je prie pour qu'il meure avant moi, parce que j'aime mieux que le chagrin de survivre soit pour moi que pour lui.

Pendant que nous parlions, nous nous étions approchées d'une porte qui ouvrait sur la route; ma jeune dame, ravivée de nouveau, grimpa et s'installa au sommet du mur, faisant de son mieux pour atteindre les plus hautes fleurs d'un églantier. Son chapeau tomba sur la route dans le mouvement qu'elle fit; et comme la porte était fermée, elle résolut de se laisser tomber du mur pour aller le chercher. Mais la remontée ne fut pas aussi facile; les pierres étaient polies et bien cimentées, les buissons qui bordaient le mur étaient trop peu solides pour fournir un bon appui. Si bien que je l'entendis rire, et me crier d'aller chercher la clé, si je ne voulais pas qu'elle fit le tour du parc jusqu'à la loge du portier.

—Restez où vous êtes, répondis-je, j'ai mon trousseau de clés dans ma poche; peut-être y en a-t-il une qui pourra aller à cette porte; sinon, j'irai chercher la bonne.

Mais ce fut vainement que j'essayai tour à tour toutes les clés, et je me préparais déjà à courir de toutes mes forces à la maison lorsque je fus arrêtée par le bruit du trot d'un cheval qui s'approchait.

—Qui est-ce là? murmurai-je.

—Ellen, quel malheur que vous ne puissiez pas ouvrir la porte! me dit tout bas ma compagne alarmée.

—Oh! Miss Linton, cria la voix profonde du cavalier, je suis heureux de vous voir, ne soyez pas trop pressée d'entrer, car j'ai une explication à vous demander.

—Je ne veux pas vous parler, M. Heathcliff, répliqua Catherine. Papa dit que vous êtes un méchant homme, et que vous nous haïssez, lui et moi, et Ellen dit la même chose.

—Ceci n'a rien à voir dans l'affaire, dit Heathcliff, je ne hais pas mon fils, je suppose, et c'est à son sujet que je réclame votre attention. Oui, vous avez de quoi rougir. Il y a deux ou trois mois, n'aviez-vous pas l'habitude d'écrire à Linton, et de jouer à l'amour avec lui, hein? Vous méritiez tous les deux d'être battus pour cela, mais vous surtout, qui étiez l'ainée, et aussi la moins sensible, à ce qu'il parait. J'ai mis la main sur vos lettres, et, à la moindre insolence de votre part, je les enverrai à votre père. Je suppose que vous vous êtes fatiguée à ce divertissement et que vous y avez renoncé, n'est-ce pas? Eh bien, vous avez causé la perte de Linton. Lui était sérieux, et vraiment amoureux. Aussi vrai que je vis, il est en train de mourir pour vous. En vain Hareton n'a pas cessé de le plaisanter pendant six semaines, ni moi d'employer des mesures plus sérieuses pour le tirer de sa sottise; il va plus mal tous les jours, et il sera mort avant l'été, si vous ne venez pas à son secours.

—Comment pouvez-vous mentir aussi effrontément à cette pauvre enfant? m'écriai-je de l'intérieur du parc; je vous en prie, continuez votre chemin! Comment pouvez-vous raconter délibérément de pareilles faussetés? Miss Cathy, je vais forcer la serrure avec une pierre; n'allez pas croire ces vilaines folies. Vous sentez bien en vous-même qu'il est impossible que l'on meure d'amour pour une personne étrangère.

—Je ne savais pas que l'on nous écoutait, murmura le vilain, surpris. Digne Madame Dean, je vous aime, mais je n'aime pas la duplicité de votre conduite. Comment pouvez-vous mentir si effrontément, et affirmer que je hais cette pauvre enfant, et inventer des histoires fantastiques pour l'empêcher d'entrer chez moi? Catherine Linton, ma bonne demoiselle, je serai absent de chez moi toute cette semaine, allez aux Heights, et voyez si je n'ai pas dit la vérité. Je vous jure sur mon salut que mon fils est en train de mourir, et que nul que vous ne peut le sauver.

La serrure céda et je me montrai sur la route.

—Je vous jure que Linton est mourant, répéta Heathcliff, avec un dur regard à mon adresse. Le chagrin et le désappointement sont en train d'avancer sa mort. Nelly, si vous ne voulez pas la laisser aller aux Heights, vous pouvez y aller vous-même. Mais pour ma part, je ne puis pas être de retour avant huit jours; et je pense que votre maître lui-même, dans ces conditions, ne s'opposerait pas à ce qu'elle fasse visite à son cousin.

—Venez, rentrons, dis-je, prenant Cathy par le bras et la forçant presque à rentrer, car je la voyais hésitante, et considérais toute troublée les traits de son interlocuteur, où rien ne trahissait sa rase intime. Il rapprocha son cheval de la porte, et se penchant, ajouta:

—Miss Catherine, je dois vous avouer que j'ai peu de patience avec Linton et que Hareton et Joseph en ont moins encore. Il a besoin de bonté autant que d'amour, et une bonne parole de vous serait pour lui le meilleur remède. Ne faites donc pas attention aux avertissements cruels de Madame Dean; soyez généreuse et faites votre possible pour venir le voir. Il rêve de vous jour et nuit, et ne peut s'ôter de l'esprit que vous le détestez, ne recevant de vous ni lettre ni visite.

Je refermai la porte et poussai une pierre pour tenir lieu, en attendant, de la serrure brisée; après quoi, ouvrant mon parapluie, j'en couvris Cathy, car la pluie commençait à goutter à travers les feuilles des arbres, et nous avertissait de rentrer sans délai. Notre hâte nous empêcha d'échanger aucun commentaire sur la rencontre avec Heathcliff, mais je devinai d'instinct, qu'il y avait désormais sur Catherine un double nuage sombre. Ses traits étaient si tristes qu'ils ne paraissaient pas être les siens; évidemment elle considérait ce qu'elle venait d'entendre comme tout à fait exact.

Lorsque nous rentrâmes, M. Linton s'était déjà retiré dans sa chambre. Cathy courut pour s'informer de lui, mais il s'était endormi. Alors elle revint et me pria de m'asseoir avec elle dans la bibliothèque. Nous prîmes le thé ensemble, après quoi elle s'étendit sur le tapis du foyer et me dit de ne pas lui parler, car elle était très lasse. Je pris un livre et j'affectai de lire. Dès qu'elle me supposa toute absorbée par ma lecture, elle recommença à pleurer en silence: cela semblait à présent sa distraction favorite. Je la laissai tranquille un moment, puis je me mis à tourner en ridicule les assertions de M. Heathcliff, mais l'effet produit par ses paroles avait été trop fort et je ne pus rien contre lui.

—Il se peut que vous ayez raison, Ellen, répondit-elle, mais je ne me sentirai pas à l'aise tant que je ne saurai pas ce qui en est. Et de plus il faut que je dise à Linton que ce n'est pas ma faute si je ne lui écris plus, et que je ne suis pas changée à son égard.

La colère, les protestations auraient été inutiles devant cette crédulité obstinée. Nous nous séparâmes fâchées ce soir-là.

CHAPITRE V

Peu de temps après, je tombai malade, et c'est seulement au bout de trois semaines que je fus en état de quitter ma chambre et de marcher un peu dans la maison. La première fois que je pus rester assise dans la soirée, je priai Catherine de me faire la lecture, ayant encore la vue très affaiblie. Nous étions dans la bibliothèque, après que M. Edgar était remonté. La jeune fille se rendit à ma prière, un peu à contre cœur, me sembla-t-il. Je supposai que le genre de livres que j'aimais ne lui plaisait pas, et je lui demandai de choisir elle-même ce qui lui conviendrait. Sa lecture dura près d'une heure, après quoi vinrent de fréquentes questions:

—Ellen, n'êtes-vous pas fatiguée? Ne feriez-vous pas mieux de vous coucher à présent? Vous vous rendrez malade à rester debout si longtemps, Ellen.

—Non, non, chérie, je ne suis pas fatiguée, répétais-je.

Alors elle eut recours à une autre méthode pour me montrer le déplaisir que lui donnait son occupation. Elle se mit à bailler et à étendre les bras:

—Ellen, disait-elle, je suis fatiguée.

—Eh bien, cessez de lire et causons, répondis-je.

Mais ce fut pis encore; elle soupira et s'agita et regarda sa montre jusqu'à huit heures, puis s'en alla dans sa chambre, écrasée de sommeil, à en juger par ses yeux lourds, et la façon dont elle ne cessait pas de les frotter. Le soir suivant, elle parut encore plus impatiente; le troisième soir, elle se plaignit d'un mal de tête, et me quitta tout de suite. Sa conduite me parut étrange; et après être restée seule quelque temps, je résolus de monter chez elle pour m'informer de son état et pour la prier de venir plutôt s'étendre sur le sofa. Mais, en haut comme en bas, nulle trace de Catherine. Les domestiques m'affirmèrent ne l'avoir pas vue. J'écoutai à la porte de M. Edgar: tout était silencieux. Je revins dans sa chambre, éteignis ma chandelle, et m'assis à la fenêtre.

La lune brillait; une légère couche de neige couvrait le sol; je me dis que peut-être la jeune fille avait eu l'idée de faire un tour dans le jardin pour se rafraîchir. Je découvris une figure qui rampait le long du mur du parc, à l'intérieur; mais ce n'était pas ma jeune maîtresse, et un rayon de lumière qui l'éclaira me fit reconnaître l'un des valets. Cet homme resta là assez longtemps, l'œil fixé sur la route; puis je le vis sortir très vite, comme s'il avait découvert quelque chose, et reparaître de nouveau, conduisant le poney de Catherine; et je vis celle-ci, qui venait de descendre de cheval, et marchait à côté de lui vers la maison. Bientôt elle entra par la porte vitrée du salon et se glissa sans bruit jusqu'à sa chambre où je l'attendais. Elle ferma doucement la porte, secoua la neige de ses bottines, dénoua son chapeau; elle allait retirer son manteau lorsque tout d'un coup je me levai et lui révélai ma présence. La surprise la tint un instant pétrifiée; elle poussa un cri inarticulé et se tint immobile.

—Ma chère miss Catherine, dis-je, trop inquiète pour la gronder durement, où êtes-vous allée à cette heure? Et pourquoi essayez-vous de me tromper? Où avez-vous été? Parlez.

—J'ai été à l'extrémité du parc. Je ne vous ai pas trompée.

—Et nulle autre part?

Elle murmura: «Non.»

—Oh! Catherine, m'écriai-je tristement, vous savez que vous avez mal agi; vous n'auriez pas consenti sans cela à me mentir. C'est cela qui me chagrine. J'aimerais mieux être malade trois semaines que de vous entendre mentir de parti pris.

Elle s'élança vers moi, et, fondant en larmes, elle jeta ses bras autour de mon cou.

—Eh bien, Ellen, me dit-elle, j'ai si peur que vous ne vous fâchiez! Promettez moi de ne pas vous fâcher et vous saurez la vérité. Il me coûte de la cacher.

Nous nous assîmes près de la fenêtre, je lui assurai que je ne la gronderais pas, quel que fut son secret, que d'ailleurs je devinais. Alors elle commença:

«Je suis allée à Wuthering Heights, Ellen, et je n'ai pas un seul jour manqué d'y aller, depuis que vous êtes tombée malade, excepté les deux premiers jours que vous avez quitté votre chambre. J'ai donné à Michel des livres et des images pour qu'il prépare le poney tous les soirs et je ramène à l'écurie; rappelez-vous de ne pas le gronder non plus, lui. J'arrivais aux Heights à six heures et demie, j'y restais généralement jusqu'à huit heures et puis je revenais au galop à la maison. Ce n'était pas pour m'amuser que j'y allais; souvent j'étais malheureuse tout le temps. De temps à autre seulement j'étais heureuse; peut-être une fois par semaine.

«À ma seconde visite, le lendemain du jour où nous sommes allées ensemble aux Heights, Linton semblait de très bonne humeur. Zillah la servante, nous avait préparé un bon feu, et nous avait dit que nous pouvions faire ce qui nous plaisait, Joseph étant allé à une réunion pieuse, et Hareton Earnshaw étant en train de chasser avec ses chiens (de chasser dans nos bois et de nous tuer nos faisans, à ce que j'ai appris depuis). Zillah m'apporta du vin chaud et des biscuits. Linton était assis dans le fauteuil, et moi dans la petite chaise auprès du feu, et nous rimes et nous causâmes gaiement, et nous trouvâmes cent choses à nous dire: devisant sur ce que nous aimerions à faire et où nous aimerions à aller l'été. Mais je ne veux pas vous répéter cela, car vous le trouveriez puéril.

«Après être restée assise près d'une heure, je considérai la grande chambre avec son plancher lisse et sans tapis, et je songeai combien il serait agréable d'y jouer si nous enlevions la table: je dis alors à Linton d'appeler Zillah pour nous aider, et je lui proposai de jouer à colin-maillard. Mais lui s'y refusa, et consentit seulement à jouer à la balle. Nous trouvâmes deux balles dans une armoire, parmi une masse de vieux jouets. L'une était marquée C et l'autre H; j'aurais voulu avoir le C parce que cela pouvait signifier Catherine, et le H aurait convenu pour Heathcliff, qui est le nom de mon cousin. Mais la balle marquée H était décousue, de sorte que Linton n'en a pas voulu. Pourtant je l'ai battu toutes les fois, sur quoi il s'est remis à être de mauvaise humeur et à tousser, et s'en est retourné à son fauteuil. Ce soir-là pourtant il n'eut pas de peine à reprendre sa gaîté. Il fut charmé de deux ou trois jolies chansons—de vos chansons, Ellen—; quand je fus obligée de partir, il me pria et me supplia de revenir le lendemain soir, et je le lui promis. Le poney et moi, nous revînmes à la maison aussi vite que l'air, et jusqu'au matin je rêvai de Wuthering Heights et de mon doux cousin chéri.

«Le lendemain matin, je me sentis triste; un peu parce que vous alliez mal, et un peu parce que j'eusse désiré que mon père connût et approuvât mes excursions. Mais après le thé il y eut un beau clair de lune, et à mesure que j'avançais vers les Heights, la nuit devenait plus claire. «Je vais donc avoir de nouveau une heureuse soirée, pensais-je, et ce qui me ravit bien davantage, mon gentil Linton aussi en aura une.» Je trottais le long de leur jardin lorsque Earnshaw vint à ma rencontre, prit ma bride, et m'invita à entrer par la porte principale. Il caressa le cou de Minny, me dit que c'était une bonne bête, et me parut désirer que je lui adresse la parole. Mais je lui dis seulement de laisser mon cheval, s'il ne voulait pas recevoir un coup de pied. À quoi il me répondit avec son accent vulgaire que ce ne serait pas un grand mal s'il en recevait un, en même temps qu'il considérait avec dédain les petites jambes du poney. J'avais presque envie de lui en faire faire l'expérience, mais il s'était avancé pour ouvrir la porte, et au moment où il soulevait le loquet, il regarda l'inscription marquée sur le fronton, puis me dit, avec un mélange stupide de gaucherie et de vanité:

—Miss Catherine, je peux lire ça, à présent!

—C'est merveilleux, m'écriai-je; je vous en prie, faites-moi voir comme vous êtes devenu fort.

«Il épela, syllabes par syllabes, le nom de Hareton Earnshaw.

—Et les lettres écrites? m'écriai-je, voyant bien qu'il s'était arrêté net.

—Je ne puis les déchiffrer encore, répondit-il.

—Oh! l'âne que vous êtes! dis-je, riant de bon cœur de son échec.

«Le fou me regarda avec une grimace, comme s'il se demandait s'il devait partager mon hilarité, et s'il fallait l'attribuer à une agréable familiarité, ou, comme c'était vraiment le cas, à du mépris. Je le soulageai de son doute en reprenant toute ma gravité et en lui ordonnant de s'en aller, parce que j'étais venue pour voir Linton et non pas lui. Il rougit, ôta sa main du loquet, et s'éloigna, parfaite image de la vanité mortifiée. Je suppose qu'il s'imaginait être un personnage aussi accompli que

Linton, parce qu'il pouvait épeler son nom, et qu'il était absolument déconfit de voir que je ne pensais pas de même sur son compte.

«Quand j'entrai, Linton était couché sur le banc; il se releva à demi pour me souhaiter la bienvenue.

—Je suis malade ce soir, Catherine, ma chérie, me dit-il; il faudra que vous parliez tout le temps et que je vous écoute. Venez, asseyez-vous près de moi. J'étais sûr que vous tiendriez votre parole, et il faudra que vous me donniez de nouveau la même promesse avant de partir.

«Je savais qu'il fallait ne pas l'agacer, malade comme il était; de sorte que je lui parlai doucement, et ne lui fis aucune question, et évitai de l'irriter en aucune façon. J'avais apporté pour lui quelques uns de mes plus beaux livres, et sur sa prière, je commençais à lui faire la lecture lorsque Earnshaw ouvrit vivement la porte, s'avança droit vers nous, saisit Linton par le bras et l'arracha de son banc.

—Va-t-en dans ta chambre! lui dit-il d'une voix que la passion rendait à peine articulée. Prends-la avec toi, puisqu'elle est venue pour te voir, mais tu ne m'empêcheras pas de rester dans cette chambre. Allez vous en tous les deux!

Il jura après nous, et sans laisser à Linton le temps de répondre, le jeta pour ainsi dire dans la cuisine; et comme j'y allais derrière mon cousin, il me suivit, les poings fermés, comme s'il voulait me battre. J'avais dans ma frayeur laissé tomber un volume; il me le lança du pied, et ferma la porte sur nous. Dans la cuisine, j'entendis éclater un rire méchant et lugubre, et j'aperçus en me retournant cet odieux Joseph, qui se tenait debout, frottant ses mains osseuses et tout grelottant.

—J'étais sûr qu'il vous ferait sortir! C'est un garçon admirable! Il a le bon esprit en lui. Il sait, eh il sait aussi bien que moi, qui devrait être le maître ici, hé! hé! hé! il vous a fait déguerpir proprement, hé! hé! hé!

—Où faut-il que nous allions? demandai-je à mon cousin, sans faire attention à la moquerie du vieux misérable.

«Linton était pâle et tremblant. Il n'était pas joli à voir en ce moment, Ellen, oh non! Il était effrayant, sa maigre figure et ses grands yeux avaient une expression de fureur folle et impuissante. Il saisit la poignée de la porte et se mit à la secouer, mais elle était fermée du dedans.

—Si vous ne me laissez pas entrer, je vous tuerai, je vous tuerai, hurlait-il. Démon, démon! Je vous tuerai! je vous tuerai.

«Joseph fit entendre de nouveau son rire croassant.

—Ah, ah! voilà le père! cria-t-il, ceci vient du père. Nous avons toujours en nous quelque chose qui nous vient des deux côtés. Ne fais pas attention, Hareton, mon garçon, n'aie pas peur, il ne pourra pas t'attraper!

«Je saisis les mains de Linton et me mis en devoir de lui faire quitter la poignée de la porte, mais il se mit à crier si affreusement que je dus le laisser faire. À la fin ses cris furent étouffés par un terrible accès de toux; le sang jaillit de sa bouche, et il tomba sur le sol. Je m'élançai dans la cour, malade de terreur, et me mis à appeler Zillah le plus fort que je pus. Elle finit par m'entendre; elle accourut, me demanda ce qu'il y avait. Sans pouvoir lui répondre, je l'entraînai dans la cuisine, où Earnshaw était venu se rendre compte du mal qu'il avait causé et se préparait à transporter dans sa chambre la pauvre créature. Zillah et moi nous montâmes l'escalier derrière lui; mais sur la dernière marche il m'arrêta, me dit que je n'entrerais pas et qu'il me fallait retourner chez moi. Et comme je m'écriais qu'il avait tué Linton et que je voulais entrer, Joseph ferma la porte, me déclara que je ne ferais rien de pareil et me demanda si j'avais envie d'être aussi folle que mon jeune cousin. Je restai là à pleurer jusqu'à ce que la servante revint. Elle m'affirma que Linton serait mieux, dans un instant, et, me prenant par le bras, elle me porta presque dans la maison.

«Ellen, j'étais prête à m'arracher les cheveux. Je sanglotais et pleurais à me rendre aveugle; et le misérable Hareton se tenait en face de moi, me parlant de temps à autre pour me certifier que ce n'était pas de sa faute. À la fin, effrayé par l'assurance que je lui donnais que je raconterais la chose à papa et qu'il serait emprisonné et pendu, il commença à pleurnicher, et s'empressa de sortir pour cacher sa lâche émotion. Mais je n'en avais pas fini avec lui; lorsque je dus enfin partir, après quelques pas sur la route, je le vis tout à coup surgir de l'ombre, arrêter Minny, et porter la main sur moi.

—Miss Catherine, me dit-il, je suis bien fâché; mais c'est vraiment trop méchant...

«Je lui donnai un coup de ma cravache, m'imaginant qu'il avait peut-être l'intention de m'assassiner. Il me laissa partir, criant un de ses affreux jurons, et je galopai jusqu'à la maison, à demi-folle.

«Je ne suis pas venue vous dire bonne nuit ce soir-là, et le lendemain je ne suis pas allée aux Heights. J'avais une énorme envie d'y aller, mais j'étais étrangement excitée; parfois je craignais d'apprendre que Linton ne fût mort, et d'autres fois je frissonnais à l'idée de rencontrer Hareton. Le troisième jour, n'en pouvant plus, je me décidai à partir. Je sortis vers cinq heures, à pied, m'imaginant que cela me permettrait de pénétrer sans être vue jusqu'à la chambre de Linton. Mais les chiens ne manquèrent pas de donner vent de mon arrivée. Zillah me reçut, et, me disant que le garçon allait de mieux en mieux, me conduisit dans un petit appartement propre et bien tapissé ou,.à mon inexprimable joie, j'aperçus Linton couché sur un petit sofa et lisant un de mes livres. Mais il ne voulut ni m'adresser la parole ni me regarder, pendant une heure entière, Ellen: il est comme ça avec son malheureux caractère. Et je fus tout à fait confuse lorsque, ouvrant enfin la bouche il me déclara que c'était moi qui avait occasionné l'affaire de l'autre jour, et que Hareton n'en était pas coupable. Hors d'état de répondre tranquillement à une pareille absurdité, je me levai et fis mine de sortir. Alors il m'appela faiblement par mon nom, mais je ne voulus pas me retourner, et le lendemain, ce fut la seconde fois que je n'allai pas aux Heights; j'étais presque résolue à n'y plus retourner. Mais c'était si misérable de me coucher et de me relever sans avoir jamais de ses nouvelles que ma résolution ne tarda pas à s'évanouir. Je me mis en route le soir d'après.

—Le jeune maître est dans la maison, me dit Zillah en m'apercevant. J'entrai: Earnshaw était là aussi, mais il quitta la chambre aussitôt. Linton était assis dans le grand fauteuil, à demi endormi. Je m'avançai vers le feu, et je lui dis d'un ton aussi sérieux que possible:

—Comme vous ne m'aimez pas, Linton, et que vous pensez que je viens pour vous nuire chaque fois que je viens, ceci sera notre dernière rencontre. Disons-nous adieu, et expliquez à M. Heathcliff que vous n'avez aucun désir de me voir pour qu'il n'ait plus à inventer de nouveaux mensonges sur ce sujet.

—Asseyez-vous et ôtez votre chapeau, Catherine, me répondit-il. Vous êtes tellement plus heureuse que moi que vous devriez être meilleure. Papa me parle assez de mes défauts et me montre assez de mépris pour me donner des doutes sur moi-même. Je me demande souvent si je ne suis pas en vérité l'être indigne qu'il prétend, et alors je me sens triste et plein d'amertume, et je hais tout le monde. Oui, je suis indigne et méchant presque toujours, et vous pouvez si vous le voulez me dire adieu, cela vous débarrassera d'un ennui. Seulement, Catherine, faites-moi cette justice, croyez bien que si je pouvais être aussi doux, aussi bon et aussi aimable que vous, je le serais; et que j'aimerais mieux encore avoir celles-là de vos qualités que votre santé et votre bonheur. Mais croyez bien que votre bonté m'a fait vous aimer plus profondément que si je méritais votre amour, et tout en n'étant pas capable de ne pas vous laisser voir ma nature, je le regrette et je m'en repens, je le regretterai et je m'en repentirai toujours.

«Je sentis qu'il disait vrai et que j'avais le devoir de lui pardonner cette fois et les suivantes. Nous fûmes réconciliés, mais nous ne cessâmes pas de pleurer, lui et moi, tout le temps de ma visite. Ce n'est pas seulement de chagrin que je pleurais, mais tout de même j'étais bien chagrine de voir qu'il avait cette nature pervertie. Jamais il ne laissera ceux qu'il aime être à l'aise et jamais il ne sera à l'aise lui-même. Depuis ce soir-là, c'est toujours dans son petit parloir que je suis allée, car son père est rentré aux Heights dès le jour suivant.

«Trois fois en tout, je crois, il nous est arrivé d'être gais et confiants comme le premier soir; mes autres visites ont été tristes, troublées tantôt par son égoïsme et son dépit, tantôt par ses souffrances. Mais j'ai appris à tout supporter de sa part. M. Heathcliff m'évite manifestement; c'est à peine si je l'ai vu. Dimanche dernier, pourtant, étant venue plus tôt que de coutume, je l'entendis qui grondait cruellement le pauvre Linton de sa conduite de la veille envers moi. Je ne puis dire comment il l'avait connue, à moins qu'il n'ait écouté à la porte. Linton s'était en effet conduit d'une façon assez agaçante, mais cela ne regardait que moi, et j'interrompis la leçon de M. Heathcliff en entrant et en le lui disant. Il a éclaté de rire et est parti, déclarant qu'il était heureux de voir que je prenais la chose de cette façon. Depuis, j'ai dit à Linton de parler plus bas quand il aurait à me dire des choses désagréables. Et maintenant, Ellen, vous savez tout. M'empêcher de retourner aux Heights, ce serait rendre très malheureuses deux personnes, tandis que, si vous consentez à n'en rien dire à papa, mes visites ne dérangeront la tranquillité de personne. Vous ne le direz pas, n'est-ce pas? Ce serait sans cœur de votre part.»

—Je me déciderai là-dessus demain matin, miss Catherine, répondis-je. La question mérite d'être étudiée, je vous laisse vous reposer et je vais réfléchir.

Je fis mes réflexions tout haut, en présence de mon maître: j'allai le trouver en sortant de chez la jeune fille, et je lui racontai l'histoire, à l'exception du genre de conversation que Catherine avait eue avec son cousin, évitant aussi de faire aucune allusion à Hareton. M. Linton fut alarmée! désespéré plus qu'il ne voulut le reconnaître. Le lendemain matin, en même temps que Catherine apprit ma trahison, elle apprit que c'en était fini de ses visites secrètes. Elle eut beau pleurer et s'indigner de l'interdiction, et implorer son père d'avoir pitié de Linton, tout ce qu'elle obtint pour la consoler fut la promesse que son père écrirait et donnerait au jeune homme la permission de venir à la Grange; quant à recevoir la visite de Catherine aux Heights, il n'y devait plus songer.

CHAPITRE VI

Ces choses se sont passées l'hiver dernier, monsieur, continua Madame Dean, il y a à peine un an de cela. L'hiver dernier, je ne pensais guère que, douze mois après, j'aurais à raconter ci ces aventures à un étranger. Mais qui sait combien de temps vous serez un étranger? Vous êtes trop jeune pour vous résigner à vivre toujours seul, et j'ai l'idée qu'on ne peut pas voir Catherine Linton et ne pas l'aimer. Vous souriez, mais pourquoi avez-vous l'air si animé et si intéressé lorsque je vous parle d'elle? Et pourquoi m'avez-vous demandé de suspendre son portrait au-dessus de votre cheminée? Et pourquoi...

—Arrêtez, ma chère dame, m'écriai-je. Il pourrait se faire que moi je l'aime, mais elle, voudrait-elle m'aimer? J'en doute trop pour risquer mon repos d'esprit en me laissant aller à la tentation. Mais continuez votre histoire. Catherine s'est-elle rendue à l'ordre de son père?

—Oui, reprit la brave femme. Son affection pour son père restait toujours le plus fort de ses sentiments, et puis il lui avait parlé sans colère, avec la profonde tendresse d'un homme qui est sur le point d'abandonner son trésor au milieu des dangers, sans pouvoir lui laisser d'autre guide que le souvenir de ses paroles. Quelques jours après il me dit:

—Je voudrais que mon neveu écrive ou qu'il vienne ici. Dites-moi sincèrement ce que vous pensez de lui. Est-il changé en mieux, et y a-t-il des chances qu'il s'améliore en devenant un homme?

—Il est très délicat, monsieur, répondis-je, et j'ai de la peine à croire qu'il vive longtemps. Mais ce que je peux vous dire, c'est qu'il ne ressemble pas à son père, et si par malheur Miss Cathy venait à l'épouser, il n'échapperait pas à son contrôle, à moins qu'elle ne fut indulgente jusqu'à la folie. D'ailleurs, monsieur, vous aurez bien le temps encore de faire connaissance avec lui et de voir ce qui en est, il est encore si jeune.

Edgar soupira et, s'avançant vers la fenêtre, regarda du côté du cimetière de Gimmerton. L'après-midi était brumeuse, mais le soleil de février brillait confusément, et l'on pouvait distinguer les deux sapins et les quelques tombes éparses.

—J'ai souvent prié, dit Edgar se parlant à lui-même, pour demander que ce qui arrive soit prochain; et maintenant je commence à tressaillir et à en avoir peur. Je pensais que le souvenir de l'heure où j'étais descendu de ces collines en qualité de fiancé serait moins doux pour moi que l'espoir de les remonter bientôt pour être à jamais déposé là-haut! Ellen, j'ai été très heureux avec ma petite Cathy, dans les soirs d'hiver et dans les matins d'été; elle a été près de moi comme un espoir vivant.

Mais j'ai été bien heureux aussi en rêvant seul parmi ces pierres, près de la vieille église, en m'étendant, pendant les longues soirées de juin, sur l'herbe qui recouvre le tombeau de sa mère, et en me figurant que déjà j'étais moi-même dessous. Que puis-je faire pour Cathy? Comment dois-je la quitter? Je ne m'arrête pas un instant à ce fait que Linton est le fils d'Heathcliff, et il m'est indifférent que ce soit lui qui me prenne ma fille, s'il doit la consoler de ma perte. Ce que je ne veux pas, seulement, c'est que Heathcliff arrive à ses fins, et triomphe en me dérobant mon dernier bonheur. Mais si Linton est un être indigne, s'il n'est qu'un faible jouet dans les mains de son père, je ne puis lui abandonner Catherine. Et, si dur que cela me soit de réfréner son bouillant esprit, il me faudra persévérer à l'attrister tant que je vivrai et à la laisser seule quand je mourrai. La pauvre chérie; j'aimerais mieux pouvoir la sacrifier à Dieu, et la déposer dans la terre avant moi!

—Offrez-la à Dieu dès maintenant, monsieur, répondis-je, remettez-vous en à sa Providence. Je resterai jusqu'au bout son amie et sa conseillère. Mais Catherine est une brave fille; jamais elle ne fera le mal volontairement, et ceux qui font leur devoir finissent toujours par être récompensés.

Le printemps avançait, mon maître avait repris ses promenades sur ses terres avec Catherine, mais, en vérité, il ne retrouvait pas ses forces. Le jour anniversaire des dix-sept ans de Catherine, il ne fit pas sa visite au cimetière. Le temps était pluvieux, et il me dit qu'il remettrait la chose à un autre jour. Il écrivit de nouveau à Linton, lui faisant part de son vif désir de le voir; et, si le jeune malade avait été en état de se présenter, je suis sûre que son père l'aurait autorisé à venir. Les choses étant ce qu'elles étaient, Linton répondit à son oncle que son père lui refusait l'autorisation de venir à la Grange; mais que le bon souvenir de son oncle le remplissait de joie, qu'il avait bien l'espoir de le rencontrer un jour dans ses promenades et de lui demander en personne à ne plus être si entièrement séparé de sa cousine, il finissait même par demander que M. Linton lui donnât un rendez-vous quelque part dans la campagne, et y vint avec sa fille.

Malgré les sentiments qu'il éprouvait pour son neveu, Edgar ne put consentir à cette requête, étant hors d'état d'accompagner Catherine. Il répondit que peut-être à l'été on se verrait, et qu'en attendant il le priait de continuer à écrire de temps à autre. Linton n'y manqua pas. Il est probable qu'il aurait rempli toutes ses lettres de lamentations sur son triste sort aux Heights, si son père n'avait pas tenu à être au courant de la correspondance et ne l'avait pas forcé à ne parler que de son amitié et de son amour.

Le jeune Linton et son père avaient dans Catherine une alliée puissante; ou persuada enfin à mon maître d'autoriser les deux jeunes gens à se promener ensemble dans la campagne, une fois par semaine, sous ma surveillance: lui-même, loin d'aller mieux, se sentait plus faible tous les jours. Bien qu'il eût déjà réservé pour sa fille une portion de sa fortune, il avait naturellement le désir de lui voir conserver la maison de ses ancêtres; et il ne considérait la chose comme possible que si Catherine se mariait avec son cousin. Il ne se doutait pas que ce dernier allait aussi mal que lui-même; personne d'ailleurs ne s'en doutait, je crois, car aucun médecin n'allait aux Heights et nous n'avions personne pour nous instruire de l'état du jeune homme. Moi-même, je commençais à m'imaginer que mes pressentiments étaient faux, et que Linton Heathcliff se rétablissait, puisqu'il proposait de faire des promenades sur la lande et paraissait si attaché à sa poursuite amoureuse. C'est plus tard seulement que j'appris avec quelle cruauté tyrannique Heathcliff avait traité son enfant mourant, et comment il l'avait contraint à cette apparente bonne humeur, par des procédés d'autant plus pressants qu'il sentait plus proche le danger de voir déjoués ses avides projets.

CHAPITRE VII

On était déjà au milieu de l'été lorsque M. Edgar donna enfin son consentement aux rendez-vous et que Catherine et moi nous nous mîmes en route pour la première entrevue. Le temps était lourd et brûlant, mais il n'y avait pas à craindre de pluie, et nous avions pris rendez-vous auprès de la grande borne, sur le carrefour des deux routes. En arrivant à cet endroit nous trouvâmes un petit berger que l'on avait envoyé vers nous et qui nous dit que Master Linton était de l'autre côté de la colline et qu'il nous priait d'aller le rejoindre un peu plus loin.

—Voilà déjà que Master Linton a outrepassé la première injonction de son oncle, dis-je; car M. Edgar nous a ordonné de rester sur le territoire de la Grange, et voilà que nous allons en sortir.

—Eh bien! nous retournerons nos chevaux dès que nous serons arrivées à lui, répondit la jeune fille, et nous ferons notre excursion du côté de la maison.

Mais lorsque nous arrivâmes à l'endroit où il était, à peine à un quart de mille des Heights, nous trouvâmes qu'il n'avait pas de cheval avec lui, de sorte que Catherine dut descendre. Le jeune homme était couché sur la bruyère en nous attendant, et ne se releva que lorsque nous fûmes tout près de lui. Il avait tant de peine à marcher et était si pâle que je m'écriai aussitôt:

—Hé, Master Heathcliff, vous n'êtes pas en état de vous promener ce matin. Comme vous avez mauvaise mine!

Catherine l'observait avec surprise et chagrin, le cri de joie qu'elle allait pousser s'était changé en un cri d'effroi; et au lieu de le complimenter de ce rendez-vous si longtemps retardé, elle ne put que lui demander s'il se sentait plus mal qu'à l'ordinaire.

—Non, mieux, mieux! murmura-t-il tout tremblant, s'appuyant sur elle de toute sa force, pendant que ses grands yeux bleus la considéraient d'un air craintif.

—Mais vous avez été plus mal, insista sa cousine; plus mal que lorsque je vous ai vu la dernière fois, vous avez maigri!

—Je suis fatigué. Il fait trop chaud pour marcher. Asseyons-nous ici. Souvent le matin je me sens malade; papa dit que c'est la croissance.

Peu satisfaite de ces explications, Catherine s'assit et il s'étendit près d'elle.

—Ceci est quelque chose comme votre paradis idéal, dit-elle, avec un effort pour être gaie. Vous rappelez-vous que nous avons discuté un jour l'endroit où chacun de nous aimerait le mieux être? La semaine prochaine, si vous le pouvez, nous descendrons jusqu'au parc de la Grange, et je vous montrerai mon idéal à moi.

Linton ne paraissait passe rappeler de quoi elle parlait. Il était d'ailleurs évident qu'il éprouvait alors une grande difficulté à entretenir une conversation quelconque. Son manque d'intérêt pour les sujets qu'elle soulevait, et son absolue incapacité à en proposer d'autres, étaient si manifestes que la jeune fille ne put cacher son désappointement. Toute la personne et toutes les manières de son cousin avaient subi un changement singulier. Ses mauvaises humeurs avaient été remplacées par une apathie complète, par la disposition morose et égoïste d'un malade inguérissable, repoussant la consolation, et prêt à regarder comme une insulte la gaîté d'autrui. Catherine comprit aussi bien que moi que notre compagnie lui faisait l'effet d'une punition plutôt que d'une récompense; et elle ne se fit pas scrupule de proposer bientôt qu'on se séparât. Cette proposition eut pour effet de secouer la léthargie de Linton, et de le mettre dans un état d'agitation extraordinaire. Il jeta un regard épouvanté du côté des Heights, et la supplia de rester encore une demi-heure.

—Mais je suppose, dit Catherine, que vous serez plus à l'aise chez vous qu'ici, et je vois bien que ni mes paroles ni mes chansons ne peuvent vous amuser aujourd'hui. Vous êtes devenu bien plus sage que moi, durant ces six mois, et vous avez désormais peu de goût pour mes divertissements. Sans cela, si je pouvais vous amuser, je resterais bien volontiers.

—Restez pour vous reposer, répondit-il; et, Catherine, ne pensez pas ou ne dites pas que je suis très mal portant, c'est le temps lourd et la chaleur qui m'ont étourdi, d'autant plus que j'ai marché jusqu'ici et que cela m'a très fatigué. Dites à mon oncle que je me porte assez bien, voulez-vous?

—Je lui dirai que vous m'avez dit cela, Linton, mais je ne pourrai pas lui affirmer que c'est vrai, répondit ma jeune maîtresse, toute surprise de cette étrange obstination dans un mensonge évident.

—Et soyez ici de nouveau jeudi prochain, poursuivit-il, en évitant ses regards. Et remerciez mon oncle de vous avoir permis de venir, remerciez-le bien, Catherine. Et, si vous rencontriez mon père, et s'il vous demandait de mes nouvelles, ne lui laissez pas supposer que j'ai été très silencieux et très stupide, et n'ayez pas l'air si abattue, car il se fâcherait.

—Oh, dit Catherine, je ne me soucie pas de le fâcher!

—Mais moi je m'en soucie, murmura le jeune homme avec un frisson. Ne le provoquez pas contre moi, Catherine, car il est très dur.

—Est-il, en effet, si sévère pour vous, master Heathcliff, demandai-je? S'est-il fatigué de l'indulgence, et sa haine, de passive qu'elle était, est-elle devenue active?

Linton me regarda, mais sans me répondre. Les deux jeunes gens restèrent assis à côté l'un de l'autre pendant encore quelques minutes, pendant lesquelles il ne fit que retenir des soupirs d'épuisement et de souffrance. Vainement Catherine essaya de le distraire en se mettant à cueillir des airelles: elle vit qu'il ne fallait pas même songer à lui en offrir.

—Il y a bien une demi-heure, maintenant, Ellen, me dit-elle enfin à l'oreille, je ne vois pas pourquoi nous resterions, il est tout endormi, et papa doit nous attendre.

—Eh bien, nous ne pouvons pas le laisser endormi, attendez qu'il se réveille et soyez patiente. Vous étiez bien pressée de partir, mais votre désir de revoir le jeune Linton s'est vite évaporé.

—Et pourquoi désirait-il me voir? lui répondit Catherine. Il me plaisait davantage autrefois dans ses plus méchantes humeurs qu'il ne fait à présent dans ces dispositions bizarres. Il a l'air de remplir une tâche qu'on lui a imposée par force. Mais je n'ai aucune envie de venir pour faire plaisir à Heathcliff, quelques raisons qu'il puisse avoir pour contraindre son fils à l'ennui de ces rendez-vous. Et, tout en me réjouissant de savoir qu'il se porte mieux, je suis bien chagrine de voir qu'il soit devenu moins agréable, et moins attaché à moi.

—Ainsi vous croyez qu'il se porte mieux? dis-je.

—Oui; vous vous rappelez comme autrefois il parlait sans cesse de ses souffrances? Il n'est pas tout à fait bien, comme il m'a dit de le dire à papa, mais assurément il va bien mieux.

—En cela je ne suis pas de votre avis, observai-je, et je croirais plutôt que son état a bien empiré.

Linton s'était réveillé de son assoupissement, et nous demanda d'un air terrifié si quelqu'un ne l'avait pas appelé par son nom.

—Non, dit Catherine, à moins que ce ne soit dans vos rêves, mais je ne puis concevoir comment vous pouvez faire pour dormir dehors dans la matinée.

—Il m'a semblé entendre mon père, reprit-il en continuant à jeter autour de lui un regard effrayé. Vous êtes sûre que personne n'a parlé?

—Absolument sûre, répondit Catherine; il n'y avait qu'Ellen et moi qui étions en train de discuter sur votre santé. Êtes-vous réellement plus fort, Linton, que lorsque nous nous sommes séparés cet hiver? Oui, il y a au moins une chose qui a faibli en vous, votre affection pour moi. Dites, allez-vous vraiment mieux?

Les larmes jaillirent des yeux de Linton, tandis qu'il répondait:

—Oui, oui, je vais mieux.

Et, toujours obsédé par cette voix imaginaire, son regard continuait à errer çà et là. Cathy se leva.

—Il faut que nous nous séparions aujourd'hui, dit-elle, et je ne puis vous cacher que j'ai été tristement désappointée par ce rendez-vous. Je n'en parlerai à personne qu'à vous: non que j'aie peur de M. Heathcliff.

—Taisez-vous, murmura Linton; pour l'amour de Dieu, taisez-vous! Il vient.

Et il s'attacha au bras de Catherine, s'efforçant de la retenir. Mais elle, en attendant annoncer l'approche de M. Heathcliff, elle se dégagea rapidement et appela son poney qui vint aussitôt.

—Je serai ici jeudi prochain, cria-t-elle en sautant à cheval. Adieu! Vite, Ellen!

C'est ainsi que nous primes congé de lui; à peine s'aperçut-il de notre départ, absorbé qu'il était par l'idée de l'approche de son père.

Avant même que nous fussions arrivées à la Grange, le déplaisir de Catherine se changea en une sensation très embarrassée de pitié et de regret, où se mêlaient des doutes vagues et cruels sur la situation réelle, tant physique que morale, de Linton. Mon maître nous demanda le compte rendu de notre excursion. Et miss Catherine lui transmit fidèlement les remerciements de son neveu, passant sur le reste sans insister; et moi-même j'ajoutai peu de chose à ce qu'elle avait dit, ne sachant guère ce qu'il fallait cacher et ce qu'il fallait révéler.

CHAPITRE VIII

Une semaine se passa encore, chaque jour amenant un nouveau changement dans l'état d'Edgar Linton. Nous aurions bien voulu continuer à laisser Catherine dans ses illusions, mais la vivacité même de son esprit suffisait à la détromper; elle devinait la chose en secret, et ne cessait pas de méditer sur l'affreuse probabilité que chaque jour transformait davantage en une certitude. Lorsque le jeudi revint, elle n'eut pas le courage de faire mention de sa sortie; mais j'y songeais pour elle et j'obtins la permission de la faire partir. La bibliothèque où son père passait tous les jours quelques heures et la chambre où il couchait étaient devenus pour elle l'univers tout entier. Les veilles et le chagrin l'avaient rendue toute pâle, et mon maître l'envoya bien volontiers vers ce rendez-vous, où il espérait qu'elle trouverait un heureux changement d'air et de société: se consolant à l'idée qu'il ne la laisserait pas entièrement seule après sa mort.

Il s'imaginait toujours que, de même que son neveu lui ressemblait au physique, il devait lui ressembler au moral. Et moi, par une faiblesse excusable, j'évitais de le corriger de cette erreur, me demandant quel bien il y aurait à troubler ses derniers instants par la révélation de choses qu'il n'aurait aucun moyen de modifier.

Nous ajournâmes notre excursion jusqu'à l'après-midi. Une après-midi dorée d'août: le souffle des collines était si plein de vie qu'il semblait qu'il aurait suffi à un mourant de le respirer pour revivre. La figure de Catherine ressemblait au paysage qui nous entourait, les ombres et la lumière s'y succédaient d'un instant à l'autre; mais les ombres duraient plus longtemps, et son pauvre petit cœur se reprochait même ces oublis momentanés de ses soucis.

Nous aperçûmes Linton nous attendant au même endroit où nous l'avions vu la fois précédente. Ma jeune maîtresse descendit de cheval et me dit que, comme elle était résolue à ne rester que très peu de temps, je ferais mieux de tenir le poney et de rester moi-même à cheval. Mais je m'y refusai, ne voulant pas perdre de vue une seule minute la charge qui m'était confiée. Master Heathcliff nous reçut avec une grande animation mais avec une animation qui ressemblait davantage à de la peur qu'à du plaisir.

—Il est tard, dit-il, parlant par saccades et avec peine. Votre père n'est-il pas très malade? Je pensais que vous ne viendriez pas.

—Pourquoi ne pas être franc? lui cria Catherine, et ne pas me dire tout de suite que vous n'aviez pas besoin de me voir? Il est bien étrange, Linton, que pour la seconde fois vous m'ayez fait venir ici dans la seule intention de nous chagriner l'un et l'autre.

Linton frissonna et jeta sur elle un regard demi-honteux, demi-suppliant, mais cette conduite énigmatique ne put désarmer l'humeur de sa cousine. Mon père est très malade, dit-elle; et pourquoi ai-je dû quitter son chevet? Pourquoi ne m'avez-vous pas envoyé quelqu'un pour me délivrer de ma promesse, puisque vous désiriez que je ne la tienne pas? Allons, je désire une explication: j'ai perdu toute envie de jouer et de badiner, et je ne suis pas disposée à me prêter à vos affectations.

—Mes affectations! murmura-t-il. Pour l'amour du ciel, Catherine, n'ayez pas l'air si fâchée! Méprisez-moi autant que vous voudrez; je suis un être lâche et misérable; on ne saurait assez me mépriser; mais je suis trop bas pour votre colère. Réservez votre haine pour mon père et contentez-vous du mépris pour moi.

—Folie, cria Catherine exaspérée, quel vilain garçon! Tenez! Il tremble comme si réellement j'allais le battre. Vous n'avez pas besoin de réclamer le mépris, Linton, chacun est tout disposé à vous l'offrir de lui-même. Laissez-moi! Je vais retourner à la maison. Lâchez ma robe! Si j'avais pitié de vous, vous vous moqueriez de ma pitié. Ellen, dites-lui combien sa conduite est odieuse.

La face convulsée dans une expression d'agonie, Linton s'était jeté sur le sol, comme s'il avait été saisi d'une terreur insensée.

—Oh! gémissait-il, je ne puis supporter cela! Catherine, Catherine, je suis un traître et je n'ose pas vous le dire! Si vous m'abandonnez, sûrement je serai tué! Chère Catherine, ma vie est entre vos mains; et si comme vous me l'avez dit, vous m'aimez, la chose ne peut pas vous déplaire. Ainsi vous n'allez pas vous en aller? Bonne, douce, chère Catherine! Et peut-être que vous voudrez bien consentir, et qu'il me laissera mourir avec vous!

Ma jeune maîtresse, en voyant l'intensité de ses angoisses, se baissa pour le soulever. Son vieux sentiment d'indulgente tendresse prit le dessus sur sa mauvaise humeur et une extrême émotion l'envahit.

—Consentir à quoi? demanda-t-elle. À rester? Avant tout, dites-moi le sens de cet étrange discours. Soyez calme et franc et avouez tout de suite ce qui vous pèse sur le cœur. Vous ne voudriez pas me faire de tort, Linton, n'est-ce pas? Vous ne permettriez pas qu'un ennemi me nuise, si vous pouviez l'empêcher? Vous ne pouvez trahir lâchement vos meilleurs amis.

—Mais mon père m'a menacé, murmura le jeune homme en serrant ses doigts amincis; et j'ai peur de lui, j'ai peur! Je n'ose pas vous dire.

—Eh bien, dit Catherine avec une compassion dédaigneuse, gardez votre secret. Je ne suis pas lâche, moi, je n'ai pas peur.

Sa générosité provoqua chez Linton un nouvel accès de larmes; il pleurait, il lui baisait les mains, sans trouver le courage de parler. Je réfléchissais à ce que pouvait bien être ce mystère, lorsque, entendant un petit bruit, je levai les yeux et aperçus M. Heathcliff qui descendait des Heights et était arrivé presque tout contre nous. Il ne jetait pas un seul regard vers mes compagnons, bien qu'il fût assez près d'eux pour entendre les sanglots de son fils; mais, me saluant avec le ton presque cordial qu'il avait toujours à ma disposition, il me dit:

—Quel plaisir de vous rencontrer si près de ma maison, Nelly! Comment cela va-t-il à la Grange? Le bruit court qu'Edgar Linton est sur son lit de mort: peut-être a-t-on exagéré sa maladie?

—Non, répondis-je, mon maître est mourant; c'est trop vrai. Ce sera une triste chose pour nous tous, mais une bénédiction pour lui.

—Combien de temps croyez-vous qu'il dure?

—Je ne sais pas.

—C'est que, poursuivit-il en regardant le jeune couple qui se tenait immobile à quelques pas de lui, ce garçon que vous voyez là semble avoir juré d'empêcher mes projets; et je serai reconnaissant à son oncle de se hâter et de partir avant lui. Mais holà, est-ce qu'il y a longtemps qu'il joue à ce jeu de pleurnichage? Je lui ai pourtant donné quelques leçons là-dessus! Est-il en général assez animé avec miss Linton?

—Animé? répondis-je; oh non, il a fait voir au contraire la plus grande détresse. Dans l'état où il est, au lieu d'errer sur les collines avec son amoureuse, il devrait bien plutôt être dans son lit, entre les mains d'un médecin.

—Il y sera dans un jour ou deux, murmura Heathcliff. Mais d'abord... Allons, levez-vous, Linton, levez-vous! cria-t-il. Relevez-vous tout de suite!

Linton, épouvanté, fit des efforts désespérés pour obéir, mais il était sans forces et je le vis retomber avec un cri sourd. M. Heathcliff s'avança vers lui et l'aida à se lever.

—Allons, lui dit-il d'un ton féroce, je vais me fâcher, et prenez garde à vous si vous ne domptez pas ce vilain esprit. Allons, levez-vous tout de suite.

—Oui, mon père, sanglotait-il, j'ai fait comme vous le désiriez, je vous assure. Catherine vous dira que j'ai... que j'ai été gai. Ah! restez près de moi, Catherine, donnez-moi votre main.

—Prenez la mienne, dit son père, et tenez-vous debout. Là! Elle vous prêtera son bras. Miss Linton, soyez assez bonne pour marcher avec lui jusqu'à la maison, voulez-vous? il frissonne dès que je le touche.

—Linton, mon chéri, murmura Catherine, je ne puis pas aller à Wuthering Heights, papa me l'a défendu. Il ne vous fera pas de mal: pourquoi avez-vous si peur?

—Je ne puis pas rentrer dans cette maison, répondit-il, je n'y rentrerai pas sans vous.

—Arrêtez, cria son père. Nous allons respecter les scrupules filiaux de Catherine. Nelly, ramenez mon fils et je vais m'empresser de suivre votre conseil au sujet du médecin.

—Vous ferez bien, répondis-je, mais il faut que je reste avec ma maîtresse, et m'occuper de votre fils n'est pas mon affaire.

—Eh bien alors, dit Heathcliff vous allez me forcer à m'en occuper moi-même et à le faire crier. Venez ici, mon héros! Voulez-vous rentrer en ma compagnie?

Il se rapprocha de nouveau de la fragile créature et fit mine de vouloir la saisir; mais Linton, se reculant, se cramponna à sa cousine et la supplia de l'accompagner, d'un ton passionné qui n'admettait pas le refus. Nous atteignîmes ainsi le seuil de la maison; Catherine entra et je restai à l'attendre, espérant qu'elle allait sortir après avoir installé son cousin dans un fauteuil. Mais M. Heathcliff, me poussant en avant, me cria:

—Ma maison n'est pas frappée de la peste, Nelly, et j'ai dans l'idée d'être hospitalier aujourd'hui. Asseyez-vous; et laissez-moi fermer la porte.

Il la ferma à clé. J'étais inquiète.

—Je veux que vous ayez du thé avant de rentrer, reprit-il; je suis seul ici. Hareton est parti conduire du bétail, et Zillah et Joseph font une partie de plaisir. Miss Linton, asseyez-vous près de lui. Je vous donne ce que j'ai: le présent ne vaut guère la peine d'être accepté, mais je n'ai pas autre chose à offrir. C'est Linton que je veux dire. Comme elle me regarde!

Et il maugréa quelques phrases qu'il conclut ainsi, en frappant la table: Par le diable, je les hais!

—Je n'ai pas peur de vous! s'écria Catherine, dressée en face de lui, ses yeux noirs éclatants de passion et de résolution. Donnez-moi cette clé, je veux l'avoir! Je ne veux ni boire ni manger ici, quand il me faudrait mourir de faim.

Heathcliff tenait la clé de la maison dans sa main. La hardiesse de la jeune fille le surprit, et peut-être lui rappela-t-elle la voix et le regard de la personne dont elle en avait hérité. Cathy se jeta sur la clé et parvint presque à la lui retirer des doigts; mais il reprit bien vite possession de lui-même et la retint.

—Allons, Catherine Linton, dit-il, tenez-vous tranquille, ou bien je vous jette par terre et cela rendra folle madame Dean.

Indifférente à cette avertissement, elle se jeta de nouveau sur sa main pour avoir la clé.

—Je veux m'en aller! répétait-elle en faisant des efforts inouïs.

Voyant que ses ongles ne faisaient pas d'effet, elle voulut se servir de ses dents. Alors Heathcliff rouvrit tout d'un coup la main et laissa prendre la clé, mais au moment où Catherine la saisissait, il empoigna la jeune fille de l'autre main, l'attira à lui et lui administra sur la tête une série de tapes terribles.

À la vue de cette violence diabolique je m'élançai furieuse.

—Vilain, m'écriai-je, vilain!

Mais un coup dans la poitrine m'arrêta et faillit m'étouffer.

Catherine, enfin lâchée, porta ses deux mains à ses tempes comme si elle voulait s'assurer que ses oreilles n'avaient pas été enlevées. Elle tremblait comme un roseau, la pauvre chérie, et s'appuyait contre la table, absolument égarée.

—Vous voyez que je sais châtier les enfants, ricana Heathcliff, en se baissant pour ramasser la clé qui était tombée à terre. Allez maintenant vers Linton comme je vous l'ai dit, et pleurez à votre aise. Je serai votre père demain, et bientôt le seul père que vous aurez; et puisque vous êtes si forte, vous aurez tous les jours l'occasion de goûter de ces douceurs, si je retrouve encore cette méchante humeur dans vos yeux.

Cathy avait couru vers moi, s'était agenouillée, et avait appuyé en pleurant sa joue brûlante sur ma main. Son cousin se tenait immobile sur un coin du banc, se félicitant sans doute de ce que la correction était tombée sur un autre que lui. M. Heathcliff se leva et fit le thé lui-même; lorsqu'il l'eût fait, il m'en offrit une tasse.

—Secouez votre spleen, me dit-il, et prenez soin de votre nourrisson et du mien. Ce thé n'est pas empoisonné, bien que ce soit moi qui l'ai préparé. Je vais sortir et aller chercher vos chevaux.

Notre première pensée, lorsqu'il fut parti, fut de trouver quelque part une sortie. Nous essayâmes la porte de la cuisine, les fenêtres: impossible.

—Master Linton, criai-je, voyant que nous étions bel et bien emprisonnées: vous savez ce que projette votre vilain père, et vous allez nous le dire, ou je vous traite comme il traite votre cousine.

—Oui, Linton, vous devez nous le dire! dit Catherine. C'est par amitié pour vous que je suis venue, et vous seriez trop ingrat si vous refusiez.

—Donnez-moi du thé, et alors je vous le dirai! répondit Linton. Tenez, Catherine, vous laissez tomber vos larmes dans ma tasse, je ne veux pas boire cela. Donnez m'en une autre.

Catherine lui donna une autre tasse et essuya sa figure.

—Eh bien, papa veut que nous nous mariions, poursuivit Linton, après avoir bu quelques gorgées, et comme il craint que votre père ne nous laisse pas nous marier maintenant, et qu'il a peur que je ne meure si nous tardons, il a résolu que nous nous marierions demain matin, après être restés ici toute la nuit; et si vous faites comme il le veut, vous pourrez retourner chez vous demain, et me prendre avec vous.

—Vous prendre avec elle! misérable créature, m'écriai-je, et vous, vous marier avec elle! Eh bien, ou cet homme est fou, ou il nous croit folles! Et est-ce que vous vous imaginez que cette belle jeune fille va se lier à un petit singe agonisant comme vous?

—Rester toute la nuit ici! fit Catherine en parcourant la chambre des yeux. Non Ellen, je brûlerai plutôt cette porte, mais je sortirai.

Malgré les supplications de Linton, elle s'acharnait à vouloir sortir à tout prix, lorsque notre geôlier rentra.

—Vos chevaux sont partis, me dit-il. Eh quoi, Linton, vous pleurnichez de nouveau? Qu'est-ce qu'elles vous ont encore fait? Allons, assez, montez vous coucher! Zillah n'est pas là; il faudra vous déshabiller vous même. Voyons, taisez-vous; une fois dans votre chambre, vous n'avez pas à avoir peur, je ne me rapprocherai pas de vous. Il se trouve par hasard que vous vous êtes assez bien conduit. Maintenant je me charge du reste.

Linton sortit à la façon piteuse et défiante d'un chien qui s'attend à être battu sur le pas de la porte. Heathcliff s'approcha alors du foyer où Catherine et moi nous tenions sans rien dire.

—Ah dit-il, vous n'avez pas peur de moi? Eh bien, vous savez déguiser votre courage, car vous avez l'air terriblement effrayées.

—Je suis effrayée maintenant, répondit-elle, parce que si je reste ici, papa en sera malheureux. M. Heathcliff, laissez-moi rentrer à la maison; je vous promets d'épouser Linton. Papa le veut, et je l'aime. Pourquoi voudriez-vous me forcer à faire ce que je consens à faire de moi-même?

—Qu'il ait donc l'audace de vous forcer! m'écriai-je. Dieu merci, il y a une loi dans le pays!

—Silence, dit le vilain, au diable avec vos clameurs! Miss Linton, ce sera pour moi une vive joie de penser que votre père est malheureux: vous ne pouviez trouver un meilleur moyen de me déterminer à vous garder ici. Quant à votre promesse d'épouser Linton, je prendrai soin que vous la teniez: car vous ne quitterez pas mon toit avant que la chose ne soit faite.

—Alors, envoyez Ellen pour faire savoir à papa que je suis en sûreté, supplia Catherine toute en larmes, ou bien mariez-moi tout de suite! Pauvre papa! Ellen, il va croire que nous sommes perdues! Qu'allons-nous faire?

—Bah! il va croire simplement que vous êtes fatiguées de le soigner et que vous vous êtes sauvées pour vous offrir un peu d'amusement, répondit Heathcliff. Pleurez à votre aise. Autant que je puis en juger, ce sera dans la suite votre principal divertissement. Ah! Linton a tout ce qu'il faut pour bien jouer le tyran!

—Vous avez bien raison, répondis-je. Expliquez le caractère de votre fils. Montrez sa ressemblance avec vous; de cette façon, j'espère que miss Catherine y regardera à deux fois avant de l'épouser.

—Oh! cela n'a pas d'importance à présent! répondit Heathcliff. Il faudra qu'elle l'accepte pour mari, ou qu'elle reste prisonnière ici, et vous avec elle, jusqu'à ce que votre maître meure. Je peux vous tenir parfaitement cachées ici. Et si vous en doutez, encouragez-la à rétracter sa promesse.

—Je ne veux pas la rétracter, dit Catherine, je veux bien me marier à l'instant même, si je puis aller ensuite à Thrushcross-Grange. M. Heathcliff, vous ne voudriez pas par méchanceté détruire à jamais tout mon bonheur? Voyez, je me mets à genoux devant vous, je ne ferai rien pour vous irriter. N'avez-vous donc jamais aimé personne dans votre vie, mon oncle?

—Retirez-vous d'ici, ou je vais vous battre, cria Heathcliff, la repoussant brutalement. Je vous hais.

Il se secoua comme si toute sa chair frémissait d'aversion; il recula sa chaise; et comme j'ouvrais la bouche pour commencer un filet d'injures, il me fit taire dès le milieu de la première phrase en me menaçant de m'enfermer toute seule dans une chambre à la première syllabe que je dirais. La nuit venait. Nous entendîmes un bruit de voix à la porte du jardin. Notre hôte qui n'avait rien perdu de sa présence d'esprit, courut aussitôt dehors. Il y eut une conversation de deux ou trois minutes, puis il revint seul.

—Je pensais que c'était votre cousin Hareton, dis-je à Catherine. Je voudrais qu'il vînt, qui sait s'il ne prendrait pas notre parti?

—C'étaient trois domestiques de la Grange envoyés pour vous chercher, dit Heathcliff, qui m'avait entendue. Vous auriez pu ouvrir une fenêtre et appeler; mais je jurerais que cette chatte est heureuse que vous ne l'ayez pas fait. Elle est contente d'être forcée de rester, j'en suis sûre.

En apprenant la chance que nous avions manquée, nous nous laissâmes aller l'une et l'autre à notre chagrin et il nous laissa nous lamenter jusqu'à neuf heures. Puis il nous ordonna de monter par la cuisine à la chambre de Zillah, et je soufflai à la jeune fille d'obéir, dans l'espoir que nous pourrions nous échapper par une fenêtre, mais la fenêtre était étroite comme celles du rez de chaussée et la porte du grenier était fermée. Catherine et moi restâmes ainsi jusqu'au lendemain, sans dormir ni nous coucher, et sans échanger autre chose que des soupirs.

À sept heures, Heathcliff vint et demanda si miss Linton était levée. Elle courut aussitôt à la porte et répondit: Oui.—Alors venez, dit-il, et il la tira dehors. Je m'étais levée pour la suivre, mais il referma la porte sur moi. Je demandai à être relâchée.

—Prenez patience, me répondit-il, je vous ferai monter votre déjeuner dans un instant.

Je frappai du poing les panneaux, et j'entendis Catherine demander pourquoi j'étais enfermée. Le monstre répondit qu'il me faudrait encore rester ainsi une heure, et puis ils s'éloignèrent. Je restai en effet ainsi deux ou trois heures; à la fin j'entendis un bruit de pas, mais ce n'était pas Heathcliff.

—Je vous ai apporté quelque chose à manger, me dit une voix, et quand la porte se fut ouverte, j'aperçus Hareton, qui m'apportait une nourriture suffisante pour ma journée.

—Prenez cela, dit-il, en déposant la chose entre mes mains.

—Restez une minute!

—Non, cria-t-il en se retirant, sans égards pour toutes les prières que je pouvais lui adresser.

Et c'est ainsi que je restai enfermée toute la journée, et toute la nuit suivante, et cinq nuits et quatre jours, sans voir personne autre que Hareton qui venait tous les matins. Et c'était bien un geôlier modèle: maussade et muet, rebelle à tous mes efforts pour toucher sa justice ou sa compassion.

CHAPITRE IX

L'après-midi du cinquième jour, j'entendis un pas différent et je vis entrer Zillah, couverte de son châle écarlate, avec un bonnet de soie noire sur la tête et un panier au bras.

—Ah! Dieu! Madame Dean! s'écria-t-elle, eh bien, on parle de vous à Gimmerton! Je vous croyais perdue dans le marais de Blackhorse, jusqu'à ce que M. Heathcliff m'a dit tout à l'heure que vous aviez été retrouvée et logée ici. Bien sûr que vous aurez atterri à une île? Et combien de temps êtes-vous restée dans l'eau?

—Votre maître est un vrai brigand, fis-je, mais il répondra de sa conduite. Il ne lui servira de rien d'avoir répandu cette fable.

—Que voulez-vous dire? demanda Zillah; ce n'est pas une fable, tout le monde dans le village dit que vous vous êtes perdues dans le marais. Quand je suis arrivée ici, je demande à M. Earnshaw si ce n'était pas triste, que vous et Miss Catherine vous fussiez perdues. Il m'a regardée comme s'il avait mal entendu. Mais M. Heathcliff avait bien entendu, lui, et c'est lui qui m'a dit: «Si elles ont été dans le marais, Zillah, elles en sont dehors à présent. Nelly Dean est en ce moment logée dans votre chambre. Vous pouvez lui dire de descendre quand vous y monterez. Voici la clé. J'ai voulu la forcer à rester ici jusqu'à ce qu'elle ait tout à fait repris ses sens. Vous pouvez lui dire d'aller tout de suite à la Grange, si elle en est capable, et d'annoncer de ma part que la jeune dame s'y rendra à temps pour assister aux funérailles de M. Edgar.

—M. Edgar n'est pas mort! m'écriai-je. Oh Zillah! Zillah!

—Non, non, rasseyez-vous, ma bonne dame; vous êtes encore malade. Il n'est pas mort; le docteur Kenneth, que j'ai rencontré sur le chemin, croit qu'il pourra encore durer un jour.

Au lieu de me rasseoir, je profitai de ce que le chemin était libre pour m'élancer dans l'escalier. En entrant dans la maison, je cherchai autour de moi quelqu'un qui pût me renseigner sur Catherine. La chambre était toute pleine de soleil et la porte restait large ouverte; mais je ne voyais personne. Je me demandais s'il fallait m'en aller tout de suite ou chercher ma maîtresse, lorsqu'une petite toux attira mon attention du côté du foyer. Je vis Linton couché sur le banc, occupé à sucer un bâton de sucre candi et observant mes mouvements d'un regard apathique.

—Où est Miss Catherine? lui demandai-je d'un ton rude. Est-elle partie?

—Non, répondit-il, elle est en haut; et nous ne la laisserons pas sortir.

—Vous ne voulez pas la laisser sortir, petit idiot? m'écriai-je. Indiquez-moi tout de suite sa chambre, ou je vous ferai siffler une bonne fois.

—C'est papa qui vous ferait siffler si vous essayiez d'y aller, répondit-il. Il me dit que je n'ai pas à être doux avec Catherine: qu'elle est ma femme, et qu'il est honteux qu'elle désire me quitter. Il me dit qu'elle me hait et désire ma mort pour avoir mon argent; mais elle ne l'aura pas et elle n'ira pas chez elle. Jamais elle n'ira. Elle peut pleurer à être malade autant qu'il lui plaira.

Il reprit sa première occupation, fermant les yeux comme s'il voulait s'endormir.

—Maître Heathcliff, repris-je, avez-vous oublié toute la bonté de Catherine pour vous l'hiver dernier, lorsque vous affirmiez que vous l'aimiez et qu'elle tous apportait des livres et vous chantait des chansons, et souvent venait par le vent et la neige pour vous voir? Vous sentiez bien qu'elle était cent fois trop bonne pour vous. Et maintenant vous croyez les mensonges que vous raconte votre père, malgré que vous sachiez qu'il vous déteste tous les deux. Et vous êtes avec lui contre elle. Voilà de belle reconnaissance!

Les coins de la bouche de Linton s'abaissèrent et il ôta de ses lèvres le sucre candi.

—Est-ce donc par haine pour vous qu'elle est venue à Wuthering Heights? poursuivis-je. Réfléchissez donc un peu pour votre compte. Quant à votre argent, elle ne sait même pas que vous en avez. Et vous dites qu'elle est malade, et vous la laissez seule, ici, dans une maison étrangère, vous qui avez éprouvé combien il est pénible d'être négligé de tous: ah! vous êtes un garçon égoïste et sans cœur!

—Je ne puis rester avec elle, répondit-il avec mauvaise humeur. Elle pleure tant que je ne puis le supporter. Et elle ne veut pas s'arrêter, malgré que je la menace d'appeler mon père. Je l'ai appelé une fois et il lui a promis de l'étrangler si elle ne se tenait pas tranquille. Mais elle a recommencé dès l'instant où il avait quitté la chambre, gémissant et soupirant toute la nuit.

—M. Heathcliff est-il sorti? demandai-je, voyant qu'il n'y avait à espérer aucune sympathie chez cette misérable créature.

—Il est dans la cour; il cause avec le docteur Kenneth qui dit que mon oncle est en train de mourir pour de bon, cette fois. J'en suis heureux, parce que je serai le maître de la Grange après lui. Catherine parlait toujours de sa maison; mais cette maison n'est pas à elle, elle est à moi; papa dit que tout ce qu'elle a est à moi. Tous ses beaux livres sont à moi. Elle m'a offert de m'en faire cadeau, et de ses beaux oiseaux, et de son poney, si je voulais lui avoir la clé de notre chambre et la laisser sortir, mais je lui ai dit qu'elle n'avait rien à me donner puisque tout cela était à moi. Alors elle s'est mise à pleurer; elle a pris une petite peinture qu'elle portait à son cou, et m'a dit qu'elle me donnerait cela: c'étaient deux portraits dans un cadre d'or, d'un côté sa mère et de l'autre mon oncle, quand ils étaient jeunes. C'était hier. Je lui dis que ces portraits étaient à moi aussi et j'essayai de les lui enlever. La méchante créature ne voulut pas me les laisser prendre. Elle me poussa et me blessa. Je me mis à crier, quand elle entendit s'approcher papa, elle partagea le cadre en deux et me donna le portrait de sa mère. Elle essaya de cacher l'autre, mais quand j'eus expliqué à papa de quoi il s'agissait, il m'enleva le portrait que j'avais et ordonna à Catherine de me donner celui qu'elle avait gardé. Alors, comme elle refusait, il l'abattit par terre, lui enleva le portrait et l'écrasa sous ses pieds.

—Et cela vous plaisait-il de la voir ainsi frappée?

—J'en frémis, répondit-il: je tremble dès que je vois mon père frapper un chien ou un cheval, tant il le fait durement. Pourtant, d'abord je fus content, car elle avait mérité d'être punie pour m'avoir poussé; mais quand papa fut parti, elle m'appela à la fenêtre et me montra sa joue coupée en dedans, et sa bouche toute remplie de sang. Puis elle ramassa les morceaux du portrait et s'assit, la face contre le mur, et depuis lors elle ne m'a pas dit un mot; je me demande parfois si ce n'est pas la douleur qui l'empêche de parler. Cette pensée me fait de la peine, mais elle est une vilaine créature pour pleurer ainsi sans cesse, et puis elle est si pâle et si farouche qu'elle me fait peur.

—Et il vous serait impossible d'avoir la clé, si vous le vouliez, demandai-je?

—Je peux l'avoir quand je suis en haut, répondit-il, mais je ne puis monter en ce moment.

—Mais en quel endroit est-elle?

—Oh! cria-t-il; je ne puis vous dire où elle est! C'est notre secret. Personne, ni Hareton ni Zillah ne doit le savoir. Mais allons, vous m'avez fatigué. Allez-vous-en!»

Il s'enfonça la figure sur les bras et referma les yeux.

Je jugeai que le meilleur était de partir sans voir M. Heathcliff et de ramener du monde avec moi de la Grange pour faire sortir ma jeune maîtresse. En me voyant rentrer, l'étonnement des domestiques et leur joie furent grands; et lorsqu'ils apprirent que leur petite maîtresse était en vie, ils furent sur le point d'aller le crier à la porte de M. Edgar; mais c'est une chose dont je voulais me charger moi-même. Combien ces quelques jours l'avaient changé! Il était couché, attendant la mort, comme une image de la tristesse et de la résignation. Il avait l'air très jeune. En réalité il avait trente-neuf ans, mais on lui en aurait donné dix de moins. Il pensait à Catherine et murmurait son nom. Lui prenant la main:

—Catherine va venir, mon cher maître, lui dis-je; elle est en vie et se porte bien; et j'espère qu'elle sera ici ce soir.

À cette nouvelle, il se souleva à demi, jeta un regard joyeux tout autour delà chambre, puis retomba évanoui. Dès qu'il eut repris ses sens, je lui racontai notre visite forcée et notre détention aux Heights. Je lui dis que Heathcliff nous avait forcées à entrer. Je parlai aussi peu que possible de Linton, et j'évitai de décrire la brutale conduite de son père.

M. Edgar devina que son ennemi voulait assurer à son fils, ou plutôt s'assurer à soi-même, sa fortune personnelle. Mais pourquoi Heathcliff n'avait pas attendu sa mort, c'était une chose qu'il ne pouvait comprendre, ne sachant pas que son neveu était, lui aussi, menacé de mourir. Il sentit qu'en tous cas il ferait mieux de changer son testament; et au lieu de laisser la fortune de Catherine à sa disposition, il résolut de la confier à des tuteurs, qui en feraient usage pour elle pendant sa vie; et pour ses enfants après elle, si elle en avait. De cette façon, la fortune de Catherine ne pouvait échoir à M. Heathcliff, en cas de mort de Linton.

Ayant reçu ses ordres, je dépêchai un homme pour aller chercher l'attorney, et quatre autres, suffisamment armés, pour aller demander ma jeune dame à son geôlier. L'homme envoyé à Gimmerton revint le premier; il nous dit que M. Green, l'avocat, était sorti, et qu'il avait dû l'attendre deux heures; et puis que M. Green lui avait dit qu'il avait à faire quelque chose de pressé au village, mais qu'il viendrait la nuit à la Grange. Les quatre hommes envoyés aux Heights revinrent également seuls. Ils rapportèrent que Catherine était trop malade pour quitter sa chambre, et que Heathcliff ne leur avait pas permis de la voir. Je grondai les imbéciles d'avoir écouté cette fable, et sans rien dire à mon maître, je résolus de retourner moi-même aux Heights le lendemain matin, avec toute une bande, et de faire une vraie tempête, jusqu'à ce qu'on nous ait rendu la prisonnière.

Par bonheur, ce voyage et cet ennui me furent épargnés. J'étais descendue à trois heures pour chercher de l'eau, lorsque j'entendis un coup frappé à la porte d'entrée. Je pensai que c'était Green, et comme il n'y avait personne pour ouvrir, je me hâtai d'y aller moi-même. La lune brillait claire au dehors. Ce n'était pas l'attorney. C'était ma douce petite maîtresse, qui sauta à mon cou en sanglotant.

—Ellen, Ellen, papa est-il vivant?

—Oui, m'écriai-je, oui mon ange, que Dieu soit loué puisque vous êtes de nouveau avec nous!

Elle voulait, toute essoufflée qu'elle était, courir droit à la chambre de M. Linton; mais je la forçai à s'asseoir, et à prendre quelque chose, et à laver sa pâle figure. Puis je lui dis que j'irais la première annoncer son arrivée, et je la suppliai de dire qu'elle espérait être heureuse avec le jeune Heathcliff, ce qu'elle me promit malgré sa répugnance. Je ne voulus pas assister à leur entretien, et je restai un quart d'heure en dehors de la chambre. Mais tout se passa tranquillement: le désespoir de Catherine fut aussi silencieux que la joie de son père.

Celui-ci mourut en extase, oui, M. Lockwood. Baisant la joue de sa fille, il murmura:

—Je vais vers elle; et vous, enfant chérie, vous viendrez nous rejoindre!

Après quoi il ne fit plus un mouvement, et ne cessa pas de la considérer avec un regard radieux jusqu'à ce que son pouls s'arrêta insensiblement.

Soit qu'elle eût dépensé toutes ses larmes, ou que son chagrin fût trop lourd pour leur donner issue, Catherine resta assise sans pleurer toute la nuit, et toute la journée, auprès du lit de mort. Je finis par la forcer à descendre et à prendre un peu de repos; et il est heureux que j'y aie réussi, car, à l'heure du diner, nous vîmes arriver l'attorney, qui était allé chercher ses instructions à Wuthering Heights. Green s'était vendu à M. Heathcliff: ainsi s'expliquait son retard à obéir à l'appel de mon maître, qui, heureusement, n'eut pas le loisir d'occuper ses derniers instants à des soucis terrestres. M. Green prit sur lui de donner tous les ordres dans la maison. Il congédia tous les domestiques, excepté moi. Il voulait pousser l'autorité qu'on lui avait déléguée jusqu'à insister pour qu'Edgar Linton ne fut pas enterré à côté de sa femme, mais avec sa famille, à la chapelle. Toutefois le testament, qui était formel là-dessus, et mes bruyantes protestations, finirent par avoir gain de cause. On pressa les funérailles. Catherine, désormais Madame Linton Heathcliff, était autorisée à rester à la Grange jusqu'à ce que le corps de son père en fût sorti.

Elle me raconta que son angoisse avait enfin décidé Linton à se compromettre pour la délivrer. Elle avait entendu les gens que j'avais envoyés se disputer à la porte, et la réponse d'Heathcliff avait achevé de la désespérer. Linton, qui pour rien au monde n'aurait osé aller chercher la clé, eut la ruse de faire le tour de clé à la porte sans la fermer; et quand vint l'heure d'aller au lit, il demanda à coucher avec Hareton, ce qui lui fut tout de suite accordé. Catherine s'enfuit avant le petit jour. N'osant pas se heurter aux portes, pour ne pas éveiller les chiens, elle visita les chambres vides et examina les fenêtres; c'est ainsi qu'elle arriva par bonheur dans la chambre de sa mère, dont la fenêtre, étant toute proche d'un arbre, lui rendit l'évasion possible.

CHAPITRE X

Le soir qui suivit les funérailles, ma jeune dame et moi étions assises dans la bibliothèque, occupées à de pénibles méditations. Nous convînmes que ce qui pouvait arriver de mieux à Catherine serait d'être autorisée à demeurer à la Grange, au moins aussi longtemps que vivrait Linton; celui-ci demeurerait avec nous et je resterais chargée du ménage. L'arrangement était trop favorable pour que nous puissions espérer beaucoup de le voir réalisé, et pourtant j'avais un vague espoir, et nous étions en train de combiner un plan, lorsqu'une des servantes congédiées, qui n'était pas partie encore, entra précipitamment et nous dit que ce démon d'Heathcliff était dans la cour: elle nous demanda si elle devait lui fermer la porte au nez.

Quand même nous aurions été assez folles pour y songer, nous n'en aurions pas eu le temps. Heathcliff ne prit pas la peine de frapper ou de s'annoncer; il était le maître, et il usa de son privilège pour entrer tout droit sans dire un mot; après quoi il fit sortir la servante et ferma la porte.

C'était la même chambre où il avait été introduit comme hôte dix-huit ans auparavant; la même lune brillait à travers la fenêtre, et au dehors s'étendait le même paysage d'automne. Nous n'avions pas allumé de bougie, mais tout l'appartement était éclairé, et l'on voyait même les portraits sur le mur: la tête splendide de Madame Linton et la tête gracieuse de son mari. Heathcliff s'avança vers le foyer. Le temps ne l'avait guère changé lui non plus. C'était le même homme, avec son visage sombre, plus pâle et plus affermi; sa stature était un peu plus forte, voilà tout. En le voyant, Catherine s'était levée et avait fait un mouvement pour sortir.

—Halte! lui dit-il, l'arrêtant par le bras. Plus d'escapades! Où voudriez-vous aller? Je suis venu vous chercher pour vous ramener; et j'espère que vous serez une fille obéissante et que vous n'encouragerez plus mon fils à me désobéir. J'ai été embarrassé pour le punir, quand je vous ai vue partir; c'est une telle toile d'araignée, qu'il suffirait de le toucher pour l'anéantir. Mais vous verrez à son regard qu'il a eu son affaire. Avant-hier soir, je l'ai descendu de sa chambre et installé dans un fauteuil; et je suis simplement resté deux heures, seul, à côté de lui. Depuis lors j'imagine qu'il doit me voir souvent, même absent. Hareton me dit que la nuit il s'éveille et crie pendant des heures et vous appelle pour le protéger contre moi. Ainsi, que vous aimiez ou non votre précieux mari, il faut que vous veniez. C'est vous qui aurez désormais à vous occuper de lui; je vous transmets ce soin entièrement.

—Pourquoi ne pas laisser Catherine demeurer ici, fis-je, et ne pas lui envoyer Master Linton? Comme vous les haïssez tous les deux, ils ne vous manqueront pas.

—Je suis en quête d'un locataire pour la Grange, et puis je veux avoir mes enfants près de moi. Et puis, cette fille me doit son service en échange du pain qu'elle mangera. Je ne suis pas disposé à l'entretenir dans le luxe et la paresse, lorsque Linton ne sera plus là. Allons, hâtez-vous de vous préparer, et ne me forcez pas à agir.

—Non, dit Catherine. Linton est tout ce que j'ai à aimer dans le monde; et bien que vous ayez fait tout ce que vous pouviez pour me le rendre odieux, vous ne pourrez pas faire que nous nous haïssions. Et je vous défie de lui faire du mal pendant que je serai près de lui, et je vous défie de me faire peur.

—Vous êtes un adversaire plein de morgue, répondit Heathcliff, mais je vous déteste assez pour ne jamais lui faire du mal; je veux que votre tourment dure jusqu'au bout. Ce n'est pas moi qui vous le ferai haïr, mais sa propre petite nature.

—Je sais qu'il a une mauvaise nature, dit Catherine; il est votre fils. Mais je suis heureuse d'en avoir une meilleure, pour pardonner; et puis je sais qu'il m'aime, et pour cette raison je l'aime. Vous, M. Heathcliff, vous n'avez personne pour vous aimer; et si misérables que vous nous fassiez, nous aurons toujours la revanche de penser que votre cruauté vient de ce que vous l'êtes plus que nous. Car vous êtes misérable, n'est-ce pas? Solitaire comme le démon et envieux comme lui! Personne ne vous aime, personne ne pleurera pour vous quand vous mourrez; je ne voudrais pas être vous!

Catherine dit cela avec une sorte de triomphe lugubre; elle semblait s'être décidée à entrer dans l'esprit de sa future famille et à tirer plaisir, du chagrin de ses ennemis.

—Vous vous repentirez amèrement si vous restez ici une minute de plus, dit son beau-père. Allez, sorcière, et emportez vos affaires!

Elle sortit, le regardant avec mépris. En son absence, je commençai à demander la place de Zillah aux Heights, offrant de lui céder la mienne à la Grange, mais il ne voulut pas en entendre parler. Il me dit de me taire, et alors pour la première fois fit l'inspection de la chambre. Ayant considéré le portrait de Madame Linton, il me dit:

—Je veux avoir cela à la maison. Non pas que j'en aie besoin, mais... il se retourna tout à coup vers le feu et poursuivit avec une expression que j'appellerai un sourire, faute d'un meilleur nom:

—Je vais vous dire ce que j'ai fait hier. J'ai dit au fossoyeur qui creusait la tombe de Linton d'enlever la terre de dessus son cercueil à elle, et je l'ai ouvert. Je crus d'abord que j'allais rester là toujours; quand j'ai revu son visage—car c'est encore son visage!—le fossoyeur eut bien à faire de me faire relever; mais il me dit qu'il fallait empêcher que l'air ne soufflât dessus. Mais j'ai laissé un des côtés du cercueil non scellé, et j'ai fait promettre à l'homme de me mettre à côté d'elle dans le cercueil quand mon tour viendra. De cette façon, Linton ne pourra pas s'y reconnaître.

—Vous avez très mal agi. Monsieur Heathcliff, m'écriai-je. N'aviez-vous pas honte de déranger les morts?

—Je n'ai dérangé personne, Nelly, répondit-il, et je me suis donné du soulagement à moi-même. Je vais être beaucoup plus tranquille maintenant et vous aurez bien plus de chances que je reste sous la terre quand une fois j'y serai. La déranger, elle? Non, c'est elle qui m'a dérangé, jour et nuit, pendant dix-huit ans, sans cesse, sans remords, jusqu'à la nuit dernière, où enfin j'ai été tranquille. J'ai rêvé que je dormais mon dernier sommeil, à côté d'elle, mon cœur immobile contre le sien et mes joues glacées contre les siennes.

—Et si vous l'aviez trouvée réduite à rien dans son cercueil, de quoi auriez-vous rêvé, demandai-je?

—De me changer en terre avec elle, et d'en être encore plus heureux, me répondit-il: supposez-vous que j'aie peur d'un changement de cette sorte? Je m'attendais à le trouver en soulevant le couvercle, mais j'aime mieux savoir qu'il ne commencera que lorsque je serai là pour le partager. Et puis, jamais je n'aurais pu perdre l'étrange sentiment qui me hantait, si je n'avais pas revu sa calme figure. Vous savez combien j'ai été égaré lorsqu'elle est morte: je ne cessai pas de la supplier de revenir vers moi. Je crois fortement aux esprits, j'ai la conviction qu'ils peuvent exister parmi nous. Le jour de son enterrement, il neigeait. Dans la soirée, je vins au cimetière: il faisait un triste temps d'hiver; tout, à l'entour, était solitaire. Sûr que personne ne viendrait me déranger, et sachant que deux yards de terre seuls me séparaient d'elle, je me dis: «Je veux l'avoir de nouveau dans mes bras. Si elle est froide, je penserai que c'est ce vent du Nord qui me glace, et si elle est sans mouvement, je penserai qu'elle dort.» Je pris un grand couteau et commençai à faire mon travail, après avoir enlevé la terre. Le bois commençait à craquer lorsqu'il me sembla entendre le soupir de quelqu'un qui se serait penché vers moi, debout au bord du tombeau. «Si seulement je peux ouvrir ceci, murmurai-je, je souhaite qu'on puisse nous recouvrir de terre tous les deux» et je travaillais avec plus d'ardeur encore. Il y eut un autre soupir, tout à mon oreille. Je savais bien qu'il n'y avait là aucune créature vivante en chair et en os; mais de même que, la nuit, vous percevez l'approche d'un être vivant sans pouvoir le distinguer, de même je sentais avec certitude que Cathy était là, non pas sous moi, mais sur la terre. J'éprouvai tout à coup un énorme soulagement; et je laissai là mon terrible ouvrage. Sa présence était avec moi: elle me tint compagnie pendant que je comblais la tombe, et me ramena chez moi. Vous pouvez rire si vous voulez, mais j'étais sûr de la voir et je ne pouvais m'empêcher de lui parler. Et arrivant aux Heights, je trouvai la porte fermée et je me rappelle que ce maudit Earnshaw et ma femme voulurent m'empêcher d'entrer. Je me rappelle que je me suis à peine arrêté un instant en bas et que je me suis élancé dans l'escalier, dans sa chambre où j'étais sûr qu'elle était. Je fis impatiemment le tour de la chambre: je la sentais près de moi, je pouvais presque la voir et pourtant je ne la voyais pas. Je dois avoir eu une sueur de sang, tant j'ai souffert et gémi, tant je l'ai suppliée de me laisser la voir un instant. Mais non, elle n'a pas voulu. Elle s'est montrée un démon pour moi, comme elle l'avait souvent fait de son vivant, et depuis lors, quelquefois plus, quelquefois moins, j'ai toujours été la victime de cette indicible torture. Mes nerfs, depuis, sont toujours restés dans un tel état d'excitation que, s'ils n'avaient pas été solides comme des câbles, ils seraient maintenant dans l'état de ceux de Linton. Quand j'étais assis dans la maison avec Hareton, il me semblait que, en sortant, j'allais la rencontrer; lorsque je me promenais sur la lande, j'étais sûr que j'allais la rencontrer en rentrant aux Heights. Mais le pire était quand je voulais dormir dans ma chambre: impossible de rester couché. Dès l'instant où je fermais les yeux, elle était en dehors de la fenêtre, ou se glissait le long des panneaux, ou bien elle entrait dans la chambre, ou même elle reposait sa chère tête sur le même oreiller qu'autrefois; et il fallait absolument que j'ouvre les yeux pour la voir. Et ainsi je les ouvrais et les refermais cent fois par nuit, et toujours pour être désappointé. Cela m'avait mis hors de moi. Souvent il m'arrivait de grogner tout haut, si bien que ce vieux scélérat de Joseph ne peut pas manquer de croire que le diable s'est installé dans ma conscience. Mais maintenant, depuis que je l'ai vue, je suis calmé, un peu calmé. Ah! c'est une étrange façon de tuer un homme, cheveu par cheveu, en l'affolant pendant dix-huit ans du fantôme d'une espérance!

M. Heathcliff s'arrêta et s'essuya le front, où se collaient ses cheveux trempés de sueur. Ses yeux regardaient fixement les cendres rouges du feu. Les sourcils relevés aux tempes rendaient l'expression de sa figure moins sinistre, mais lui donnaient un air singulier de trouble et de tension morale. C'est à peine s'il s'adressait à moi en parlant et je me gardais de répondre. Après un court repos, il se remit à méditer sur le portrait, le décrocha et l'appuya contre le sofa pour mieux le voir. Il était plongé dans cette occupation lorsque Catherine rentra, annonçant qu'elle était prête et qu'on sellait le poney.

—Envoyez-moi cela aux Heights demain, me dit Heathcliff en désignant le portrait. Puis, se tournant vers elle: «Vous pouvez vous passer de votre poney; la soirée est belle et à Wuthering Heights, vous n'aurez pas besoin de poney. Les courses que vous aurez à faire, vous pourrez les faire à pied. Allons, venez!

—Adieu, Ellen! murmura ma chère petite maîtresse. Elle m'embrassa et je sentis que ses lèvres étaient froides comme la glace. Venez me voir, Ellen, ne l'oubliez pas!

—Ayez bien soin de ne rien faire de pareil, madame Dean, interrompit son nouveau père; quand j'aurai à vous parler, je viendrai ici, je n'ai pas besoin de vos visites chez moi.

Il fit signe à Catherine de marcher devant, et elle obéit, jetant derrière elle un regard qui me coupa le cœur. Par la fenêtre, je les vis descendre le long du jardin. Heathcliff avait pris le bras de Catherine sous le sien, malgré la résistance de la jeune fille et il l'entraînait rapidement sous les arbres de l'allée.

CHAPITRE XI

J'ai fait une visite aux Heights, mais je n'ai pas vu Catherine depuis son départ. Joseph m'a retenue à la porte lorsque je suis venue et n'a pas voulu me laisser passer, me disant que Madame Linton était souffrante et que le maître était sorti. J'ai eu des nouvelles par Zillah, sans quoi je saurais à peine s'ils sont vivants ou morts. Elle croit Catherine fière et je devine à sa façon d'en parler qu'elle ne l'aime pas. Ma jeune dame, en arrivant aux Heights, lui avait demandé de l'aider, mais M. Heathcliff le lui a défendu et c'est pour avoir obéi à cet ordre qu'elle s'est attiré le mépris de Catherine. J'ai eu une longue conversation avec Zillah, il y a à peu près six semaines, peu de temps avant votre arrivée; et voici ce qu'elle m'a dit:

«La première chose qu'a faite Madame Linton en arrivant aux Heights, a été de monter l'escalier sans même me dire bonsoir et de s'enfermer dans la chambre de Linton, où elle est restée jusqu'au matin. Le lendemain, pendant que le maître et Earnshaw étaient à déjeuner, elle est entrée dans la maison et a demandé en frissonnant si l'on ne pourrait pas envoyer chercher le médecin, son cousin étant très malade.

—Nous savons cela, répondit Heathcliff; mais sa vie ne vaut pas un liard et je ne voudrais pas dépenser un liard pour lui.

—Mais moi je ne sais pas ce qu'il y a à faire, dit-elle, et si personne ne m'aide, il va mourir.

—Sortez de la chambre, cria le maître, et que je n'entende plus un mot à son sujet! Personne ici ne s'inquiète de ce qui lui arrive; si vous vous en inquiétez, soignez-le, sinon, enfermez-le dans sa chambre et laissez-le tranquille.

«Comment ils se sont arrangés ensemble, je ne puis le dire. J'imagine que Linton a dû s'agiter et gémir jour et nuit et qu'il ne lui a guère laissé de repos: je l'ai deviné à la pâleur de sa figure et à voir ses yeux tout alourdis. Parfois elle venait à la cuisine d'un air égaré et paraissait hésiter à demander mon assistance; mais je n'avais pas envie de désobéir à mon maître, je n'ose jamais lui désobéir, Madame Dean; je pensais bien que c'était mal de ne pas envoyer chercher Kenneth, mais je n'avais pas de conseil à donner, ni le droit de me plaindre, et j'ai toujours refusé de m'en mêler. Une ou deux fois, après que nous étions tous couchés, il m'est arrivé d'avoir à rouvrir ma porte et je l'ai vue assise toute en larmes au haut de l'escalier. Une nuit enfin, elle s'est décidée à venir dans ma chambre et m'a épouvantée en me disant: «Prévenez M. Heathcliff que son fils est en train de mourir; je suis sûre qu'il l'est, cette fois. Allez tout de suite et prévenez-le.» Après quoi, elle sortit.

«En recevant son message, M. Heathcliff poussa un juron, alluma une chandelle et marcha vers leur chambre; je le suivis, Madame Heathcliff était assise à côté du lit, les mains repliées sur ses genoux. Son beau-père s'approcha, tint la lumière près de la figure de Linton, le regarda, le toucha, puis se retourna vers elle:

—Eh bien, Catherine, dit-il, comment vous sentez-vous?

«Elle restait muette.

—Comment vous sentez-vous, Catherine? répéta-t-il.

—Il est sauvé et je suis libre, répondit-elle: je devrais me sentir bien, mais vous m'avez laissée si longtemps seule à lutter contre la mort que je ne sens plus et ne vois plus que la mort. Je me sens comme morte.

«Et elle en avait l'air aussi. Je lui ai donné un peu de vin, puis le maître, après avoir renvoyé Hareton que le bruit avait attiré, ordonna à Joseph de porter le cadavre dans sa chambre, me dit de rentrer dans la mienne et laissa la jeune dame toute seule.

«Le lendemain matin, il me chargea de lui dire qu'elle eût à descendre pour le déjeuner. Mais je la trouvai déshabillée et sur le point de se coucher. Elle me dit qu'elle était malade, ce qui ne me surprit guère.»

Cathy resta dans sa chambre une quinzaine, à ce que m'a dit Zillah, qui venait la voir deux fois par jour, mais qui voyait toujours ses efforts affectueux fièrement et promptement repoussés.

Heathcliff vint la voir une fois, pour lui montrer le testament de Linton. Le jeune homme léguait toute sa fortune et toute la partie mobilière de la fortune de sa femme à son père; c'est pendant l'absence de Catherine qu'il avait été forcé à rédiger cet acte. Étant mineur, il ne pouvait disposer des terres, mais, M. Heathcliff les a réclamées et gardées, tant les siennes que celles de sa femme; je suppose qu'il en avait le droit, mais en tout cas, il est bien sûr que Catherine, sans argent et sans amis, ne peut rien pour le contrarier dans sa possession. Zillah m'a encore dit que, pendant ces quinze jours, personne ne s'était informé d'elle. La première fois qu'elle descendit dans la maison, ce fut un dimanche après-midi. «Quand je lui apportai son dîner, elle me dit en pleurant qu'elle ne pouvait pas rester davantage au froid, et je lui répondis que le maître allait partir pour Trushcross-Grange et qu'il ne fallait pas que ma présence ou celle d'Earnshaw l'empêchât de descendre; et en effet, aussitôt qu'elle eut entendu le trot du cheval d'Heathcliff, elle apparut toute vêtue de noir et ses cheveux blonds tombant simplement sur ses épaules.

«Joseph, poursuivit Zillah, était parti pour l'église et je restais seule avec Hareton, à qui je dis que, comme notre jeune maîtresse allait descendre pour nous tenir compagnie, il ferait bien de laisser pour le moment son travail de poudre et de nettoyage de fusil. À cette nouvelle, il rougit, jeta un coup d'œil sur ses mains et ses vêtements, et fit disparaître en une minute toutes les traces de son travail. Devant ses efforts pour être présentable, je ne pus m'empêcher de rire, de lui offrir mes services et de railler sa confusion, ce qui le mit de mauvaise humeur et le fit jurer.

«La jeune dame entra, froide comme un glaçon et hautaine à son ordinaire. Je me levai et lui offris ma place dans le fauteuil, mais elle se détourna de moi. Earnshaw aussi s'était levé, lui disait de venir sur le banc et de s'asseoir tout près du feu; il lui dit qu'il était sûr qu'elle devait être gelée.

—J'ai été gelée pendant un mois et plus, répondit-elle de son ton le plus méprisant. Après quoi elle prit une chaise et la plaça à une certaine distance de nous. Lorsqu'elle se fut réchauffée, elle fit des yeux le tour de la chambre; elle découvrit un certain nombre de livres sur le dressoir, se releva, essaya de les atteindre; mais ils étaient trop haut. Alors son cousin, après avoir observé quelque temps ses efforts, trouva enfin le courage de l'aider; il prit les livres et les lui tendit.

«C'était une grande avance pour le garçon. Elle ne le remercia pas, mais je vis bien qu'il était tout heureux de ce qu'elle eût accepté son assistance. Il se hasarda à se tenir derrière elle tandis qu'elle examinait ces livres et même à montrer du doigt certaines choses qui amusaient son imagination dans les vieilles images. Elle retirait vivement le livre pour lui faire lever le doigt, mais il ne s'en troublait pas, et se contentait de la considérer elle-même au lieu du livre. Son attention se concentra par degrés à observer la chevelure épaisse et soyeuse de la jeune dame: sa figure, il ne pouvait la voir, pas plus qu'elle ne le voyait. Alors, sans se rendre compte peut-être de ce qu'il faisait, attiré comme un enfant par une chandelle, il se mit à caresser doucement une boucle de ces cheveux. Il lui aurait enfoncé un couteau dans le cou qu'elle n'aurait pas été plus saisie.

—Allez-vous-en tout de suite! Comment osez-vous me toucher? Pourquoi vous arrêtez-vous derrière moi? Je ne puis vous souffrir! Je vais rentrer dans ma chambre si vous m'approchez encore.

«M. Hareton se recula d'un air hébété; il s'assit sur le banc et la regarda pendant une demi-heure encore, continuant à parcourir les volumes. Enfin il s'approcha de moi et me dit tout bas:

—Voulez-vous la prier de nous faire la lecture, Zillah? Je suis ennuyé de ne rien faire et j'aime, j'aimerais tant à l'entendre lire! Mais ne lui dites pas que c'est moi qui l'ai demandé, demandez-le de vous-même.

—M. Hareton désirerait que vous nous fassiez la lecture, madame, dis-je aussitôt. Il vous en serait bien obligé.

«Elle fronça le sourcil et, sans nous regarder, répondit:

—M. Hareton et vous tous, vous aurez la bonté de comprendre que je rejette toute prétention à l'obligeance ou à l'affection que vous avez l'hypocrisie de m'offrir; je vous méprise et ne veux avoir rien à dire à personne d'entre vous. Alors que j'aurais donné ma vie pour une bonne parole, ou même pour voir la figure de l'un de vous, vous vous êtes tous tenus à l'écart. Mais, je ne veux pas me plaindre à vous. J'ai été attirée ici par le froid, mais je n'y suis pas venue pour vous amuser, ni pour jouir de votre société.

—Qu'aurais-je pu faire? demanda Earnshaw. Comment étais-je à blâmer?

—Oh! vous, c'est autre chose, répondit Madame Heathcliff; ce n'est pas, en effet, votre absence qui m'a affligée beaucoup.

—Mais je me suis offert plus d'une fois, répondit-il, tout animé à cette insolence, et j'ai demandé à M. Heathcliff de me laisser veiller à votre place.

—Taisez-vous. Je sortirai d'ici, j'irai n'importe où, plutôt que d'avoir dans l'oreille votre désagréable voix.

«Hareton murmura qu'elle pouvait bien aller au diable, et ne se gêna plus pour reprendre ses occupations. Il s'était mis maintenant à parler librement, et la jeune dame avait été sur le point de se retirer; mais le froid était trop fort, il fallut bien qu'elle se résignât, malgré tout son orgueil, à notre compagnie. Je m'arrangeai seulement en sorte qu'elle n'eût plus à mépriser mes tonnes intentions; toujours, depuis lors, j'ai été aussi sèche qu'elle-même, et elle n'a personne pour l'aimer parmi nous et ne mérite personne: qu'on lui dise le moindre mot, la voilà qui se replie sur elle-même, sans égard pour qui que ce soit. Elle ne se gêne pas avec le maître lui-même. Plus on la blesse, plus elle prend de venin.»

«D'abord, me dit en terminant Madame Dean, j'eus l'idée d'abandonner ma place ici, de prendre une petite maison et de décider Catherine à venir y demeurer avec moi; mais M. Heathcliff ne lui permettrait cela pas davantage qu'il ne permettrait à Hareton de vivre de son côté. Je ne vois pas d'autre remède pour elle à présent qu'un second mariage; et cela, il n'est pas en mon pouvoir de l'arranger.»

C'est ainsi que finit l'histoire de Madame Dean. En dépit des prophéties du médecin, je reprends rapidement mes forces; et bien que ce soit seulement la seconde semaine de janvier, je me propose de monter à cheval dans un jour ou deux et d'aller à Wuthering-Heights pour informer le propriétaire que je vais passer à Londres les six mois prochains et qu'il aura à se trouver un autre locataire, après octobre. Pour rien au monde, je ne voudrais vivre un second hiver dans ce pays.

CHAPITRE XII

La journée d'hier a été claire, calme et froide. Je suis allé aux Heights, comme j'en avais l'intention; ma femme de ménage m'a supplié de me charger d'un petit mot d'elle pour sa jeune maîtresse et je n'ai pas cru devoir refuser. La porte de la maison était ouverte, mais la grande porte était verrouillée comme à ma dernière visite. Je frappai et appelai Earnshaw, qui était dans le jardin, et qui vint m'ouvrir. Le gaillard est un très beau type de rustre, mais il a l'air de faire son possible pour ne pas profiter de ses avantages.

Je lui demandai si M. Heathcliff était chez lui. Il me répondit qu'il n'y était pas, mais qu'il rentrerait pour le dîner. Il était onze heures, je lui annonçai mon intention d'entrer et d'attendre: sur quoi il jeta aussitôt sa pioche et m'accompagna, remplissant l'office d'un chien de garde bien plutôt que d'un hôte. Nous entrâmes ensemble. Catherine était là, occupée à préparer des légumes pour le repas; elle paraissait plus maussade et moins animée que la première fois que je l'avais vue. C'est à peine si elle leva les yeux pour me voir entrer et aussitôt elle se remit à son travail avec le même dédain des formes ordinaires de la politesse.

Elle ne paraît pas si aimable que Madame Dean voudrait me le faire croire, pensais-je. C'est une beauté, c'est vrai, mais pas du tout un ange.

Earnshaw, lui ordonna durement de porter ses affaires dans la cuisine. «Portez-les vous-même», dit-elle, en les écartant sur la table; puis elle se retira près de la fenêtre, sur une chaise, et se mit à découper des figures d'oiseaux et d'animaux dans des épluchures de raves. Je m'approchai d'elle, comme si je voulais voir le jardin et je laissai adroitement tomber sur ses genoux la note de Madame Dean. Mais elle me demanda tout haut: «Qu'est-ce que c'est que cela?» et le jeta par terre.

—C'est une lettre de votre vieille connaissance, la ménagère de la Grange, répondis-je, effrayé de penser que l'on pouvait croire à un billet de moi-même. En apprenant la provenance du papier, Catherine fit un effort pour le ramasser, mais Hareton la repoussa, saisit le billet et le mit dans son gilet, disant qu'il fallait d'abord que M. Heathcliff le vit. Alors, Catherine, sans rien dire, se détourna, tira son mouchoir et se l'appliqua sur les yeux. Son cousin, après avoir lutté un instant pour retenir ses bons sentiments, sortit la lettre et la jeta à côté d'elle sur le plancher, le plus grossièrement qu'il put. Catherine la ramassa et la lut avec empressement; puis elle me fit quelques questions au sujet des habitants, humains et autres, de son ancienne maison; et, jetant un coup d'œil vers les collines, elle murmura:

«J'aimerais tant à descendre la côte, sur mon cher poney! Oh! je suis lasse, je suis au bout, Hareton!» Et elle appuya sa tête charmante contre le mur avec un soupir, et elle tomba dans une façon de tristesse inconsciente, sans se soucier de nous.

—Madame Heathcliff, dis-je après un silence, vous ne vous doutez pas que je vous connais, et si intimement qu'il me paraît tout drôle de rester ainsi à côté de vous en étranger. Ma femme de ménage ne se fatigue pas de me parler de vous et de faire votre éloge; elle sera bien désappointée si je reviens sans nouvelles de vous et si je lui dis que vous avez lu sa lettre sans rien répondre.

Mon discours l'étonna. Elle me demanda:

—Est-ce qu'Ellen vous aime?

—Oui, certes, répondis-je, après une hésitation.

—Dites-lui, reprit-elle, que j'aurais voulu répondre à sa lettre, mais que je n'ai rien pour écrire, pas même un livre d'où je puisse déchirer une feuille.

—Pas de livres? m'écriai-je. Comment pouvez-vous vivre sans livres?

—J'étais toujours à lire, quand j'en avais, dit Catherine, et M. Heathcliff ne lit jamais, de sorte qu'il s'est mis dans la tête de détruire mes livres. Pendant des semaines, je n'en ai pas vu un. Une fois, seulement, j'ai mis la main sur la bibliothèque théologique de Joseph, à sa grande colère; et une autre fois, Hareton, j'ai trouvé un stock de livres caché dans votre chambre, quelques livres de latin et de grec, des livres de contes et de poésies, ces derniers rapportés par moi de la Grange. Vous me les avez volés, simplement pour le plaisir de m'en priver. Ils ne peuvent vous être d'aucun usage, évidemment, vous les avez cachés pour empêcher que personne n'en tirât profit. Peut-être est-ce vous qui, par jalousie, avez conseillé à M. Heathcliff de me priver de mes livres? Mais j'ai la plupart d'entre eux écrits dans ma tête et dans mon cœur, et de ceux-là vous ne pouvez pas me priver.

En entendant ainsi révéler le secret de ses accaparements littéraires, Earnshaw devint d'un rouge pourpre.

—M. Hareton désire sans doute élargir ses connaissances, dis-je, venant à son aide. Ce n'est pas de l'envie, mais de l'émulation qu'il éprouve à votre égard. Il deviendra très fort d'ici quelques années.

—Et il veut que je devienne une sotte en attendant, répondit Catherine. Oui, je l'entends qui essaie d'épeler et de lire; il fait assez de fautes! Je voudrais que vous puissiez répéter la petite scène d'hier, c'était extrêmement drôle. Je vous ai entendu tourner et retourner le dictionnaire pour chercher les mots difficiles, et jurer devant l'impossibilité de comprendre.

Le jeune homme, gêné au possible, ne trouva pas d'autre issue que de rire lui-même. Je me rappelai ce que m'avait dit Madame Dean sur la façon dont ses premiers essais d'instruction avaient été rabroués.

—Mais, dis-je, Madame Heathcliff, nous avons tous eu des commencements et nous avons balbutié sur le seuil; si nos maîtres s'étaient moqués de nous au lieu de nous aider, nous continuerions encore.

—Oh! répondit-elle, je ne cherche pas à limiter ses connaissances; mais il n'a pas le droit de s'approprier ce qui est à moi et de le rendre ridicule par ses fautes et sa mauvaise prononciation. Ces livres, prose et vers, sont consacrés pour moi par d'autres souvenirs, et je ne puis souffrir de les voir dégradés et profanés dans sa bouche. Sans compter qu'il a choisi, entre toutes, mes pièces favorites, celles que j'aime le mieux répéter, et cela comme par malice délibérée.

Je vis la poitrine d'Hareton se soulever une minute en silence, sous le poids de la mortification et de la colère. Puis il sortit, et revint avec une demi-douzaine de livres qu'il jeta dans le tablier de Catherine, en s'écriant:

—Prenez-les, je ne veux plus jamais ni les lire ni y penser.

—Je n'en veux plus maintenant, répondit-elle, leur souvenir se mêle maintenant au vôtre, et je les hais. Elle ouvrit l'un d'eux au hasard et se mit à lire quelques lignes sur le ton pleurard d'un débutant, puis éclata de rire, et voulut recommencer cette comédie.

Mais l'amour-propre du jeune homme ne put en supporter davantage. Je m'étais détourné, mais j'entendis le bruit d'un coup destiné à la faire taire. Après quoi il ramassa les livres et les jeta dans le feu. Je lus sur sa figure tout le chagrin qu'il avait à s'en séparer. Sans doute, en les voyant brûler, il se rappelait le plaisir qu'il en avait déjà tiré et songeait à celui qu'il s'était promis d'en tirer encore. Jusqu'au moment où Catherine avait traversé son chemin, il s'était contenté du travail quotidien et des rudes plaisirs de la vie animale. Ensuite la honte de son dédain et l'espoir de son approbation l'avaient excité à des aspirations plus hautes; et voilà que ses efforts produisaient exactement l'effet contraire.

—Oui, c'est tout le bien qu'une brute comme vous peut retirer de ces livres! dit Catherine, furieuse, suivant de l'œil les progrès du feu.

—Vous feriez mieux de vous taire, à présent! répondit Hareton.

Son agitation était au comble, et il allait sortir de la chambre, n'y tenant plus, lorsqu'il croisa M. Heathcliff qui entrait, et qui lui mit la main sur l'épaule.

—Eh bien, qu'est-ce qu'il y a, mon garçon? demanda-t-il.

—Rien, rien, dit-il en s'éloignant.

Heathcliff le suivit des yeux et poussa un soupir.

—C'est étrange, murmura-t-il, quand je cherche sur sa figure les traits de son père, c'est elle que je trouve tous les jours davantage. Comment diable peut-il lui ressembler si fort? C'est à peine si je supporte sa vue.

Il baissa les yeux et s'avança d'un air songeur. Il y avait en lui une expression inquiète et anxieuse que je n'avais jamais remarquée auparavant: de plus il paraissait maigri. En le voyant par la fenêtre, sa belle-fille s'était aussitôt enfuie dans la cuisine, de sorte que je restai seul.

—Je suis heureux de voir que vous pouvez enfin sortir, M. Lockwood, me dit-il en réponse à mon salut. Je me suis demandé plus d'une fois ce qui avait bien pu vous amener dans cette solitude.

—Un caprice, j'en ai peur, monsieur, répondis-je, et c'est encore un caprice qui m'en fait partir. Je retournerai à Londres la semaine prochaine; et je ne crois pas que je pourrai vivre ici désormais.

—Oh vraiment! Êtes-vous déjà fatigué d'être loin du monde? Mais si vous venez ici pour plaider votre droit à ne pas payer un loyer dont vous ne voulez pas profiter, c'est peine perdue: je ne me relâche jamais d'exiger de chacun ce qui m'est dû.

—Je ne viens plaider rien de pareil! m'écriai-je piqué. «Si vous le voulez-bien, je vais régler tout de suite la chose avec vous.» Et je tirai mon portefeuille de ma poche.

—Non, non, répondit-il froidement, ce n'est pas si pressé. Asseyez-vous et dînez avec nous. Un hôte que l'on est assuré de ne plus revoir peut en général être bien accueilli. Catherine, apportez le dîner. Où êtes-vous?

Catherine reparut, avec un paquet de couteaux et de fourchettes.

—Vous aurez à dîner avec Joseph, lui murmura Heathcliff à part, et vous resterez dans la cuisine jusqu'à ce qu'il soit parti.

Entre M. Heathcliff, sombre et maussade, et Hareton absolument muet, je fis un assez triste repas. Je partis de bonne heure. J'aurais voulu sortir par derrière, pour revoir encore Catherine et pour vexer le vieux Joseph; mais Hareton reçut l'ordre d'amener mon cheval à la porte, et mon hôte lui-même m'escorta jusqu'au seuil.

«Quelle sinistre vie on mène dans cette maison! pensais-je en m'en retournant. Comme c'eût été quelque chose de plus qu'un conte magique pour madame Linton Heathcliff, si nous nous étions aimés, comme le désirait sa bonne nourrice, et si nous avions émigré ensemble dans l'atmosphère bruyante de la capitale!

ÉPILOGUE

En septembre, j'ai été invité à chasser chez un ami dans le Nord; en me rendant chez lui, il m'arriva de passer à quinze milles de Gimmerton. L'hôtelier de l'auberge ou je m'étais arrêté s'occupait à faire boire mes chevaux lorsque passa sur la route une voiture d'avoine verte fraîchement coupée.

—Tiens, fit l'aubergiste, ça vient de Gimmerton. La moisson y est toujours de trois semaines en retard.

—Gimmerton? répétai-je, me rappelant mon séjour dans cette localité. Est-ce loin d'ici?

—Il y a bien quatorze milles par les collines, et le chemin est dur.

Une soudaine envie me prit de revoir Trushcross-Grange. Il était à peine midi, et je pensai que je pouvais aussi bien passer la nuit sous mon propre toit que dans une auberge. De toute façon, il m'aurait fallu y retourner pour régler mes comptes de loyer. J'ordonnai donc à mon domestique de s'enquérir du chemin, et trois heures après nous étions à Gimmerton.

Je laissai mes chevaux dans le village et je descendis seul la vallée. La grise chapelle me parut plus grise et plus solitaire, le cimetière plus abandonné. Je vis un troupeau broutant l'herbe courte sur les tombes. Le temps était chaud et doux, et je jouissais infiniment du paysage qui s'étendait au-dessus et au-dessous de moi. Rien de plus lugubre en hiver, mais rien de plus charmant en été que ces champs coupés de collines, et ces fortes senteurs de bruyère.

J'arrivai à la Grange avant le coucher du soleil, et je frappai; ne recevant pas de réponse, j'entrai dans la cour. Sous le porche, une fille de neuf ou dix ans était assise tricotant, et à côté d'elle une vieille femme, qui fumait sa pipe d'un air songeur.

—Madame Dean est-elle ici? demandai-je à la vieille.

—Madame Dean? Non. Elle ne demeure pas ici; elle est là-haut aux Heights.

—Alors c'est vous qui gardez la maison?

—Oui, je garde la maison.

—Eh bien, je suis M. Lockwood, le maître d'ici. Avez-vous une place pour me loger, je voudrais rester pour la nuit.

—Le maître! s'écria-t-elle toute surprise. Hé! personne ne savait que vous alliez venir. Vous auriez dû envoyer un mot. Il n'y a rien de prêt dans la maison!

Elle quitta sa pipe et entra toute affairée, suivie de la jeune fille. Pour la rassurer, je lui dis de me préparer simplement un coin où je puisse m'asseoir pour souper et un lit pour dormir. Inutile de balayer et d'épousseter, seulement un bon feu et des draps bien secs.

—Et tout va bien aux Heights? demandai-je.

—Oui, autant que j'en sais quelque chose.

J'aurais voulu lui demander encore pourquoi Madame Dean avait quitté la Grange, mais je la vis trop émue de mon retour; de sorte que je la quittai et m'avançai lentement vers la demeure de M. Heathcliff, ayant derrière moi l'éclat du soleil couchant, et devant moi la douce lueur de la lune qui se levait. Je n'eus ni à grimper par-dessus la porte ni à frapper pour me la faire ouvrir: elle céda sous ma main. Je fus frappé de ce progrès.

Les portes et les fenêtres étaient ouvertes; pourtant, comme c'est l'usage dans les districts des mines de charbon, un beau feu rouge illuminait la cheminée. La maison de Wuthering Heights est si grande que les habitants pouvaient toujours se mettre à l'abri de l'excessive chaleur du foyer. Avant d'entrer, j'entendis deux personnes qui se parlaient, tout près d'une fenêtre.

—*Contraire*, disait une voix, douce comme une clochette d'argent. C'est la troisième fois que je vous le répète, âne que vous êtes. Je ne vous le dirai plus. Tâchez de vous en souvenir, ou bien je vous tire les cheveux.

—Eh bien, *contraire*, alors, répondit une autre voix plus profonde, mais adoucie. Et maintenant embrassez-moi pour mes bonnes intentions.

—Non. Je veux d'abord que vous lisiez tout le passage correctement sans une seule faute.

La lecture recommença: celui qui lisait était un jeune homme habillé convenablement, et assis à une table avec un livre devant lui. Son beau visage brillait de plaisir, et ses yeux ne cessaient de se promener impatiemment de la page du livre vers une petite main blanche qui s'appuyait sur son épaule et qui, de temps à autre, le rappelait à son travail par une petite tape sur la joue. La propriétaire de cette main se tenait derrière: ses légères boucles blondes se mêlaient par intervalles aux cheveux noirs du jeune homme, et son visage...,—il était heureux qu'il ne pût voir ce visage, car jamais il n'aurait pu faire attention à ce qu'il lisait. Je pouvais le voir, moi, par la fenêtre, et je me mordais la lèvre de dépit d'avoir laissé passer la chance de faire quelque chose de plus que de le regarder.

La leçon se termina, non sans, de nouvelles fautes. L'élève réclama cependant sa récompense, et reçut au moins cinq baisers, que d'ailleurs il rendit généreusement. Alors le couple s'avança vers la porte, et se prépara à sortir pour faire un tour sur la lande. Je supposai que le cœur d'Hareton, sinon sa bouche, m'enverrait au fond de l'enfer si je le dérangeais dans cet heureux moment; et je me détournai pour chercher un refuge dans la cuisine. Là aussi je trouvai l'entrée libre, et je vis à la porte ma vieille amie Nelly Dean, qui cousait en fredonnant une chanson, tandis que dans le fond se tenait le vieux Joseph, interrompant sans cesse une lecture pieuse pour se plaindre de la perversité universelle.

En me reconnaissant, Madame Dean se dressa sur ses pieds, et me cria:

—Hé, M. Lockwood, Dieu vous bénisse! Quelle idée avez-vous eue de revenir de cette façon? Tout est fermé à Thrushcross-Grange. Vous auriez dû me prévenir.

—Oh! je me suis arrangé déjà pour passer la nuit à la Grange, répondis-je, je repars demain. Mais comment êtes-vous transportée ici, Madame Dean? Dites-le moi!

—Zillah est partie, peu de temps après votre départ; et M. Heathcliff m'a fait venir ici pour y rester jusqu'à votre retour.

—Je suis venu ici, dis-je, pour régler mon compte avec votre maître.

—Quel compte, monsieur, me dit Nelly, me conduisant dans la maison?

—Au sujet de mon loyer.

—Oh! alors, c'est avec Madame Heathcliff que vous aurez à traiter, ou plutôt avec moi, car elle n'a pas encore appris à diriger les affaires, et je la remplace, faute de quelqu'un de mieux.

Et comme elle voyait la surprise dans mes yeux:

—Ah! dit-elle, il paraît que vous n'avez pas appris la mort d'Heathcliff?

—Heathcliff mort! m'écriai-je, et il y a longtemps?

—À peu près trois mois: mais asseyez-vous, laissez-moi prendre votre chapeau, et je vais tout vous raconter. Et si vous ne voulez rien manger, buvez au moins un coup de notre bonne ale, vous avez l'air fatigué.

Elle sortit aussitôt pour aller chercher la boisson promise, et j'entendis Joseph demander si ce n'était pas un scandale qu'elle eût des poursuivants à son âge, s'il n'était pas honteux de voir vider ainsi les caves du maître, etc. Mais Nelly ne prit pas la peine de lui répondre et revint une minute après, apportant un magnifique broc d'argent dont je louai le contenu comme il convenait. C'est alors que j'entendis la fin de l'histoire d'Heathcliff.

«Quinze jours environ après votre départ, dit Madame Dean, je fus mandée aux Heights. Ma première entrevue avec Catherine me chagrina beaucoup, je la trouvai si changée! M. Heathcliff ne m'expliqua pas les motifs qu'il avait pour modifier sa conduite à mon égard; il me dit seulement qu'il avait besoin de moi, qu'il était las de voir Catherine, et qu'il fallait que je fasse mon possible pour la garder avec moi dans le petit parloir. D'abord ma jeune maîtresse parut charmée de cet arrangement. Je lui apportai de la Grange un grand nombre de livres, et d'autres objets, qui avaient jadis servi à l'amuser. Je me flattais que sa situation allait devenir plus tolérable, mais mon illusion ne fut pas de longue durée. Catherine ne tarda pas à devenir irritable et inquiète. D'une part, on lui défendait de sortir du jardin, et il lui coûtait d'être ainsi renfermée à l'étroit pendant que le printemps rayonnait. D'autre part, les soins du ménage m'obligeaient à la quitter souvent, et alors elle souffrait de rester seule. Plutôt que de demeurer sans compagnie, elle préférait aller se quereller avec Joseph dans la cuisine. Souvent Hareton était lui aussi forcé de chercher abri dans la cuisine; et bien qu'il fut toujours maussade et silencieux, elle changea peu à peu d'attitude envers lui et ne put se résigner à le laisser seul. Elle lui parlait, le raillait de sa sottise et de sa paresse, s'étonnait de voir qu'il pût supporter la vie qu'il menait, et rester toute une soirée à regarder le feu.

—Il est tout à fait comme un chien, n'est-ce pas, Ellen, me disait-elle, ou comme un cheval de trait! Il fait son ouvrage, mange sa nourriture, et dort éternellement! Quel vide et lugubre esprit il doit avoir! Vous arrive-t-il jamais de rêver, Hareton? Et alors, de quoi pouvez-vous bien rêver? Mais vous n'êtes seulement pas capable de me parler!

«Et elle le regardait, mais lui ne voulait ni ouvrir la bouche ni lever les yeux sur elle.

—Il est peut-être en train de rêver maintenant, poursuivit-elle, demandez-le-lui, Ellen.

—M. Hareton va demander au maître de vous faire monter dans votre chambre, si vous ne vous tenez pas tranquille, dis-je.

—Je sais pourquoi Hareton ne parle jamais, quand je suis dans la cuisine, s'écriait-elle une autre fois. Il a peur que je ne rie de lui. Ellen, qu'en pensez-vous? Il s'est mis une fois à apprendre à lire; et comme je me moquais, il a brûlé ses livres et arrêté son éducation. N'était-il pas fou?

—Et n'étiez-vous pas méchante, vous? dis-je. Répondez-moi à cela.

—Oui, peut-être l'ai-je été en effet, mais je n'aurais pas pensé qu'il en fût si maussade. Hareton, si je vous donnais un livre, maintenant, le prendriez-vous? Je vais essayer.

«Elle lui mit dans la main le livre qu'elle lisait, mais il le rejeta, en murmurant qu'il allait lui casser le cou si elle ne le laissait pas tranquille.

—Eh bien, dit-elle, je vais le mettre là dans le tiroir de la table, et je vais aller me coucher.

«Mais je lui appris le lendemain à son grand désappointement, que le jeune homme n'avait pas touché à son livre, et cette comédie recommença souvent par la suite sans plus de succès. Dans les belles soirées de printemps, Hareton était toujours en chasse, et Catherine gémissait et soupirait, et me suppliait de lui parler, et se sauvait quand je commençais. Elle pleurait, disant qu'elle était fatiguée de vivre, et que sa vie était inutile.

«M. Heathcliff, qui devenait de plus en plus insociable, avait presque chassé Earnshaw de la grande chambre. Au commencement de mars, un accident força le jeune homme à rester à demeure dans la cuisine. Le canon de son fusil éclata, et le blessa assez gravement au bras. Catherine parut heureuse de l'avoir toujours dans la maison; en tout cas, elle jugea sa chambre du premier étage encore plus insupportable et s'ingénia pour trouver de la besogne à la cuisine.

«Le lundi de Pâques, Joseph partit pour la foire de Gimmerton avec du bétail. Earnshaw était assis, morose comme d'ordinaire, dans le coin de la cheminée, et ma petite maîtresse se distrayait à faire des dessins sur les fenêtres, à fredonner des chansons, à lancer des regards impatients sur son cousin qui fumait tranquillement en contemplant le feu. Tout d'un coup je la vis s'approcher du jeune homme et je l'entendis lui parler.

—J'ai découvert, Hareton, que j'ai besoin.... que je serais heureuse..., que j'aimerais à ce que vous fussiez mon cousin maintenant, si vous n'aviez pas été si dur et de si mauvaise humeur pour moi.

«Hareton ne répondit pas.

—Hareton, Hareton, m'entendez-vous? poursuivit-elle.

—Allez au diable!

—Je veux que vous m'écoutiez, d'abord. Je ne sais comment faire pour que vous m'adressiez la parole et vous faites exprès de ne pas comprendre. Vous savez bien que quand je vous traite de stupide, cela ne veut pas dire que je vous méprise. Allons, il faudra que vous fassiez attention à moi, Hareton.

—Je ne veux avoir rien à faire avec vous et votre sale orgueil et vos tours de démon! répondit-il. Je veux aller en enfer corps et âme, avant de me retourner de votre côté. Allons, éloignez-vous de moi, tout de suite!

«Catherine fronça le sourcil et se retira du côté de la fenêtre en se mordant les lèvres, affectant de fredonner.

—Vous devriez être amis, avec votre cousine, monsieur Hareton, dis-je, puisqu'elle se repent de sa conduite envers vous. Cela vous ferait un grand bien. Sa compagnie ferait de vous un autre homme.

—Sa compagnie, s'écria-t-il, alors qu'elle me hait et ne me croit pas capable de nettoyer ses souliers! Non, quand ce serait pour être roi, je ne voudrais pas rechercher de nouveau ses bonnes grâces.

—Ce n'est pas moi qui vous hais, c'est vous qui me haïssez, dit Catherine toute en larmes. Vous me haïssez autant et plus que fait M. Heathcliff.

—Vous êtes une damnée menteuse! Pourquoi alors me serais-je exposé à sa colère, cent fois, en prenant votre parti?

—Je ne savais pas que vous ayez pris mon parti, répondit-elle, en se séchant les yeux, et mon malheur me rendait amer pour chacun. Mais maintenant je vous remercie et vous demande pardon. Que puis-je faire de plus?

«Elle revint vers le foyer et lui tendit franchement la main, puis voyant qu'il serrait les poings sans répondre, elle se baissa, et le baisa légèrement sur la joue. Je hochai la tête en signe de reproche, ce qui la rendit très honteuse.

—Que pouvais-je faire d'autre, Ellen? me dit-elle. Il ne voulait ni me serrer la main, ni regarder de mon côté. Il fallait bien que je lui montre en quelque façon que je l'aime et que je veux que nous soyons amis.

«Si Hareton fut convaincu par ce baiser, je ne puis le dire, je vis seulement qu'il était gêné de cacher son visage et ne savait où tourner les yeux.

«Catherine s'occupa ensuite à envelopper de papier un beau livre, et, l'ayant lié d'un ruban, et ayant inscrit dessus l'adresse, «à M. Hareton Earnshaw», elle me pria de porter ce présent à son destinataire.

—Et dites-lui que s'il consent à le prendre, je viendrai lui apprendre à le lire, tandis que s'il refuse, je monterai dans ma chambre et ne lui adresserai jamais plus la parole.

«Je fis la commission, surveillée par ma jeune maîtresse. Hareton ne voulut pas ouvrir les doigts, de sorte que je déposai le livre sur ses genoux, mais il ne fit non plus aucun effort pour le rejeter. Lorsque Catherine entendit enfin qu'il enlevait la couverture, elle s'élança, vint tranquillement s'asseoir à côté de lui. Il tremblait, et sa figure étincelait.

—Dites que vous me pardonnez, Hareton! Vous pouvez me rendre si heureuse en disant ce petit mot.

«Il murmura quelque chose d'incompréhensible.

—Et vous serez mon ami? demanda Catherine.

—Non, vous auriez honte de moi tous les jours de votre vie, et plus vous me connaîtriez, plus vous auriez honte; et c'est ce que je ne peux souffrir.

—Ainsi, vous ne voulez pas être mon ami? dit-elle, avec un sourire doux comme le miel, en se serrant contre lui.

«Je n'entendis plus aucun mot distinct, mais en me retournant, j'aperçus, penchées sur les pages du livre, deux figures si radieuses que je vis bien que le traité avait été ratifié des deux côtés, et que désormais les ennemis étaient devenus des alliés.

«Le livre était plein de belles images, de sorte que les deux jeunes gens restèrent immobiles à les regarder jusqu'au retour de Joseph. Celui-ci fut tout surpris en apercevant Catherine assise à côté de Hareton et la main appuyée sur son épaule. Il força Hareton à aller rejoindre Heathcliff dans la maison, et comme Catherine promettait à son cousin de lui apporter le lendemain d'autres livres, et voulait laisser celui-là sur la cheminée:

—Tous les livres que vous laisserez, je les porterai au maître, dit Joseph, et il n'y a guère chance que vous les retrouviez. Mais Cathy lui assura que sa bibliothèque à lui paierait pour le mal qu'il ferait à la sienne; et, passant en souriant auprès d'Hareton, elle remonta dans sa chambre, plus légère de cœur qu'elle n'avait jamais été auparavant sous ce toit.

«Ainsi engagée, l'intimité grandit rapidement, malgré mille petites interruptions d'un instant. Earnshaw n'était pas commode à civiliser et ma jeune maîtresse n'était ni un philosophe, ni un modèle de patience; mais leurs deux esprits tendaient au même but, de sorte qu'ils finirent par y arriver.

—Vous le voyez, M. Lockwood, c'était assez facile de gagner le cœur de Madame Heathcliff. Mais maintenant je suis heureuse que vous ne l'ayez pas essayé. L'union de ces deux êtres couronnera tous mes vœux; et il n'y aura pas une femme plus heureuse que moi dans toute l'Angleterre le jour de leurs noces.

«Un lundi matin, et comme Earnshaw était encore forcé de rester à la maison à cause de son accident, Catherine descendit avant moi et alla rejoindre son cousin dans le jardin. Lorsque j'allai les trouver pour les prévenir que le déjeuner était prêt, je vis qu'elle avait persuadé au jeune homme d'arracher un grand nombre de buissons et de planter à la place des fleurs rapportées de la Grange.

«Je fus terrifiée de la dévastation qu'ils avaient accomplie dans une petite demi-heure; les noirs buissons de cassis qu'ils venaient d'arracher faisaient la joie de Joseph, et je pensais bien qu'il serait furieux.

—Là! Tout cela va être montré au maître! m'écriai-je. Quelle excuse aurez-vous pour avoir pris de telles libertés? Nous allons avoir une belle explosion sur la tête! M. Hareton, je m'étonne que vous n'ayez pas plus d'esprit; vous êtes fou de l'écouter ainsi!

—J'avais oublié que ces buissons étaient à Joseph, répondit Earnshaw très embarrassé; mais je vais lui dire que c'est moi qui ai tout fait.

«Nous prenions toujours nos repas avec M. Heathcliff. Je tenais la place de maîtresse de la maison pour servir le thé et pour découper. Catherine était généralement assise à côté de moi; mais ce jour-là, elle s'était mise près d'Hareton, et je vis bien qu'elle n'aurait pas plus de discrétion dans son amitié qu'elle n'en avait eu dans son hostilité.

—Prenez garde au moins de ne pas trop causer avec votre cousin, lui murmurai-je à l'oreille. Cela ennuierait M. Heathcliff et il serait furieux contre vous deux.

—Soit, je ne lui causerai pas, répondit-elle.

«Mais la minute d'après, elle s'était installée à côté de lui, et trempait des primevères dans son plat de porridge.

«Lui, n'osait pas lui parler, ni même la regarder; mais elle continuait à l'agacer, si bien qu'il fut deux fois sur le point d'éclater de rire. Je fronçai le sourcil; elle s'arrêta, jeta un coup d'œil sur le maître, dont l'esprit semblait occupé de toute autre chose que de nous; mais bientôt elle se retourna et recommença ses folies.

«Hareton ayant cette fois poussé un rire contenu, M. Heathcliff tressaillit et ses yeux firent rapidement le tour de la table. Catherine le considérait avec son regard habituel, un regard inquiet, mais plein de défi, et qu'il abhorrait.

—Vous avez de la chance d'être hors de ma portée! cria-t-il. Quel démon vous possède pour que vous me regardiez constamment avec ces yeux d'enfer? Détournez vos yeux, et ne me faites pas souvenir désormais de votre existence. Je croyais vous avoir guérie de l'habitude de rire!

—C'était moi, murmura Hareton.

—Que dites-vous? demanda le maître.

«Hareton regarda son assiette et ne dit rien. M. Heathcliff, après l'avoir considéré un instant, reprit sa rêverie interrompue. Le déjeuner était à peu près achevé, et les deux jeunes gens s'étaient mis prudemment à l'écart, lorsque Joseph se montra à la porte, la lèvre tremblante et les yeux furieux, et déclara longuement qu'il voulait s'en aller, qu'il ne pouvait pas supporter davantage une pareille cruauté.

—Allons, allons, idiot, interrompit Heathcliff, assez! De quoi vous plaignez-vous? Je ne veux pas me mêler de vos querelles avec Nelly. Elle peut vous jeter dans le trou à charbon sans que je m'en soucie.

—Ce n'est pas Nelly! répondit Joseph. Si méchante qu'elle soit, Dieu merci, elle ne serait pas capable de voler l'âme de personne. C'est cette maudite petite reine-là, qui a ensorcelé notre garçon avec ses yeux hardis et ses manières provocantes. Il a oublié tout ce que j'ai fait pour lui et il a été arracher toute une rangée de mes plus beaux cassis dans le jardin.

—Cet animal est-il ivre? demanda M. Heathcliff. Hareton, est-ce à vous qu'il en a?

—J'ai arraché deux ou trois buissons, répondit le jeune homme, mais je vais les replanter.

—Et pourquoi les avez-vous arrachés?

«Catherine intervint.

—Nous voulions planter là quelques fleurs. Je suis la seule personne à blâmer, car c'est moi qui l'ai voulu.

—Et qui diable vous a donné la permission de toucher à quoi que ce soit ici? demanda son beau-père stupéfait. Et qui vous a ordonné de lui obéir? ajouta-t-il en se tournant vers Hareton.

«Ce dernier restait muet; sa cousine répondit:

—Vous ne devriez pas me refuser quelques pouces de terre, vous qui m'avez pris toutes mes terres!

—Vos terres, insolente souillon! Jamais vous n'en avez eu!

—Et mon argent aussi, poursuivit-elle, en lui lançant son regard irrité.

—Silence! Allez-vous en!

—Et aussi les terres d'Hareton, et son argent! poursuivit la jeune femme hors d'elle-même. Hareton et moi sommes amis maintenant, et je lui dirai tout à votre sujet.

«Le maître parut un instant confondu. Il devint très pâle et se leva, sans cesser de la considérer avec une expression de haine mortelle.

—Si vous me frappez, Hareton vous frappera! dit-elle. Ainsi vous feriez mieux de rester assis.

—Si Hareton ne vous chasse pas d'ici, je le frapperai à mort! tonna Heathcliff. Maudite sorcière! Osez-vous prétendre à l'exciter contre moi? Hors d'ici! Entendez-vous! Emmenez-la dans la cuisine! Je vais la tuer, Ellen Dean, si vous me laissez la revoir.

«Hareton essaya tout bas de lui persuader de s'en aller.

—Chassez-la d'ici, cria Heathcliff d'un ton de voix sauvage. Allez-vous perdre votre temps à lui parler?

«Et il s'approcha pour exécuter lui-même son ordre.

—Il ne vous obéira plus désormais, méchant homme, dit Catherine, et bientôt il vous détestera autant que je le fais.

—Chut! Chut! murmura le jeune homme d'un ton de reproche; je ne veux pas vous entendre lui parler ainsi.

—Mais vous ne souffrirez pas qu'il me frappe, lui cria-t-elle?

—Alors, venez.

«Mais il était trop tard: Heathcliff l'avait saisie dans ses mains.

—Et maintenant, vous, allez-vous en! dit-il à Earnshaw. Satanée sorcière! Cette fois elle m'a provoqué au delà de ce que je pouvais supporter et je vais la faire s'en repentir à jamais.

«Il l'avait empoignée par les cheveux, et Hareton essayait vainement de la lui enlever, le suppliant de ne pas lui faire de mal cette fois encore. Les yeux noirs d'Heathcliff étincelaient; il semblait prêt à la mettre en pièces, et je venais à mon tour à la rescousse lorsque je vis tout à coup ses doigts se relâcher; maintenant il la tenait simplement par le bras et la regardait dans les yeux. Puis il lui cacha les yeux avec ses mains, se recueillit un instant, et finit par lui dire avec assez de calme.

—Il faut que vous appreniez à éviter de me passionner, ou bien il m'arrivera vraiment de vous tuer un jour. Allez avec Madame Dean et restez avec elle. Quant à Hareton Earnshaw, si je le vois vous écouter, je l'enverrai chercher son pain où il pourra le trouver. Votre amitié pour lui fera de lui un mendiant. Nelly, emmenez-la, et qu'on me laisse seul.

«M. Heathcliff resta seul dans la chambre jusqu'au diner. J'avais conseillé à Catherine de diner en haut, mais aussitôt qu'il vit son siège vide, il m'envoya la chercher. Il ne parla à personne, mangea très peu, et sortit tout de suite après, en donnant à entendre qu'il ne reviendrait pas avant le soir.

«Pendant son absence, les deux nouveaux amis s'installèrent dans la maison. Tout d'un coup, j'entendis que Hareton grondait durement sa cousine parce qu'elle s'était offerte à lui révéler la conduite de son beau-père envers son père à lui. Il dit qu'il ne souffrirait pas un mot de blâme contre M. Heathcliff. Quand même celui-ci serait le diable, cela n'importait; il serait de son parti. Il lui dit qu'il préférait la voir dire du mal de lui-même, comme elle faisait auparavant, que de M. Heathcliff. Catherine allait se fâcher, mais il trouva le moyen de la retenir en lui demandant si elle aimerait qu'il lui dise du mal de son père à elle. Elle parut alors comprendre qu'Earnshaw était attaché au maître par des liens assez forts pour que la raison ne puisse les dénouer, par des chaînes qu'avait forgées l'habitude, et qu'il serait cruel d'essayer de briser. Depuis lors, elle fit preuve de son bon cœur en évitant aussi bien les plaintes que les expressions d'antipathie à l'égard d'Heathcliff; et je ne crois pas en vérité que, à dater de ce jour, elle ait prononcé une seule phrase contre son oppresseur en présence du jeune homme.

«Ce petit désaccord réglé, ils redevinrent amis, et s'occupèrent de leur mieux, elle comme maîtresse, lui comme élève. Je vins m'asseoir près d'eux quand j'eus fini mon ouvrage et je me sentis si heureuse de les voir ainsi que je ne fis pas attention à la fuite du temps. Vous le savez, ils m'apparaissaient tous les deux un peu comme mes enfants; d'elle, j'avais été fière en tous temps; et j'étais sûre maintenant que lui aussi serait pour moi une source de satisfaction. Sa nature honnête, intelligente et ardente dissipa rapidement les nuages d'ignorance et de dégradation où on l'avait maintenu. Son esprit en s'éclairant éclaira ses traits, rendit leur expression plus vive et plus noble. Je pouvais à peine croire que c'était le même individu que j'avais vu à la même place, si sauvage et si inculte, un an auparavant. Pendant qu'ils travaillaient et que je les admirais, le maître rentra. Il arriva à l'improviste, et put voir en plein notre groupe avant que nous ayons songé à lever les yeux.

C'est seulement lorsqu'il fut tout près que les deux jeunes gens s'aperçurent de sa présence. Peut-être n'avez-vous jamais remarqué que leurs yeux sont tout à fait semblables? Ils ont tous les deux les yeux de Catherine Earnshaw. Notre Catherine n'a pas d'autre trait de ressemblance avec sa mère, excepté la largeur du front, et une disposition des narines qui lui donne l'air hautain, qu'elle le veuille ou non. Hareton au contraire ressemble beaucoup à sa tante; et cette ressemblance était alors particulièrement frappante, à cause de l'activité exceptionnelle de ses sens et de son esprit à ce moment. Peut-être est-ce cette ressemblance qui désarma M. Heathcliff: il s'était avancé derrière le foyer avec une agitation manifeste; mais il se calma aussitôt qu'il rencontra les yeux du jeune homme. Il lui prit le livre des mains, regarda la page ouverte, puis le rendit sans aucune observation, en faisant signe simplement à Catherine de s'éloigner. Son compagnon ne tarda pas à sortir derrière elle, et j'allais m'éloigner aussi lorsque le maître m'ordonna de rester avec lui.

—Voilà une bien pauvre conclusion, n'est-ce pas? me dit-il, après un instant de réflexion. J'amasse des leviers et des pioches pour démolir les deux maisons, et je me prépare à agir comme un hercule, et puis lorsque tout est prêt et en mon pouvoir, je ne me trouve plus la force d'enlever une seule tuile du toit. Mes anciens ennemis ne m'ont pas vaincu; ce serait au contraire maintenant le moment précis pour me venger sur ceux qui les représentent, et je pourrais le faire, et personne ne pourrait m'en empêcher. Mais à quoi bon? Je ne me soucie pas de frapper: je ne veux pas prendre la peine de lever la main. Ne croyez pas que j'aie trouvé cette occasion de me montrer magnanime: j'ai simplement perdu la faculté de trouver du plaisir à leur destruction, et je ne veux pas avoir la fatigue de détruire quoi ce soit.

«Nelly, je sens venir en moi un changement singulier. Je prends si peu d'intérêt à ma vie journalière que c'est à peine si j'ai l'idée de manger et de boire. Ces deux êtres qui viennent de quitter cette chambre sont les seuls objets qui gardent pour moi une apparence matérielle distincte; et cette apparence me cause une peine infinie. D'elle, je ne veux rien dire, mais je souhaiterais vivement qu'elle devint invisible, sa présence n'éveille en moi que des sensations qui m'affolent. Lui, c'est d'une autre façon qu'il m'émeut; et cependant, si je pouvais le faire sans avoir l'air d'être fou, je ne le reverrais pas.

«Il y a cinq minutes, Hareton m'a semblé une incarnation de ma jeunesse. Sa ressemblance saisissante avec Catherine le rattachait terriblement à elle. Mais ce n'est pas là la raison la plus puissante: car qu'est-ce qui n'est pas rattaché à elle pour moi? Est-il une chose qui ne me la rappelle pas? Je ne puis baisser les yeux vers ce plancher sans voir ses traits dessinés sur les dalles. Dans chaque nuage, dans chaque arbre, je suis environné de son image: elle remplit l'air la nuit, et reparaît le jour au fond de toutes choses. Les figures les plus ordinaires des hommes et des femmes, ma propre figure, me raillent en me la faisant voir. Le monde entier est une collection terrible de souvenirs me faisant songer qu'elle a existé et que je l'ai perdue. Eh bien! la vue d'Hareton a été pour moi le fantôme de mon impérissable amour, de mes efforts farouches pour maintenir mon droit, de ma dégradation et de mon orgueil, de mon angoisse et de mon bonheur.

«Mais c'est folie de vous répéter ces idées: vous comprendrez comment, malgré ma répugnance à rester toujours seul, sa société loin d'être pour moi un bienfait, aggrave encore mon supplice; et c'est en partie cela qui me rend indifférent à la façon dont il se comporte avec sa cousine. Il m'est, impossible désormais de faire attention à eux.»

—Mais que voulez-vous dire par un changement, M. Heathcliff? dis-je, effrayée de ses paroles. «Jamais je ne l'avais jugé en danger de perdre la raison ni la santé. Il était aussi fort et bien portant que d'ordinaire; et pour ce qui est de sa raison, il s'était complu dès l'enfance à insister sur les idées sombres et à entretenir d'étranges imaginations. Il pouvait bien avoir une monomanie au sujet de sa défunte idole; mais sur tous les autres points, son esprit était aussi solide que le mien.

—Ce changement, je ne le connaîtrai que lorsqu'il sera venu; je n'en ai encore qu'un vague pressentiment.

—Vous ne vous sentez pas malade, n'est-ce pas? demandai-je.

—Non, Nelly, pas du tout.

—Vous n'avez pas peur de mourir, non plus?

—Peur? Oh non, répliqua-t-il. Je n'ai ni la peur, ni le pressentiment, ni l'espoir de mourir. Avec ma constitution robuste et mon train de vie tempéré, il est probable que je resterai vivant jusqu'à ce qu'il n'y ait plus un cheveu blanc sur ma tête. Et pourtant, je ne puis continuer à rester dans cette condition. C'est seulement par force que je puis faire les actes les plus insignifiants, noter une personne vivante ou morte qui ne se rattache pas à mon idée constante. Je n'ai qu'un seul désir, et tout mon être tend à le réaliser. J'y ai tendu si longtemps et si fermement que je suis convaincu que je pourrai le réaliser, et bientôt, parce qu'il a dévoré mon existence. Dieu! C'est une longue lutte et je voudrais qu'elle soit finie.

«Il se mit à marcher dans la chambre, se murmurant à lui-même des choses terribles, si bien que je penchai à croire comme l'avait dit Joseph, que sa conscience avait fait un enfer dans son cœur. Je me demandai comment cela finirait car j'étais sûre que c'était là maintenant son état ordinaire, malgré que personne à le voir ne l'eût deviné. Il était alors exactement le même que lorsque vous l'avez vu, M. Lockwood, seulement plus épris encore de solitude, et peut-être encore plus laconique en société.

«Pendant quelques jours après cette soirée, M. Heathcliff évita de nous rencontrer à table, sans jamais consentir cependant à en exclure Hareton et Cathy. Il ne voulait pas céder entièrement à ses sentiments, et préférait s'absenter, ne mangeant guère plus qu'une fois par jour.

«Une nuit, lorsque tout le monde était couché, je l'entendis descendre et sortir. Le lendemain matin, il était encore absent. Nous étions en avril, le temps était doux et chaud, l'herbe aussi verte que pouvaient la rendre telle les pluies et le soleil; et les deux pommiers nains près du mur étaient tout en fleurs. Après le déjeuner, Catherine voulut absolument porter ma chaise et me faire asseoir avec mon ouvrage sous les sapins qui bordent la maison; et elle demanda à Hareton, qui s'était tout à fait remis de son accident, de lui arranger son petit jardin, transporté dans ce coin à la suite des plaintes de Joseph. Je jouissais commodément des senteurs du printemps et de la douceur du ciel bleu lorsque je vis ma jeune dame, qui était allée près de la grand'porte pour chercher des pieds de primevères, revenir en courant, et nous informer que M. Heathcliff revenait. «Et il m'a parlé, ajouta-elle, d'un air confondu.»

—Que vous a-t-il dit, demanda Hareton?

—Il m'a dit de me sauver aussi vite que je pouvais; mais il avait une figure si différente de l'ordinaire que je me suis arrêtée un moment pour le regarder.

—Comment cela?

—Eh bien, il avait l'air presque brillant et joyeux; non, pas presque, mais très excité, et très gai, répondit-elle.

—C'est, alors, que les promenades nocturnes lui font du bien, remarquai-je d'un ton insouciant, mais en réalité, je n'étais pas moins surprise qu'elle, et j'avais hâte de constater la vérité de ce qu'elle venait de dire. Je trouvai un prétexte pour rentrer dans la maison. Heathcliff se tenait debout sur la porte: il était pâle et il tremblait; mais certainement il avait dans les yeux un étrange éclat joyeux qui altérait l'aspect de sa figure.

—Voulez-vous déjeuner? lui demandai-je. Vous devez avoir faim après avoir rôdé toute la nuit.

—Non, je n'ai pas faim, répondit-il, détournant la tête et me parlant avec mépris comme s'il devinait que je cherchais à pénétrer les raisons de sa bonne humeur.

—Je ne crois pas que ce soit bon pour vous de sortir la nuit, lui fis-je observer: pas en tous cas pendant cette saison humide. Je prévois que vous allez attraper un rhume ou une fièvre, vous avez l'air d'avoir quelque chose.

—Rien que ce que je peux supporter, répondit-il, et même avec grand plaisir, pourvu que vous me laissiez seul. Allez vous-en, et ne m'ennuyez pas.

«J'obéis, et je remarquai en passant qu'il respirait avec une violence inouïe.

«Ce jour-là, il s'assit à table avec nous» et reçut de mes mains une assiette chargée jusqu'au bord, comme s'il voulait se rattraper de son jeûne du matin.

—Je n'ai ni rhume ni fièvre, Nelly, fit-il, par allusion à mon discours du matin; et je suis prêt à faire honneur à la nourriture que vous allez me donner.

Il avait pris son couteau et sa fourchette et commençait à manger lorsque tout d'un coup son excitation parut tomber. Il déposa le couteau et la fourchette sur la table, jeta un coup d'œil du côté de la fenêtre, puis se leva et sortit. Nous le vîmes marcher de long en large dans le jardin, pendant que nous terminions notre dîner; Earnshaw nous dit qu'il voulait aller le rejoindre et lui demander pourquoi il ne voulait pas dîner: il avait peur de l'avoir offensé en quelque façon.

—Eh bien, va-t-il venir? demanda Catherine en voyant revenir son cousin.

—Non, répondit-il, mais il n'est pas fâché; en vérité il avait plutôt l'air heureux; seulement je l'ai impatienté en lui adressant une seconde fois la parole, et alors il m'a dit de retourner vous rejoindre.

«Je mis son assiette au chaud; et, après une heure ou deux, il rentra, sans paraître calmé en aucune façon. Il avait la même expression anormale de joie sous ses sourcils noirs, le même teint pâle, et de temps à autre il laissait voir ses dents dans un vague sourire. Il tremblait, non comme on tremble de froid ou de faiblesse, mais plutôt d'une vibration incessante et régulière.

«Je ne me retins plus de savoir ce qu'il avait.

—Avez-vous appris de bonnes nouvelles, M. Heathcliff? Vous avez l'air plus animé que de coutume?

—Et d'où? D'où pourrais-je avoir une bonne nouvelle? Je suis simplement excité par la faim, et avec cela je ne peux pas manger.

—Votre dîner est là, répondis-je; pourquoi ne le mangeriez-vous pas?

—Non, pas maintenant, murmura-t-il rapidement. J'attendrai le souper. Et, Nelly, une fois pour toutes, laissez-moi vous prier de prévenir Hareton et les autres qu'ils aient à se tenir à l'écart de mon chemin. Je veux n'être dérangé par personne: je veux avoir cet endroit pour moi seul.

—Y a-t-il quelque nouvelle raison à ce bannissement? demandai-je. Dites-moi ce qui vous rend si singulier, M. Heathcliff. Où êtes-vous allé la nuit dernière? Ce n'est pas par vaine curiosité que je vous fais cette question.

—Si, c'est par curiosité, fit-il avec un rire; mais, n'importe, je vais y répondre. La nuit dernière, j'étais sur le seuil de l'Enfer. Aujourd'hui, je suis en vue du Ciel. J'y ai mes yeux fixés: à peine trois pas pour m'en séparer. Et maintenant, vous feriez mieux de vous en aller.

«C'est ce que je fis en effet, plus perplexe qu'auparavant, après avoir balayé le foyer et nettoyé la table.

«Il resta dans la maison toute cette après-midi et personne ne dérangea sa solitude jusqu'à ce que, à huit heures, je crus devoir me permettre de lui apporter de la lumière et son souper. Il s'appuyait contre le rebord d'une fenêtre ouverte, mais il ne regardait pas dehors et avait le visage tourné vers l'intérieur sombre de l'appartement. Le feu s'était éteint; la chambre était remplie de l'air doux et humide du soir; et le calme était si grand que non seulement on pouvait distinguer le murmure du ruisseau au bas de Gimmerton, mais encore le bruit de son frottement contre les galets ou les larges pierres qu'il rencontrait sur son chemin. En entrant, je me mis à fermer les volets des fenêtres, jusqu'à ce que je parvins à la fenêtre où il s'était appuyé.

—Puis-je fermer ceci? demandai-je pour l'éveiller, car il restait immobile.

«La lumière éclaira ses traits pendant que je lui parlais. Oh! M. Lockwood, je ne puis vous dire le frisson terrifié que me causa ce rapide coup d'œil! Ces yeux noirs et profonds! Ce sourire et cette pâleur de spectre! Je crus voir, non pas M. Heathcliff, mais un fantôme; et, dans mon épouvante, je baissai la chandelle de façon qu'elle s'éteignit.

—Oui, fermez, me répondit-il d'une voix familière. Mais voyez comme vous êtes maladroite. Pourquoi teniez-vous la chandelle de cette façon? Allons, faites vite et rapportez-en une autre.

«Je me hâtai en effet, affolée, je sortis, et, n'osant pas rentrer, je dis à Joseph que le maître lui ordonnait d'apporter de la lumière et de rallumer le feu.

«Joseph partit avec des cendres chaudes pour rallumer le feu; mais aussitôt il revint, rapportant et les cendres et le souper. Il m'annonça que M. Heathcliff allait se coucher et ne voulait pas manger jusqu'au lendemain. Nous l'entendîmes en effet monter aussitôt l'escalier; il n'alla pas dans sa chambre habituelle, mais entra dans celle du lit à panneaux: la fenêtre de cette chambre est assez large pour qu'on puisse passer à travers, et je soupçonnai Heathcliff de méditer de nouveau une excursion nocturne dont il ne voulait pas que nous nous apercevions.

«Après une nuit traversée des rêves les plus horribles, je me levai et j'allai dans le jardin pour voir s'il y avait des traces de pas sous la fenêtre. Mais non, il n'y en avait aucune. «Il est resté ici la nuit, pensai-je, tout ira bien aujourd'hui.» Je préparai le déjeuner à l'ordinaire, et je dis à Hareton et à Catherine de ne pas attendre l'arrivée du maître.

«Ils aimèrent mieux déjeuner dehors sous les arbres et j'allai leur disposer une petite table à cette intention.

«En rentrant, je trouvai M. Heathcliff descendu. Il causait avec Joseph des affaires de la ferme: il lui donnait des indications claires et détaillées, mais il parlait très vite, tournait sans cesse la tête de côté, et gardait toujours cette expression exaltée, plus forte même que la veille. Lorsque Joseph quitta la chambre, il s'assit à sa place ordinaire et je mis un bol de café devant lui. Il fit un geste pour le rapprocher de lui, puis reposa ses bras sur la table et se mit à observer avec un soin infini un endroit déterminé du mur en face de lui; ses yeux mobiles étincelaient, et il paraissait si intéressé à ce qu'il voyait que parfois il s'arrêtait une demi-minute pour respirer.

—Allons, m'écriai-je, lui mettant un morceau de pain dans la main, buvez votre café pendant qu'il est chaud, il y a près d'une heure qu'il attend.

«Il ne fit pas attention à moi, et pourtant il sourit. J'aurais préféré le voir grincer des dents que sourire de cette façon.

—M. Heathcliff! Mon maître! m'écriai-je; pour l'amour de Dieu, ne regardez pas comme si vous voyiez une vision surnaturelle.

—Pour l'amour de Dieu, ne criez pas si fort, me répondit-il. Regardez alentour, et dites-moi si nous sommes seuls?

—Naturellement, nous sommes seuls.

«Pourtant je lui obéis involontairement comme si je n'en étais pas tout à fait sûre. Lui cependant éloigna le pain et la cuiller, et s'accouda sur la table pour regarder plus à son aise.

«Je m'aperçus alors que ce n'était pas le mur qu'il regardait, car son regard avait l'air d'être dirigé sur quelque chose de très éloigné. Et la chose qu'il voyait, quelle qu'elle fut, paraissait à la fois lui donner un plaisir et une peine infinis: car sa figure avait une expression où l'angoisse se mêlait avec le ravissement. J'eus beau lui rappeler son abstinence prolongée de toute nourriture; lorsqu'il faisait un mouvement pour prendre un morceau de pain, ses doigts se détendaient avant de le saisir, et retombaient sur la table, inertes.

«Et comme je continuais mes instances, il s'irrita, me demanda pourquoi je ne le laissais pas prendre son temps, me dit que la prochaine fois j'aurais à le laisser déjeuner seul et à m'en aller. Après quoi il quitta la maison, descendit vivement le sentier du jardin et disparut par la grand'porte.

«Il ne revint qu'après minuit, et, au lieu d'aller se coucher, il s'enferma dans l'appartement du bas. Ne pouvant dormir, j'écoutai, et je finis par me lever et par descendre. Je distinguai le pas de M. Heathcliff se promenant de long en large. De temps à autre il rompait le silence pour pousser un profond soupir pareil à un grognement. Il murmurait aussi des mots incohérents, mais le seul que je pus saisir était le nom de Catherine, prononcé sur un ton bas et grave, comme celui d'une personne présente à qui il aurait parlé. Je n'eus pas le courage d'entrer dans la chambre, mais, voulant le tirer de sa rêverie, je me mis à préparer le feu de la cuisine et à gratter les cendres. Il s'aperçut du bruit plus tôt que je n'avais pensé. Il ouvrit immédiatement la porte et dit:

—Nelly, venez ici; est-ce déjà le matin? Venez avec votre lumière.

—Voilà quatre heures qui sonnent, répondis-je. Vous avez sans doute besoin d'une chandelle pour remonter dans votre chambre?

—Non, je ne veux pas remonter dans ma chambre, dit-il. Venez, et allumez-moi le feu, et faites tout ce qu'il y a à faire dans la maison.

«J'apportai un soufflet, et je m'assis près du foyer. Lui cependant continuait à marcher, et ses lourds soupirs se succédaient si pressés qu'ils semblaient avoir remplacé sa respiration accoutumée.

—Au point du jour, j'enverrai chercher Green, me dit-il; je veux l'interroger sur certains détails de législation tandis que je peux encore accorder une pensée à ces matières, et agir avec un peu de calme. Je n'ai pas encore écrit mon testament, et je ne puis décider ce que je dois faire de ma propriété. Je voudrais pouvoir l'anéantir de la surface de la terre.

—Ne parlez pas ainsi, M. Heathcliff. Attendez encore avec votre testament: vous aurez encore le temps de vous repentir de vos nombreuses injustices. Jamais je n'aurais pensé que vos nerfs se détraqueraient, et cependant ils sont singulièrement détraqués maintenant, et presque entièrement par votre propre faute. La façon dont vous avez passé ces trois dernières nuits aurait abattu l'homme le plus fort. Prenez quelque nourriture et quelque repos. Vous n'avez qu'à vous regarder dans une glace pour voir combien vous avez besoin de l'une et de l'autre. Vos joues sont creuses, et vos yeux pleins de sang; vous êtes comme une personne qui meurt de faim et qui perd la vue par manque de sommeil.

—Ce n'est pas ma faute si je ne puis dormir ni me reposer; je vous assure que ce n'est nullement par un dessein prémédité. Je le ferai aussitôt que je pourrai. Mais vous pourriez aussi bien dire à un homme qui lutte dans l'eau de se reposer à quelque distance du rivage. Il faut d'abord que j'y parvienne, et alors je me reposerai. Pour M. Green, soit, n'en parlons plus; et quant à me repentir de mes injustices, je n'ai pas fait d'injustices et ne me repens de rien. Je suis trop heureux; et cependant, je ne suis pas assez heureux. Le bonheur de mon âme tue mon corps, sans se satisfaire lui-même.

—Heureux, maître? m'écriai-je. Étrange bonheur! Si vous vouliez m'écouter sans vous mettre en colère je vous donnerais un conseil qui pourrait vous rendre plus heureux.

—Qu'est-ce que c'est? Donnez.

—Vous savez, dis-je, M. Heathcliff, que depuis l'âge de treize ans vous avez mené une vie égoïste et peu chrétienne; et c'est à peine, probablement, si vous avez tenu une Bible dans vos mains pendant tout ce temps. Vous devez avoir oublié le contenu de ce livre. Croyez-vous qu'il serait mauvais d'envoyer chercher un ministre ou quelqu'un pour vous l'expliquer, pour vous montrer combien vous vous êtes écarté de ses préceptes?

—Je suis plutôt content que fâché de ce que vous me dites, Nelly, car vous me faites songer à vous indiquer de quelle façon je veux être enterré. Je veux que l'on me porté au cimetière le soir. Vous pourrez, si vous voulez, m'accompagner avec Hareton; et vous aurez soin de veiller à ce que le fossoyeur obéisse à mes instructions au sujet des deux cercueils. Aucun ministre n'a besoin de venir, et il n'y a besoin de rien dire sur mes restes. Je vous répète que j'ai presque atteint mon ciel à moi, et celui des autres ne me tente en aucune façon.

«Aussitôt, qu'il entendit se lever les autres membres de la famille, il se retira dans sa tanière, et je respirai plus librement. Mais l'après-midi, tandis que Joseph et Hareton étaient à leur ouvrage, il entra dans la cuisine, et, d'un air égaré, me dit de venir m'asseoir dans la maison parce qu'il avait besoin de quelqu'un avec lui. Je refusai, lui disant simplement que l'étrangeté de ses discours et de ses manières m'épouvantait, et que je n'avais ni assez de nerfs ni assez de courage pour rester seule avec lui.

—Je crois que vous me prenez pour un démon, dit-il, avec son sinistre sourire: je vous apparais comme quelque chose de trop horrible pour vivre sous un toit humain. Puis se tournant vers Catherine, qui se trouvait là, et qui se cacha derrière moi à son approche, il ajouta, en raillant à demi:

—Voulez-vous venir, vous, petite poulette? Je ne vous ferai pas de mal. Mais non! Pour vous je me suis rendu pire que le diable. Eh bien, il y en a une qui n'aura pas peur de m'accompagner. Par Dieu! elle est impitoyable. Oh, par l'enfer! c'est infiniment trop à supporter pour la chair et le sang, même pour les miens!

«Il ne demanda plus la société de personne. Au crépuscule, il monta dans sa chambre, et pendant toute la nuit, et longtemps dans la matinée, nous l'entendîmes grogner et se murmurer à lui-même. Hareton désirait entrer; mais je lui dis d'aller chercher M. Kenneth et qu'il entrerait avec lui. Lorsque le médecin arriva, il trouva la porte verrouillée. Heathcliff nous dit d'aller au diable, qu'il se portait mieux et voulait rester seul.

«La soirée qui suivit fut très humide, il ne cessa pas de pleuvoir jusqu'au matin. Ce matin-là, en faisant le tour de la maison, je vis que la fenêtre de la chambre d'Heathcliff était grande ouverte, et que la pluie y tombait tout droit. «Il est impossible qu'il soit dans son lit, me dis-je. Ces averses l'auraient pénétré de part en part.» Et je me résolus à aller hardiment voir ce qui en était.

«Avec une autre clé, je parvins à ouvrir la porte; je défis les panneaux du lit. M. Heathcliff était là, couché sur son dos. Ses yeux rencontrèrent les miens d'un regard si pénétrant et si ferme que je tressaillis; il me sembla de plus qu'il souriait. Je ne pouvais penser qu'il fût mort; mais son visage et sa gorge étaient tout trempés de pluie; les draps du lit étaient humides; et lui restait parfaitement immobile. Le volet, dans son mouvement, avait écorché une de ses mains; et aucun sang ne sortait de l'écorchure. Lorsque je pris cette main dans la mienne, le doute ne fut plus possible: Heathcliff était mort.

«Je fermai la fenêtre; j'écartai de son front ses longs cheveux noirs, j'essayai de fermer ses yeux, pour éteindre et cacher à tous cet effrayant regard exultant. Mais les yeux ne voulurent pas se fermer, et semblèrent railler mes efforts. Je vis aussi une raillerie dans ses lèvres entrouvertes et ses dents blanches. Prise d'un nouvel accès de frayeur, j'appelai Joseph. Mais Joseph, après avoir su ce qui en était, se refusa résolument à intervenir.

—Le diable a emporté son âme, cria-t-il, et il peut bien prendre sa carcasse par dessus le marché sans que je m'en soucie.

«Après quoi il tomba sur ses genoux, leva les mains, et remercia le ciel de ce que le maître légitime fût remis dans ses droits.

«Le pauvre Hareton, celui qui avait été le plus maltraité, fut aussi celui qui souffrit le plus. Il resta assis toute la nuit près du corps, pleurant amèrement. Il pressait les mains de Heathcliff, baisait cette figure sarcastique et sauvage que tout le monde excepté lui évitait même de regarder.

«Nous l'enterrâmes comme il l'avait désiré, au grand scandale de tout le voisinage. Tout le cortège était composé d'Earnshaw et de moi, du fossoyeur, et de six hommes pour porter le cercueil. Les six hommes partirent après avoir déposé le corps dans la fosse; nous restâmes seuls pour voir la terre tomber sur lui. Hareton planta, par dessus, du gazon vert, qui est à présent aussi frais et aussi verdoyant que sur les tombes voisines; j'espère donc que celui qui en est recouvert dort avec le même calme. Mais les gens du pays, si vous les interrogez, vous jureront sur la bible qu'il revient, il y en a qui disent qu'ils l'ont rencontré près de l'église, d'autres sur la lande; d'autres même dans la maison. Il y a un mois, j'allais un soir à la Grange, par un temps de ténèbres et de tonnerre; et juste au tournant des Heights je rencontrai un petit garçon qui avait un mouton et deux agneaux devant lui. Il pleurait: lorsque je lui demandai ce qu'il avait, il me dit que «là-bas, sous les arbres, il y avait Heathcliff et une femme, et qu'il n'osait pas passer devant eux.»

«Je ne vis rien, mais ni le mouton ni lui ne voulaient avancer. Sans doute ces fantômes étaient nés de ses rêveries, à la suite de ce qu'il avait entendu dire à ses parents et à ses compagnons. Depuis lors, pourtant, je n'aime plus à sortir seule la nuit, ni à rester seule dans cette sombre maison; et je serai bien heureuse quand, nous rentrerons à la Grange.

—Alors ils vont à la Grange? demandai-je.

—Oui, répondit Madame Dean, dès qu'ils seront mariés, c'est-à-dire après le nouvel an.

—Et qui est-ce qui vivra ici?

—Eh bien, Joseph prendra soin de la maison; et il y aura peut-être un garçon pour lui tenir compagnie. Il vivra dans la cuisine, et le reste sera fermé.

—À l'usage des fantômes qui voudront l'habiter? dis-je.

—Non, M. Lockwood, dit Nelly en secouant la tête. Je crois que les morts dorment en paix; mais il n'est pas bon d'en parler avec légèreté.»

À ce moment, la grand'porte s'ouvrit: les deux promeneurs revenaient.

—Eux, ils n'ont peur de rien, murmurai-je en les regardant par la fenêtre. «Ensemble, ils braveraient Satan et ses légions.» Je me sentis une fois de plus irrésistiblement poussé à les éviter, et laissant un petit souvenir dans la main de Madame Dean, je quittai la maison.

Sur mon chemin, je fis un petit détour du côté du cimetière. Après avoir cherché quelque temps, je découvris les trois pierres debout à l'entrée de la lande; celle du milieu grise et à demi cachée sous la bruyère, celle d'Edgar Linton légèrement recouverte de gazon et de mousse, celle d'Heathcliff encore presque nue.

J'errais autour d'elles, sous ce beau ciel, j'observai les vers se glissant dans l'herbe, j'écoutai la douce brise qui agitait les feuilles, et je me demandai comment quelqu'un pouvait imaginer un sommeil inquiet à ceux qui dormaient sous cette terre si tranquille.

FIN

9 789361 900440

Printed at Repro India Ltd.